Aufbauschemata
Strafrecht
Strafprozessrecht

▶ **Strafrecht**
- Benutzerhinweise
- Grundregeln der strafrecht-
  lichen Fallbearbeitung
- Inhaltsverzeichnis / §§-Register
- Delikte des StGB, Besonderer Teil
- StGB, Allgemeiner Teil

▶ **Strafprozessrecht**
- Verfahrensstadien

2007

Dr. Rolf Krüger
Rechtsanwalt und Fachanwalt für Strafrecht in Münster
Sascha Lübbersmann
Rechtsanwalt in Münster

ALPMANN UND SCHMIDT Juristische Lehrgänge Verlagsges. mbH & Co. KG
48149 Münster, Annette-Allee 35, 48001 Postfach 11 69, Telefon (0251) 98109-33
AS-Online: www.alpmann-schmidt.de

Dr. Krüger, Rolf
Lübbersmann, Sascha

Aufbauschemata Strafrecht

8. Auflage 2007

ISBN-13: 978-3-89476-982-6

Verlag: Alpmann und Schmidt Juristische Lehrgänge
Verlagsgesellschaft mbH & Co. KG, Münster

Benutzerhinweise

Orientieren Sie sich vorab über die **Lösungsschritte bei jeder strafrechtlichen Fallbearbeitung** ⇨ S. II

Bei der Vorauswahl der für eine Falllösung in Betracht kommenden Delikte hilft die **rechtsgutbezogene Inhaltsübersicht** ⇨ S. V–X

Wer gezielt nach einem bestimmten Schema des Allgemeinen oder Besonderen Teils sucht, findet dies im nachfolgenden ⇨ S. XIII–XVI **Paragraphen-Register!**

Hat man die von der Tat beeinträchtigten Rechtsgüter eingegrenzt, so sollte man zunächst einen Überblick über die einschlägigen Delikte gewinnen. Dazu dienen die **jeder wichtigen Deliktsgruppe vorgeschalteten Graphiken.** Hier sind alle einschlägigen Delikte aufgeführt und die mit Einzelschemata dargestellten durch Seitenhinweise gekennzeichnet.

Bei den fallhäufigsten Delikten ist neben dem Prüfungsschema noch die Vernetzung mit anderen Straftatbeständen aufgeführt. Dadurch werden die gängigen Abgrenzungsprobleme auf einen Blick erkennbar.

In den Schemata selbst müssen die

mit **Dreieckspfeilen und Spiegelstrichen** abgesetzten Merkmale **kumulativ** erfüllt sein,

während die mit **Punkten, Einrahmungen, Kästchen oder Schrägstrichen** gekennzeichneten Deliktselemente nur **alternativ** vorliegen müssen.

(Unbenannte Strafänderungen für besonders schwere oder minder schwere Fälle sind in den Schemata nicht erwähnt, weil diese in einem vorbereitenden Gutachten regelmäßig nicht diskutiert werden müssen.)

Sofern ergänzend und modifizierend **allgemeine Regeln** Bedeutung erlangen, sollte man wiederum zunächst die **Inhaltsübersicht** zum Allgemeinen Teil zu Rate ziehen ⇨ S. X, XI, um sodann in die Detailschemata einzusteigen.

Lösungsschritte bei jeder strafrechtlichen Fallbearbeitung

Sachverhalt

▸ **Nachvollziehen und wirkliches Verstehen des Falles**
  – Wer hat was getan?
  – Welche Folgen hatte das Verhalten?
  – Aus welchen Gründen geschah es?

▸ **Vorentscheidung über die Bildung von Handlungskomplexen**
  – Welche Handlung und welcher Erfolg gehören zusammen?
  – Was ist sachlich oder historisch voneinander getrennt?

▸ **Bei unklaren Sachverhalten**
  – Lebensnahe Auslegung möglich?
  – Strafrechtliches Instrumentarium zur Bewältigung von Sachverhaltsungewissheiten geboten? (in dubio pro reo, Wahlfeststellung ...) ⇨ S. IV

Die Beteiligten

▸ **Festlegung der Personen, die zu prüfen sind**
  – Was steht in der Fallfrage?
  – sonst: keine Unbekannten oder Verstorbenen prüfen

▸ **Reihenfolge der Beteiligten**
  – Indiz: Fallfrage
  – sonst:
    • grds. Einzelprüfung des Tatnächsten zuerst
    • ggf. bei wechselnden Beteiligtenrollen nach dem Prinzip „Täter vor Teilnehmer" gespaltene Strafbarkeitsprüfung
    • ausnahmsweise gemeinsame Prüfung

▸ Gegebenenfalls **innerhalb der Strafbarkeitsprüfung einzelner Beteiligter Handlungskomplexe** erforderlich

Vorauswahl der in Betracht kommenden Delikte

▸ **Schließt Bearbeitervermerk bestimmte Delikte aus?**

▸ **Wer greift wessen Rechtsgut wie an?**
  – Opfer-Täter-Betrachtung nach betroffenen Schutzgütern, Angriffsmodalitäten und Täterbesonderheiten
  – typische Deliktsvernetzungen beachten

Ordnung der Deliktsfolge

▸ **Bei nacheinander verwirklichten Delikten in einem Handlungskomplex**
- grds. historische Reihenfolge einhalten
- ausnahmsweise kann Umstellung geboten sein:
  • fallen Handlung und Erfolg zeitlich auseinander, mit der erfolgsnächsten Handlung beginnen
  • unwesentliche Bagatelldelikte erst nach Verbrechen prüfen
  • bei schweren Vorfeldtatbeständen mit bestimmten Absichten (§§ 316 a, 239 a, b) erst prüfen, ob der Täter später Delikte verwirklicht hat, die den gesetzlich geforderten Absichten entsprechen

▸ **Bei gleichzeitig verwirklichten Tatbeständen**
- grds. mit dem sachlich speziellsten Delikt beginnen
- auch sonst das konkurrenzdominante Delikt vorziehen,
  • vor allem in Fällen formeller Subsidiarität,
  • aber bei Grundtatbestand und Qualifikation gilt: Tauchen schon Einzelprobleme beim Grunddelikt auf, zuerst dieses darstellen und danach die Qualifikationen; Rückausnahme: Unterscheiden sich Grunddelikt und Qualifikation strukturell voneinander und fungiert das Grunddelikt als Auffangtatbestand, dann von der Qualifikation ausgehen, z.b. § 187 ggü. § 186; §§ 332/334 ggü. §§ 331/333

Deliktsprüfung im Einzelnen

▸ **Jedes Delikt ist aufzugliedern nach objektiven und subjektiven Merkmalen des Tatbestandes, der Rechtswidrigkeit und Schuld.** Im Einzelnen:
- Merkmal ⇨ Definition ⇨ Subsumtion ⇨ Zwischenergebnis
- immer gilt: Vom Gesetz zum Problem, nicht umgekehrt!
- bei verschiedenen Ansichten zu einem Rechtsproblem erst jede Meinung subsumieren; Stellungnahme nur, wenn die dargestellten Meinungen zu verschiedenen Ergebnissen kommen

▸ **Einbeziehung möglicher Deliktsvarianten und Haftungserweiterungen nach dem Allgemeinen Teil** ⇨ S. 199 ff. Staatsanwaltschaftliche Methode: Die Möglichkeiten strafrechtlicher Verantwortung so weit wie möglich ausloten!

Konkurrenzen

▸ Nur **scheinbare Mehrheiten von Gesetzesverletzungen** (z.B. tatbestandliche Handlungseinheiten) im Anschluss an den jeweiligen Tatbestand darstellen

▸ **Verhältnis selbstständiger Gesetzesverletzungen möglichst früh aufklären,** d.h. entweder am Ende eines Blockes verwandter Delikte, am Ende eines Handlungskomplexes, spätestens am Ende der Prüfung eines Beteiligten ⇨ S. 226

Nur einzelne Fakten sind unklar

▸ Tatsachenzweifel erst bei der Subsumtion des **jeweils damit zusammenhängenden Verbrechensmerkmals** offenlegen und Aufklärung durch **Sachverhaltsauslegung** oder Beweiswürdigung suchen.

▸ Ist Aufklärung nicht möglich und ist offensichtlich, welcher Sachverhalt für den Täter günstiger ist: **in-dubio-pro-reo-Entscheidung.**

Ganze Handlungsabläufe sind unklar

▸ Tatsachenzweifel zuerst versuchen, durch **Sachverhaltsauslegung** oder Beweiswürdigung aufzuklären.

▸ Ist Aufklärung nicht möglich: **alternative Lösung** konsequent nach allen in Betracht kommenden und als wahr unterstellten Sachverhaltsvarianten.

▸ Danach **Vergleich** der Ergebnisse in einem gesonderten Abschnitt:
  – wenn auch nur nach einer Variante Straflosigkeit: **in-dubio-pro-reo-Entscheidung**
  – **ist Täter nach allen Varianten aus denselben Vorschriften strafbar:** unechte Wahlfeststellung
  – ist Täter nach den verschiedenen Varianten **aus unterschiedlichen Vorschriften** strafbar:
    • dennoch Möglichkeit eindeutiger Verurteilung:

> Stehen die möglicherweise verwirklichten Delikte im **Stufenverhältnis**, so ist in dubio mitius aus dem geringeren zu bestrafen.

> Fungiert ein Delikt als **Auffangtatbestand**, so ist hieraus zu verurteilen.

> Stehen Vor- und Nachtat in einem **Prä- oder Postpendenzverhältnis**, so erfolgt eindeutige Verurteilung aus der Nachtat.

    • bei Verneinung einer eindeutigen Verurteilungsmöglichkeit: Voraussetzungen der **echten Wahlfeststellung,** nämlich rechtsethische und psychologische Vergleichbarkeit, ggf. durch Reduktion auf vergleichbare Tatbestände
    • scheidet auch echte Wahlfeststellung aus: **mehrfache** (jeweils deliktsbezogene) in-dubio-pro-reo-Entscheidung

INHALTSVERZEICHNIS

Strafprozessrecht

Gesetze

StGB   Strafgesetzbuch vom 15.05.1871, RGBl. 1871, 127;
neu gefasst durch Bekanntmachung vom 13.11.1998,
BGBl. I, 3322;
zuletzt geändert durch Gesetz vom 20.07.2007, BGBl. I, 1574

StPO   Strafprozessordnung vom 01.02.1877, RGBl. 1877, 253;
neu gefasst durch Bekanntmachung vom 07.04.1987,
BGBl. I, 1074;
zuletzt geändert durch Gesetz vom 16.07.2007, BGBl. I, 1327

A. Delikte gegen höchstpers. Rechtsgüter	**1.** **Straftaten gegen das Leben** **1.1** **System des strafrechtlichen Lebensschutzes**

Zeitpunkt	Strafrechtsschutz

Befruchtung der menschl. Eizelle (arg.: § 218 I 2*)

kein Schutz nach dem StGB, sondern nur nach Embryonenschutzgesetz

ab Einnistung in die Gebärmutterschleimhaut: „Leibesfrucht"

ab Beginn der Eröffnungswehen: „Mensch", arg.: § 217 a.F.

Maßgeblich ist immer die rechtliche Qualität des Tatobjekts in dem Zeitpunkt, in welchem sich die Täterhandlung auszuwirken beginnt.

Tötung
- vorsätzlich — **Schwangerschaftsabbruch, §§ 218 ff.** ⇨ S. 2
- fahrlässig — nicht strafbar

Gefährdung
- vorsätzlich — §§ 218 b, c, Pflichtverletzungen beim Abbruch §§ 219 a, b, Werbung, Inverkehrbringen von Abtreibungsmitteln

Tötung
- vorsätzlich — **Totschlag, § 212** ⇨ S. 3
Mord, § 211 ⇨ S. 4
Tötung auf Verlangen, § 216 ⇨ S. 5
- fahrlässig/leichtfertig — **fahrlässige Tötung, § 222** ⇨ S. 3; Erfolgsqualifikation mit Todesfolge, z.B. §§ 227, 251

Gefährdung
- vorsätzlich — **Aussetzung, § 221** ⇨ S. 6
- fahrlässig — nur in Spezialtatbeständen mit anderer Angriffsrichtung, z.B. § 315 c III

ab Gesamthirntod „Verstorbener", arg.: § 3 I Nr. 2, II Nr. 2 TransplantationsG

kein strafrechtlicher Lebensschutz mehr, sondern nur noch postmortales Persönlichkeitsrecht/Pietätsgefühl der Hinterbliebenen durch § 168, Störung der Totenruhe ⇨ S. 45; § 189, Verunglimpfung des Andenkens Verstorbener ⇨ S. 45, oder TransplantationsG (BGBl. 1997, I, 2631 ff.; zuletzt geändert durch GewebeG BGBl. X 2007, I, 1574 ff.)

*Im Folgenden sind §§ ohne Gesetzesangabe solche des StGB.

A. Delikte gegen höchstpers. Rechtsgüter	1. **Straftaten gegen das Leben** 1.2 **Schwangerschaftsabbruch**

Schwangerschaftsabbruch, § 218

Tatbestand des § 218 I ▸ für Fremd-abbruch und ▸ für Eigenab-bruch durch die Schwangere, dann aber privilegierter Strafrahmen, § 218 III	objektiver Tatbestand, § 218 I
	▸ Tatobjekt: Leibesfrucht = befruchtete, lebende, menschliche Eizelle nach Abschluss der Einnistung, § 218 I 2 ▸ Tathandlung: ⎱ Abbrechen der Schwangerschaft = jede Einwirkung, die sich auf die Leibesfrucht auswirkt und zurechen- ▸ Taterfolg: ⎰ bar deren Tod herbeiführt, gleichviel, ob der Tod im Mutterleib oder außerhalb eintritt
	Nichtvorliegen d. Tatbestandsausschlusses: § 218 a I, Voraussetzungen: ▸ 12. Schwangerschaftswoche noch nicht überschritten (Nr. 3) und ▸ Verlangen des Abbruchs durch die Schwangere (Nr. 1) und ▸ Nachweis einer Schwangerschaftskonfliktberatung (§ 219, §§ 5, 6 SchKG) durch Beratungsschein (§ 7 SchKG) und ▸ Abbruch durch einen Arzt (Nr. 2)
	subjektiver Tatbestand
	Vorsatz in Bezug auf Vorliegen der Tatbestandsmerkmale und Nichteingreifen des Tatbestandsausschlusses
Rechts-widrigkeit	entfällt bei speziellen Rechtfertigungsgründen des § 218 a II, III: ▸ **medizinische Indikation**, § 218 a II – anwendbar bis zum Geburtsbeginn – unzumutbare und nicht anders abwendbare Gefahr für Leben o. schwerwiegende Beeinträchtigung des körperlichen o. seelischen Gesundheitszustands der Schwangeren gegenwärtig o. zukünftig (miterfasst: Belastungen durch behindertes Kind) – Einwilligung der Schwangeren – Abbruch durch Arzt – subjektives Rechtfertigungselement ▸ **kriminologische Indikation**, § 218 a III – 12. Schwangerschaftswoche noch nicht überschritten – Schwangere nach ärztl. Erkenntnis Opfer e. Straftat gem. §§ 176–179 und Schwangerschaft beruht auf dieser Straftat – Einwilligung der Schwangeren – Abbruch durch Arzt – subjektives Rechtfertigungselement
Schuld	allgemeine Grundsätze

Unselbst-ständige, benannte Straf-änderungen	für Dritte	für die Schwangere
	besonders schwerer Fall mit Regelbei-spielen, § 218 II 2: • Handeln gegen den Willen der Schwangeren • leichtfertige Verursachung der Gefahr des Todes oder schwerer Gesundheitsschädigung für die Schwangere (nicht notwendig i.S.v. § 226)	• **persönl. Strafausschließungsgrund**, § 218 a IV 1 – 22. Schwangerschaftswoche noch nicht überschritten – Beratung (§ 219) – Abbruch durch einen Arzt • **Absehen von Strafe**, § 218 a IV 2 bei besonderer Bedrängnis

2

Totschlag, § 212 (vor Mord)
(nach Rspr. strafbegründener Tatbestand; nach Lit. Grunddelikt zu den §§ 211/216)

Tatbestand

objektiver Tatbestand

▶ Tatopfer: jeder vom Täter verschiedene lebende Mensch
▶ Tötungserfolg ⎫
▶ Handlung ⎬ töten
▶ Kausalität und Zurechnung ⎭

subjektiver Tatbestand

jede Vorsatzform genügt

Rechtswidrigkeit

allgemeine Grundsätze

Schuld

allgemeine Grundsätze

Strafzumessungsvorschrift in Form einer benannten Strafmilderung (h.M.), § 213, 1. Alt

▶ Misshandlung/schwere Beleidigung des Täters oder eines Angehörigen durch den Getöteten
▶ keine eigene Schuld des Täters an der Provokation
▶ Provokation muss den Täter zum Zorn gereizt haben
▶ Tätr muss dadurch auf der Stelle zur Tat hingerissen worden sein

Fahrlässige Tötung, § 222

Aufbau wie § 212; anstelle des dort vorgesehenen subjektiven Tatbestands die objektiven Elemente des fahrlässigen Begehungsdelikts (⇨ S. 202) und in der Schuld anstelle der Vorsatzschuld den subjektiven Sorgfaltsverstoß bei subjektiver Voraussehbarkeit des Erfolgs prüfen (⇨ S. 202). Die Strafänderungen der §§ 212 II, 213 entfallen.

Mord, § 211

(nach Rspr. strafbegründender Tatbestand; nach Lit. Qualifikation des § 212)

vorsätzliche Tötung eines anderen (sofern nicht in § 212 vorgeprüft)

Tatbestand

▸ objektive Mordmerkmale (2. Gruppe)
- **heimtückisch** = Ausnutzen der Arg- und Wehrlosigkeit in feindlicher Willensrichtung (Rspr.) und zusätzlich durch einen bes. verwerflichen Vertrauensbruch (so Teil der Lit.)
- **grausam** = wenn dem Opfer Schmerzen o. Qualen körperl. o. seel. Art zugefügt werden, die nach Stärke o. Dauer über das für die Tötung als solche erforderl. Maß hinausgehen
- **mit gemeingefährl. Mitteln** = solche Mittel, deren typ. Wirkung auf Leib oder Leben mehrerer o. vieler Menschen der Täter nach den konkreten Umständen nicht in der Hand hat

▸ Tatvorsatz hinsichtlich der jeweils verwirklichten Merkmale

▸ Absichtsmerkmale (3. Gruppe)
- **um eine andere Straftat zu ermöglichen/zu verdecken** = die Tötungshandlung, nicht notwendig der Todeserfolg, muss als Mittel zur Begehung weiterer o. zur Verdeckung (= Vermeidung der strafrechtlichen oder auch außerstrafrechtlichen Konsequenzen) eigener bzw. fremder rechtswidriger Taten i.S.v. § 11 I Nr. 5 (nach der Vorstellung des Täters) dienen

▸ Motivmerkmale (1. Gruppe)
- **Mordlust** = wenn der Tod des Opfers der alleinige Zweck der Tat ist, insbes. wenn aus Freude an der Vernichtung eines Menschenlebens gehandelt wird
- **zur Befriedigung des Geschlechtstriebs** = Tötung in innerem Zusammenhang mit sexueller Befriedigung
- **Habgier** = durch ungehemmte Eigensucht weit übersteigertes Streben nach materiellen Gütern oder Vorteilen
- **sonst. niedrige Beweggründe** = die Triebfeder d. Tat muss sich nicht nur als verwerfl. darstellen, sondern auf tiefster Stufe stehen u. als besonders verachtenswert erscheinen

R.widrigkeit allgemeine Grundsätze

Schuld allgemeine Grundsätze

Strafmilderung bei heimtückischer Tötung ausnahmsw. gemilderter Strafrahmen gem. § 49 I Nr. 1 bei außergewöhnl. Umständen, die lebenslange Freiheitsstrafe als unverhältnismäßig erscheinen lassen (Rspr.)

┌ Bei mehreren Mordmerkmalen bzgl. desselben Opfers nur eine Tat, ggf. besondere Schwere der Schuld i.S.v. § 57 a I Nr. 2 ┐

A. Delikte gegen höchstpers. Rechtsgüter	1. Straftaten gegen das Leben 1.5 Tötung auf Verlangen

Tötung auf Verlangen, § 216
(nach Rspr. strafbegründender Tatbestand; nach Lit. Privilegierung zu § 212)

Tatbestand	**objektiver Tatbestand**
	▸ Fremdtötung (nicht nur Suizidbeteiligung oder Sterbehilfe, s. S. 7–9) ▸ Tötungsverlangen des Opfers = Willensbetätigung mit dem Ziel, den späteren Täter zur Tötung zu bestimmen – ausdrücklich – ernstlich ▸ Bestimmtsein = handlungsleitende Verursachung d. Tatentschlusses durch Tötungsverlangen
	subjektiver Tatbestand
	Vorsatz
Rechts- widrigkeit	⚠ Einwilligung des Opfers wirkt nicht rechtfertigend („Einwilligungssperre")
Schuld	allgemeine Grundsätze

Aussetzung, § 221 I

	objektiver Tatbestand
Tatbestand	▶ Tatmodalitäten
	Nr. 1:
	– Täter: jedermann
	– Opfer: jeder vom Täter verschiedene lebende Mensch
	– Tathandlung: Versetzen in hilflose Lage (auch ohne räumliche Veränderung)
	Nr. 2:
	– Täter: Beistandspflichtiger aufgrund eines bereits bestehenden Obhutsverhältnisses (= i.S.v. Garantenpflicht)/aufgrund sonstiger rechtsgeschäftlicher oder tatsächlicher Begründung; nicht dagegen aus allg. Hilfspflicht des § 323 c
	– Opfer: jede Person im Schutzbereich der Beistandspflicht, die sich in hilfloser Lage befindet
	– Tathandlung: Im Stich lassen = jede Vorenthaltung des Beistandes; auch ohne räumliches Verlassen!
	▶ Eintritt einer konkreten Gefahr des Todes/einer schweren Gesundheitsschädigung
	▶ spezifischer Risikozusammenhang zwischen Tathandlung und konkreter Gefährdung
	subjektiver Tatbestand
	Vorsatz bezüglich Tatmodalitäten und konkreter Gefährdung

Rechts-widrigkeit	allgemeine Grundsätze

Schuld	allgemeine Grundsätze

Aussetzung des eigenen Kindes etc., § 221 II Nr. 1 (vorsatzbedürftige Qualifikation)
Aufbau wie § 221 I; zusätzlich im objektiven Tatbestand: Tatopfer (leibliches oder angenommenes) Kind des Täters/dem Täter zur Erziehung oder zur Betreuung in der Lebensführung anvertraut (wie in § 174 I Nr. 1); zusätzlich im subjektiven Tatbestand: Vorsatz bezüglich der qualifizierenden Umstände

Aussetzung mit schwerer Folge, § 221 II Nr. 2 (Erfolgsqualifikation, allg. S. 203)
Als Grunddelikt Aussetzung gem. § 221 I prüfen: Folge muss schwere Gesundheitsschädigung (nicht notwendig i.s.v. § 226) des Opfers sein.

Aussetzung mit Todesfolge, § 221 III (Erfolgsqualifikation, allg. S. 203)
Als Grunddelikt Aussetzung gem. § 221 I prüfen: Folge muss Tod des Opfers sein.

Bei vorsätzlicher aktiver Mitwirkung an der zum Tode führenden Handlung

§ 216, Tötung auf Verlangen?

Bei der Prüfung der Tathandlung (Fremd-)Tötung: Abgrenzung zur Suizidbeteiligung nach Tatherrschaftskriterium: **Beherrschte der Getötete nach Abschluss der Mitwirkungshandlung des fraglichen Täters noch tatsächlich das zum Tode führende Geschehen?**

→ Lag Tatherrschaft nicht beim Getöteten, die übrigen Deliktsmerkmale des § 216 prüfen, dabei ggf. Regeln der Sterbehilfe miterörtern (⇨ S. 9)

⇨ bei Verneinung § 212, ggf. § 211

Lag Tatherrschaft beim Getöteten: § 216 (–); dann weiterprüfen

§§ 212, 25 I 2. Alt., Totschlag in mittelbarer Täterschaft?

Zurechnung der äußerlichen Selbsttötungshandlung als Fremdtötung, wenn **kein eigenverantwortlicher Suizid** vorlag; Kriterien str. (h.M.: entsprechende Anwendung der Vorsatz- und Schuldregeln für die Verantwortlichkeit des Suizidenten; nach a.A. Kriterien der rechtfertigenden Einwilligung)

→ Bei Bejahung mittelbarer Täterschaft §§ 212, 25 I 2. Alt. weiterprüfen

Bei Freiverantwortlichkeit des Suizids: § 212 (–); dann **Straflosigkeit der aktiven Mitwirkung**

Hat der fragliche Täter die Rettung des bewusstlosen Sterbewilligen unterlassen

§§ 216, 13: Nach BGH i.d.R. wegen **Tatherrschaftswechsels** Unterlassungstäterschaft des Garanten; ausnahmsw. nach den Regeln der **Sterbehilfe** keine Strafbarkeit ⇨ S. 9; für generelle Straflosigkeit in der Endphase eines freiverantwortlichen Suizids: h.Lit.

→ Bei Bejahung einer Tötung auf Verlangen §§ 323 c, 221 (+), aber subsidiär

Bei Verneinung eines unechten Tötungsunterlassungsdelikts weiterprüfen

§ 221: schon tatbestandl. (–), weil b. Sterbewilligen keine „hilflose Lage" die Rettungspflicht auslöst

§ 323 c: schon tatbestandlich (–), zwar Unglücksfall auch bei freiverantwortlichem Suizid, aber bei Respekt vor fremdem Selbsttötungswillen Rettung unzumutbar

Suizidbeteiligung (Fortsetzung)

Bei unvorsätzlicher Mitwirkung bei der zum Tode führenden Handlung

§ 222, fahrlässige Tötung?

Trifft den unvorsätzlich Mitwirkenden ein Fahrlässigkeitsvorwurf bzgl. des eingetretenen Todes? ⟶ Bei Verneinung der Fahrlässigkeit § 222 (–)

↓

Bei Bejahung der Fahrlässigkeit **weiterprüfen**, ob nach dem vorgenannten Tatherrschaftskriterium die **Gefährdungsherrschaft** beim Mitwirkenden oder dem Getöteten selbst lag ⟶ Lag die Gefährdungsherrschaft beim Getöteten selbst:

↓

Bei Gefährdungsherrschaft des unvorsätzlich Mitwirkenden: **Strafbarkeit wegen fahrlässiger Tötung, § 222 (+)**

Nach Rspr. auch bei Veranlassung der Tat durch das sterbewillige Opfer, das den Täter über die tödliche Folge der abverlangten Handlung in einen Irrtum versetzt; nach Teil d. Lit. dagegen in diesem Fall § 222 (–), da die Täuschung des Sterbewilligen die Tatherrschaft des unvorsätzlich Mitwirkenden ausschließe („Selbsttötung in mittelbarer Täterschaft")

↓ (rechte Spalte)

handelte er aber in Bezug auf die tödlichen Folgen nicht eigenverantwortlich (h.M.: in entsprechender Anwendung der Vorsatz- und Schuldregeln, nach a.A. unter den Voraussetzungen der rechtfertigenden Einwilligung), dann ist dennoch fahrlässige Tötung gegeben, § 222

↓

handelte der Getötete auch eigenverantwortlich, so liegt ein Suizid vor, dessen fahrlässige Förderung straflos ist, § 222 (–)

A. Delikte gegen höchstpers. Rechtsgüter	1. Straftaten gegen das Leben 1.8 Sterbehilfe

---

Handlungen vor der eigentlichen Sterbephase

§ 212, Totschlag

Bei der Prüfung der Tathandlung (Fremd-) Tötung: Abgrenzung zur Suizidbeteiligung nach **Tatherrschaftskriterium** ➔

Lag Tatherrschaft beim Getöteten, weiterprüfen nach den Regeln der Suizidbeteiligung ⇨ S. 7, 8

↓

Lag Tatherrschaft nicht beim Getöteten: Abgrenzung Tun/Unterlassen

➔ Bei Tötung durch Unterlassen lebenserhaltender Maßnahmen
- Tatbestand ausgeschlossen, wenn ausdrückl. Behandlungsverzicht des urteilsfähigen Patienten vorgelegen hat
- Rechtswidrigkeit ausgeschlossen, wenn eindeutig mutmaßl. Wille d. Opfers auf Verzicht weiterer Behandlung gerichtet wäre (und die übrigen Voraussetzungen mutmaßl. Einwilligung vorgelegen haben)

↓

Bei aktivem Tun (u. Vorliegen der übrigen Deliktsmerkmale) Strafbarkeit zu bejahen; sofern auch Voraussetzungen des § 216 gegeben, tritt § 212 dahinter zurück

= Verbot der direkten Sterbehilfe

= Vorrang d. Selbstbestimmungsrechts des Rechtsgutträgers

Handlungen in der Sterbephase

§ 212, Totschlag

Bei der Prüfung der Tathandlung (Fremd-) Tötung: Abgrenzung zur Suizidbeteiligung nach Tatherrschaftskriterium ➔

Lag Tatherrschaft beim Getöteten, weiterprüfen nach den Regeln der Suizidbeteiligung ⇨ S. 7, 8

↓

Lag Tatherrschaft nicht beim Getöteten: Nach Abgrenzung aktives Tun/Unterlassen weiterprüfen, ob Schutzzweck der Tötungsdelikte verletzt

➔ (–) bei schmerzlindernden Maßnahmen mit der unbeabsichtigten u. unvermeidbaren Nebenfolge der Lebensverkürzung, sofern entsprechender erklärter oder mutmaßlicher Wille des Patienten vorlag
= Erlaubnis indirekter Sterbehilfe

➔ (–) wenn ausdrücklicher o. eindeutig mutmaßlicher Behandlungsverzicht des Patienten vorgelegen hat
= Vorrang d. Selbstbestimmungsrechts des Rechtsgutträgers

➔ (–) bei Behandlungsabbruch wegen Aussichtslosigkeit weiterer Behandlung, spätestens bei irreversiblem Bewusstseinsverlust
= Erlaubnis passiver Sterbehilfe

9

	zu anderen Tötungsdelikten	zu Körperverletzungsdelikten
§ 218	– am Ungeborenen wegen tatbestandlicher Exklusivität des § 218 (–) – am Neugeborenen nach Frühgeburt durch Abbruch: • wenn lebensfähig, nur Versuch des § 218 in Tatmehrheit dazu §§ 212/211 • wenn nicht lebensfähig, § 218 nach Rspr. vollendet, nach Lit. nur versucht, in Tatmehrheit dazu §§ 212/211 – an der Mutter: Tateinheit	– am Ungeborenen wegen tatbestandlicher Exklusivität des § 218 (–) – postmortale Auswirkungen vorgeburtlicher Handlungen wegen tatbestandlicher Exklusivität des § 218 (–) – an der Mutter: • § 223 von § 218 konsumiert • sonst Tateinheit
§ 212	wird von §§ 211/216 als gesetzeskonkurrierend verdrängt	– ist das Tötungsdelikte vollendet, so verdrängt dies alle Durchgangskörperverletzungen an demselben Opfer als subsidiär – ist das Tötungsdelikt versucht, stehen alle vollendeten Körperverletzungsdelikte dazu in Tateinheit
§ 211	verdrängt § 212 wegen Spezialität	
§ 216	verdrängt §§ 212/211 wegen privilegierender Spezialität	

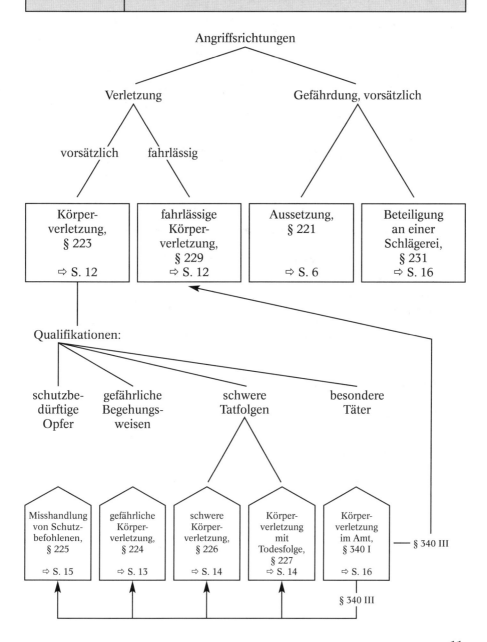

Angriffsrichtungen

Verletzung   Gefährdung, vorsätzlich

vorsätzlich   fahrlässig

Körper- verletzung, § 223 ⇨ S. 12	fahrlässige Körper- verletzung, § 229 ⇨ S. 12	Aussetzung, § 221 ⇨ S. 6	Beteiligung an einer Schlägerei, § 231 ⇨ S. 16

Qualifikationen:

schutzbe-
dürftige
Opfer   gefährliche
Begehungs-
weisen   schwere
Tatfolgen   besondere
Täter

Misshandlung von Schutz- befohlenen, § 225 ⇨ S. 15	gefährliche Körper- verletzung, § 224 ⇨ S. 13	schwere Körper- verletzung, § 226 ⇨ S. 14	Körper- verletzung mit Todesfolge, § 227 ⇨ S. 14	Körper- verletzung im Amt, § 340 I ⇨ S. 16

§ 340 III

§ 340 III

11

Vorsätzliche Körperverletzung, § 223 I

<table>
<tr><td rowspan="8">Tatbestand</td><td colspan="2" align="center">objektiver Tatbestand</td></tr>
<tr><td>▶ Tatopfer:</td><td>jeder vom Täter verschiedene lebende Mensch</td></tr>
<tr><td>▶ Erfolg</td><td>1. Alt.: körperliche Misshandlung = üble und un-</td></tr>
<tr><td>▶ Handlung</td><td>angemessene Behandlung, die entweder das körperliche Wohlbefinden oder die körperliche Unversehrtheit nicht nur unerheblich beeinträchtigt</td></tr>
<tr><td>▶ Kausalität,
Zurechnung</td><td>2. Alt.: Gesundheitsschädigung = jedes Hervorrufen o. Steigern e. anormalen körperl. Zustands (nach Rspr. auch bei Beeinträchtigungen durch ärztl. Heileingriffe)</td></tr>
<tr><td colspan="2" align="center">subjektiver Tatbestand</td></tr>
<tr><td colspan="2">Körperverletzungsvorsatz (auch bei Tötungsvorsatz gegeben)</td></tr>
</table>

Rechts-widrigkeit	entfällt häufig wegen Einwilligung ⇨ S. 218; hier insbes. prüfen, ob • Einwilligungsfähigkeit infolge Alkohols ausgeschlossen • rechtsgutbezogener Willensmangel vorlag, insbesondere wegen mangelhafter Aufklärung bei ärztl. Heileingriffen • Tat gegen die guten Sitten verstieß, § 228; vorrangiges Bewertungskriterium ist der Grad der Gefährdung für Leib und Leben durch den Eingriff
Schuld	allgemeine Grundsätze
Verfolgbarkeit	Strafantrag oder Bejahung bes. öffentl. Verfolgungsinteresses, § 230

Fahrlässige Körperverletzung, § 229

Aufbau wie § 223; anstelle des dort vorgesehenen subjektiven Tatbestands die objektiven Elemente des fahrlässigen Begehungsdelikts (⇨ S. 202) und in der Schuld anstelle der Vorsatzschuld den subjektiven Sorgfaltsverstoß bei subjektiver Voraussehbarkeit des Erfolgs prüfen (⇨ S. 202)

A. Delikte gegen höchstpers. Rechtsgüter	2. Straftaten gegen die körperliche Unversehrtheit 2.3 Gefährliche Körperverletzung

Gefährliche Körperverletzung, § 224 (vorsatzbedürftige Qualifikation)

	objektiver Tatbestand
Tatbestand	▸ Verwirklichung der 1./2. Alt. des § 223 I ▸ qualifizierende Umstände • Nr. 1: Beibringung (= Körper-Stoff-Beziehung mit innerer oder äußerer Wirkungsweise, h.M.) von Gift/anderen (nach h.Lit. erheblich) gesundheitsschädlichen Stoffen • Nr. 2: Tatbegehung mittels Waffe/anderen gefährlichen Werkzeugs (= beweglicher Gegenstand, nach obj. Beschaffenheit und konkreter Art der Benutzung geeignet, erhebliche KV hervorzurufen) • Nr. 3: Tatbegehung mittels eines hinterlistigen Überfalls (= unerwarteter Angriff unter planmäßiger Verdeckung wahrer Absichten) • Nr. 4: Tatbegehung mit einem anderen Beteiligten gemeinschaftlich (= Zusammenwirken mindestens zweier Personen am Tatort, nicht notwendig Mittäter, die auch nicht vom Opfer alle wahrgenommen worden sein müssen) • Nr. 5: Tatbegehung mittels einer das Leben gefährdenden Behandlung (= abstrakte Gefährlichkeit mit Rücksicht auf konkrete Einzelfallumstände; keine konkrete Todesgefahr erforderlich)

	subjektiver Tatbestand
	▸ Körperverletzungsvorsatz ▸ Vorsatz bezüglich objektiver Qualifikationsmerkmale

Rechtswidrigkeit	allgemeine Grundsätze

Schuld	allgemeine Grundsätze

Bei mehreren Qualifikationen derselben Körperverletzung nur eine Tat

13

Schwere Körperverletzung, § 226 I (Erfolgsqualifikation zu § 223 ⇨ allg. S. 203)

Tatbestand	▸ objektiver und subjektiver Körperverletzungstatbestand, § 223
	▸ Eintritt einer schweren Folge i.s.v. § 226
	  • Nr. 1: Verlust des Sehvermögens auf einem oder beiden Augen/
	    des Gehörs/des Sprechvermögens/der Fortpflanzungsfähigkeit
	  • Nr. 2: Verlust oder Gebrauchsunfähigkeit eines (für den Gesamt-
	    organismus generell, aber auch unter Berücksichtigung besonde-
	    rer Verhältnisse des Opfers) wichtigen Gliedes des Körpers
	  • Nr. 3: dauernde erhebliche Entstellung/Verfallen in Siechtum/
	    Lähmung/Geisteskrankheit/Behinderung
	▸ es genügt jede Fahrlässigkeit bezüglich der schweren Folge (aber
	  auch dolus eventualis, § 18).
	▸ Verursachung und objektive Zurechnung des qualifizierten Erfol-
	  ges nach allg. Kriterien
	▸ tatbestandsspezifischer Gefahrzusammenhang = Unmittelbarkeits-
	  beziehung zwischen Verletzungsgefährlichkeit und schwerer Folge

R.widrigkeit	allgemeine Grundsätze
Schuld	allg. Grundsätze, insbes. Fahrlässigkeitsschuld (Letztere bei dolus eventualis nicht zu prüfen)

Wissentliche/absichtliche schwere Körperverletzung, § 226 II

Tatbestand	objektiver Tatbestand

	▸ Körperverletzung i.s.v. § 223
	▸ Qualifikationsmerkmale
	  Eintritt, Verursachung und objektive Zurechnung einer der in
	  § 226 I genannten Erfolge

	subjektiver Tatbestand
	▸ Körperverletzungsvorsatz ▸ dolus directus I /II bezüglich der schweren Folge
R.widrigkeit	allgemeine Grundsätze
Schuld	allgemeine Grundsätze

⎡ Bei mehreren schweren Folgen an demselben Opfer durch eine Körperverletzung nur ⎤
⎣ eine Tat ⎦

Körperverletzung mit Todesfolge, § 227 (Erfolgsqualifikation zu § 223 ⇨ allg. S. 203)

Aufbau wie § 226, anstelle der dort genannten schweren Folgen Tod des Opfers prüfen; ein-fache Fahrlässigkeit bzgl. Todesverursachung genügt, § 18.

Misshandlung Schutzbefohlener, § 225 I (vorsatzbedürftige Qualifikation)

Tatbestand	**objektiver Tatbestand**
	▸ Tatopfer:
	• Person unter 18 Jahren oder
	• wegen Gebrechlichkeit/Krankheit wehrlose Person
	▸ Täter-Opfer-Beziehung:
	• Nr. 1: der Fürsorge oder Obhut des Täters unterstehendes Opfer
	• Nr. 2: zum Hausstand des Täters gehörendes Opfer
	• Nr. 3: Opfer ist der Gewalt des Täters vom Fürsorgepflichtigen überlassen worden
	• Nr. 4: Opfer ist im Rahmen eines Dienst- oder Arbeitsverhältnisses dem Täter untergeordnet
	▸ Tathandlungen:
	• Quälen = tatbestandl. Handlungseinheit mehrerer wiederholter Zufügungen erheblicher Schmerzen und Leiden
	• rohe (= gefühllose, fremde Leiden missachtende Gesinnung) Misshandlung (wie bei § 223 ⇨ S. 12)
	• Gesundheitsschädigung durch böswillige Vernachlässigung der Sorgepflicht
	subjektiver Tatbestand
	Vorsatz
Rechts-widrigkeit	allgemeine Grundsätze
Schuld	allgemeine Grundsätze

Schwere Misshandlung Schutzbefohlener, § 225 III (vorsatzbedürftige Qualifikation)
Aufbau wie § 225 I; zusätzlich im objektiven Tatbestand:
• Nr. 1: Gefahr des Todes oder schwerer Gesundheitsschädigung
• Nr. 2: Gefahr erheblicher Schädigung psychischer/physischer Entwicklung
Im subjektiven Tatbestand zusätzlich Vorsatz bezüglich der Gefährdung

15

A. Delikte gegen höchstpers. Rechtsgüter	2. **Straftaten gegen die körperliche Unversehrtheit** 2.7 **Körperverletzung im Amt** 2.8 **Beteiligung an einer Schlägerei**

Körperverletzung im Amt, § 340 I (unechtes Amtsdelikt u. Qualifikation zu § 223)

Tatbestand	**objektiver Tatbestand**
	▸ Täter: Amtsträger, § 11 I Nr. 2; § 48 I WStG ▸ Körperverletzung i.s.v. § 223 ⇨ S. 12 ▸ Tathandlungen: Begehen/Begehen lassen (= Anstiftung, Beihilfe oder Nichthinderung) ▸ innere Beziehung zwischen Tathandlung und Dienst
	subjektiver Tatbestand
	Vorsatz
Rechts- widrigkeit	⚠ entfällt nicht durch Einwilligung des Opfers ⚠ entfällt bei hoheitlichen Eingriffsbefugnissen ⇨ S. 219
Schuld	allgemeine Grundsätze

Gefährliche Körperverletzung/Misshandlung Schutzbefohlener/schwere Körperverletzung/Körperverletzung mit Todesfolge/fahrlässige Körperverletzung im Amt, § 340 III (Qualifikationen zu den sonstigen Körperverletzungsdelikten)
Prüfungsschema des § 224/§ 225/§ 226/§ 227/§ 229 im objektiven und (außer bei § 229) subjektiven Tatbestand um die Merkmale des § 340 I ergänzen.

Beteiligung an einer Schlägerei, § 231

Tatbestand	**objektiver Tatbestand**
	▸ Tatsituation: Schlägerei/Angriff mehrerer ▸ Tathandlung: Beteiligung = physische oder psychische Mitwirkung an den Tätlichkeiten durch Ortsanwesende in feindseliger Weise
	subjektiver Tatbestand
	Vorsatz

objektive Strafbarkeitsbedingung

▸ Eintritt e. schw. Folge (§ 226 o. § 227) bei einer Person (mögl. auch d. Beteiligten selbst!)
▸ durch die Schlägerei = Ursachen- u. Zurechnungszusammenhang zw. der Schlägerei/dem Angriff mehrerer u. der schweren Folge, zeitlich unabhängig von der Beteiligung des Täters

Rechts- widrigkeit	allgemeine Grundsätze
Schuld	allgemeine Grundsätze

deklaratorische Funktion des Abs. 2: „ohne dass ihm dies vorzuwerfen ist"

	zu anderen Körperverletzungsdelikten	zu Tötungsdelikten
§ 223	tritt hinter allen Qualifikationen und damit spezielleren Tatbeständen als gesetzeskonkurrierend zurück	
§ 224	verdrängt wegen Spezialität § 223; tritt aber hinter §§ 226, 227 als minder schwere Qualifikation zurück; zu §§ 225, 231 besteht Tateinheit	⇨ S. 10
§ 225	aus Klarstellungsgründen Tateinheit zu §§ 224, 226, 227	
§ 226	verdrängt als schwerere Qualifikation § 224; aus Klarstellungsgründen Tateinheit zu §§ 225, 231	
§ 227	verdrängt als Erfolgsqualifikation § 222; aus Klarstellungsgründen Tateinheit zu §§ 225, 231	§ 222 wird als gesetzeskonkurrierend verdrängt (Spezialität)
§ 231	Tateinheit zu allen Körperverletzungsdelikten	Tateinheit mit §§ 212, 211

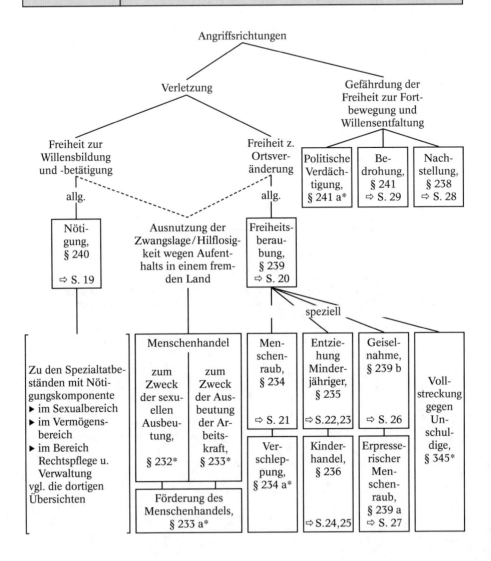

*kein Einzelschema vorgesehen

A. Delikte gegen höchstpers. Rechtsgüter	3. Straftaten gegen die Freiheit zur Willensentschließung und Ortsveränderung 3.2 Nötigung

Nötigung, § 240

	objektiver Tatbestand
Tatbestand	▸ Tathandlung: Anwendung eines bestimmten Nötigungsmittels • Gewalt = körperlich wirkender Zwang bis hin zur vis absoluta • Drohung mit empfindlichem Übel = Inaussichtstellen eines Nachteils, der so erheblich wäre, dass besonnener Erklärungsempfänger in der Situation des Opfers zu dem erstrebten Verhalten veranlasst werden könnte, und dessen Eintritt als vom Willen des Täters abhängig erscheint, wenn das Opfer das zur Vermeidung des Übels vor Augen geführte Verhalten nicht ausführt ▸ Taterfolg: • Handlung = jedes aktive Tun des Opfers • Duldung = jedes Geschehenlassen • Unterlassen = jede Nichtvornahme einer geplanten Handlung ▸ Kausalzusammenhang; Zurechnungszusammenhang, d.h. in dem Taterfolg muss sich gerade die Willensbeugung durch das Nötigungsmittel realisiert haben

	subjektiver Tatbestand
	Vorsatz bezüglich Tathandlung, -erfolg und innerem Zusammenhang; nach Rspr. genügt dolus eventualis

| **Positive Feststellung der Rechtswidrigkeit** | Verwerflichkeit von Mittel und Zweck, § 240 II
▸ Verwerflichkeit ausgeschlossen, wenn Rechtfertigungsgrund eingreift
▸ sonst: Indizwirkung von körperlicher Gewalt
▸ sonst: Gesamttatbewertung der Sozialwidrigkeit des eingesetzten Mittels, des verfolgten (Nah-)Ziels oder der Relation beider zueinander; hier Sozialwidrigkeit gegeben bei Inkonnexität oder Missverhältnis von Mittel und Zweck |

Schuld	allgemeine Grundsätze

| **Unselbstständige benannte Straferschwerungen** | Besonders schwere Fälle mit Regelbeispielskatalog § 240 IV 2:
• Nr. 1: Nötigung einer and. Person zu einer sexuellen Handlung / zur Eingehung der Ehe
• Nr. 2: Nötigung einer Schwangeren zum Schwangerschaftsabbruch
• Nr. 3: Missbrauch von Befugnissen oder der Amtsträgerstellung des Täters |

19

Freiheitsberaubung, § 239 I

	objektiver Tatbestand
Tatbestand	▶ Tatopfer: anderer Mensch, der die Fähigkeit besitzt, Willen zur Ortsveränderung zu bilden und zu realisieren ▶ Taterfolg: Beraubung des Gebrauchs der Freiheit (= Aufhebung der physischen Fähigkeit, für einen nicht unerheblichen Zeitraum einen bestimmten Ort zu verlassen; gleichbedeutend, wenn Alternativen zum Verlassen gefährlich wären) ▶ Tathandlungen: speziell: Einsperren (1. Alt.)/allg.: auf andere Weise (2. Alt.) ▶ Handeln gegen/ohne Willen des Opfers in beiden Alternativen ⚠ Einverständnis bei § 239 unwirksam, wenn durch List erschlichen
	subjektiver Tatbestand
	Vorsatz
Rechts-widrigkeit	allgemeine Grundsätze
Schuld	allgemeine Grundsätze

Schwere Freiheitsberaubung, § 239 III

Als Grunddelikt § 239 I prüfen. Zusätzlich:

• Nr. 1: Freiheitsberaubung von über einer Woche Dauer (vorsatzbedürftige Qualifikation); Dauer der Freiheitsberaubung ist zusätzlich im objektiven Tatbestand, der Vorsatz diesbezüglich zusätzlich im subjektiven Tatbestand zu prüfen

• Nr. 2: schwere Gesundheitsschädigung des Opfers durch die Tat oder eine während der Tat begangene Handlung (Erfolgsqualifikation ⇨ allg. S. 203); zusätzlich strafschärfende schwere Folge prüfen

Freiheitsberaubung mit Todesfolge, § 239 IV (Erfolgsqualifikation ⇨ allg. S. 203)

Als Grunddelikt § 239 I prüfen; Tod muss ferner in spezifischem Gefahrzusammenhang zur Freiheitsentziehung oder einer an dem Opfer währenddessen verübten Handlung stehen. Einfache Fahrlässigkeit bzgl. Todesverursachung genügt, § 18.

Menschenraub, § 234

Tatbestand	**objektiver Tatbestand**
	▸ Tathandlung: Sichbemächtigen eines anderen Menschen (= Erlangung andauernder physischer Herrschaft)
	▸ Einsatz bestimmter Tatmittel gegenüber dem Opfer oder Dritten
	• Gewalt (⇨ S. 19)
	• Drohung mit empfindlichem Übel (⇨ S. 19)
	• List (= Verhalten, das darauf abzielt, durch Verbergen der wahren Absichten oder Umstände die Ziele des Täters durchzusetzen)
	▸ Kausalzusammenhang zwischen Sichbemächtigen und Tatmittel
	subjektiver Tatbestand
	▸ Vorsatz
	▸ bestimmte Absicht (dolus directus 1. Grades):
	• Aussetzen des Opfers in hilfloser Lage
	• Verbringen des Opfers in Sklaverei/Leibeigenschaft
	• Zuführen in den Dienst einer militärischen oder militärähnlichen Einrichtung im Ausland (ähnlich wie in § 109 h)
Rechts- widrigkeit	allgemeine Grundsätze
Schuld	allgemeine Grundsätze

Entziehung Minderjähriger im Inland, § 235 I, VII

	objektiver Tatbestand	
Tatbestand	**§ 235 I Nr. 1:**	**§ 235 I Nr. 2:**
	▸ Täter: jedermann; insbes. Angehörige des Opfers	▸ Täter: Nichtangehörige des Opfers
	▸ Tatopfer: Person unter 18 Jahren	▸ Tatopfer: Kind, d.h. Person unter 14 Jahren (vgl. Legaldefinition in § 176 I)
	▸ Tatmittel:	
	• Gewalt (⇨ S. 19)	▸ Tatmittel: keine Beschränkung
	• Drohung mit einem empfindlichen Übel (⇨ S. 19)	⚠ auch „Baby-Diebstahl" durch Nichtangehörige strafbar
	• List (⇨ S. 21)	
	▸ Taterfolg:	▸ Taterfolg:
	Entziehung/Vorenthaltung gegenüber den Eltern/einem Elternteil, auch wenn dieser nur ein Umgangsrecht i.S.d. §§ 1684 ff. BGB besitzt/dem Vormund/dem Pfleger	
	subjektiver Tatbestand	
	Vorsatz	
Rechtswidrigkeit	allgemeine Grundsätze	
Schuld	allgemeine Grundsätze	
Verfolgbarkeit	Strafantrag oder Bejahung besonderen öffentlichen Verfolgungsinteresses, § 235 VII	

Entziehung Minderjähriger mit Auslandsbezug, § 235 II, VII

	§ 235 II Nr. 1: aktive Entziehung	§ 235 II Nr. 2 i.V.m. § 5 Nr. 6 a: passive Entziehung
Tatbestand	**objektiver Tatbestand** ▸ Täter: jedermann; insbesondere auch Angehörige des Opfers ▸ Tatopfer: Kind (Person unter 14 Jahren; vgl. Legaldefinition in § 176 I) ▸ Taterfolg: Entziehung ... gegenüber den Eltern/einem Elternteil/dem Vormund/dem Pfleger **subjektiver Tatbestand** ▸ Vorsatz ▸ Absicht, das Opfer ins Ausland zu verbringen	**objektiver Tatbestand** ▸ Tatopfer: – Kind, d.h. Person unter 14 Jahren, – das sich im Ausland befindet, nachdem es dorthin verbracht worden ist oder es sich dorthin begeben hat • Taterfolg: Vorenthalten gegenüber den Eltern/einem Elternteil/dem Vormund/dem Pfleger **subjektiver Tatbestand** ▸ Vorsatz
Rechts-widrigkeit	allgemeine Grundsätze	
Schuld	allgemeine Grundsätze	
Verfolgbarkeit	Strafantrag oder Bejahung besonderen öffentlichen Verfolgungsinteresses, § 235 VII	

Schwere Kindesentziehung, § 235 IV (Qualifikation)
Aufbau wie § 235 I/II; Strafschärfungen:
• Nr. 1: objektive Gefahr des Todes/einer schweren Gesundheitsschädigung/einer erheblichen Schädigung der körperlichen oder seelischen Entwicklung; subjektiv: Vorsatz bezüglich der Gefährdung
• Nr. 2: objektiv und subjektiv: Handeln gegen Entgelt/nur subjektiv: Bereicherungsabsicht zu eigenen Gunsten oder zugunsten Dritter

Kindesentziehung mit Todesfolge, § 235 V (Erfolgsqualifikation; ⇨ allg. S. 203)
Als Grunddelikt § 235 I/II prüfen: Tod muss ferner in spezifischem Gefahrzusammenhang zur Kindesentziehung stehen.

A. Delikte gegen höchstpers. Rechtsgüter	3. Straftaten gegen die Freiheit zur Willensentschließung und Ortsveränderung 3.6 Kinderhandel

Kinderhandel, § 236 I, II, V

	§ 236 I 1: „Verkäufer"	§ 236 I 2: „Käufer"	§ 236 II 1: Vermittler
	objektiver Tatbestand		
Tatbestand	▸ Täter: nur Eltern oder Elternteile, auch Adoptiveltern, Scheinvater (i.S.d. §§ 1592 ff. BGB), Pflegeeltern, Vormund des Opfers ▸ Opfer: unter 18 Jahre altes leibliches Kind, Mündel oder Pflegekind des Täters/der Täter ▸ Tathandlung/ Taterfolg: – Überlassen an einen anderen auf Dauer – unter grober Vernachlässigung der Fürsorge-/Erziehungspflicht (wie in § 171) ▸ Handeln gegen Entgelt (§ 11 I Nr. 9)	▸ Tatsituation des § 236 I 1 ▸ Aufnehmen des Tatopfers bei sich auf Dauer ▸ Gewährung von Entgelt	▸ Tatopfer: Person unter 18 Jahren ▸ Tathandlungen: • Nr. 1: unbefugte Vermittlung der Adoption • Nr. 2: unbefugte (unter Verstoß gegen § 5 I, IV AdVermiG) Vermittlungstätigkeit ausüben mit dem Ziel, dass Dritte Tatopfer bei sich aufnehmen ▸ Handeln gegen Entgelt (§ 11 I Nr. 9)
	subjektiver Tatbestand		
	▸ Vorsatz ▸ zusätzlich: • Handeln gegen Entgelt • Bereicherungsabsicht zu eigenen Gunsten/zugunsten Dritter	▸ Vorsatz	▸ Vorsatz ▸ zusätzlich: • Handeln gegen Entgelt • Bereicherungsabsicht zu eigenen Gunsten/zugunsten Dritter
R.widrigkeit	allgemeine Grundsätze		
Schuld	allgemeine Grundsätze		
Unselbstständige benannte Strafmilderung/Absehen von Strafe	▸ für Beteiligte:	▸ für Beteiligte:	▸ nur für Teilnehmer:
	§ 236 V: bei geringer Schuld unter Berücksichtigung des körperlichen und seelischen Wohls des Kindes/der vermittelten Person		

§ 236 II 2 Kindervermittlung mit Auslandsbezug
(vorsatzbedürftige Qualifikation des § 236 II 1 für Vermittler)

Aufbau wie § 236 II 1; zusätzlich als qualifizierenden Umstand im objektiven Tatbestand prüfen:

Täter muss bewirken, dass die vermittelte Person entweder

- vom Ausland ins Inland oder
- vom Inland ins Ausland verbracht wird.

Im subjektiven Tatbestand ist Vorsatz diesbezüglich erforderlich.

§ 236 IV schwerer Kinderhandel
(vorsatzbedürftige Qualifikation)

Aufbau wie § 236 I 1 / § 236 I 2 / § 236 II;

- qualifizierende objektive Umstände:

  Nr. 1, 3. Mod.: Handeln als Mitglied einer Bande, die sich zur fortgesetzten Begehung von Kinderhandel verbunden hat

  Nr. 2: Gefahr einer erheblichen Schädigung der körperlichen oder seelischen Entwicklung des Opfers durch die Tat

  Im subjektiven Tatbestand entsprechender Vorsatz

- qualifizierende, rein subjektive Umstände:

  Nr. 1, 1. Mod.: Handeln aus Gewinnsucht

  Nr. 1, 2. Mod.: gewerbsmäßiges Handeln

Geiselnahme, § 239 b I

<table>
<tr><td></td><td colspan="2" align="center">objektiver Tatbestand</td></tr>
<tr>
<td rowspan="4">Tatbestand</td>
<td align="center">Entführungstatbestand,
§ 239 b I, 1. Alt.:</td>
<td align="center">Ausnutzungstatbestand,
§ 239 b I, 2. Alt.:</td>
</tr>
<tr>
<td>
• 1. Mod.: Entführen eines Menschen (= Verbringen an einen anderen Ort gegen des Willen des Opfers, wo es dem ungehemmten Einfluss des Täters ausgeliefert ist
• 2. Mod.: Sichbemächtigen eines Menschen (S. 21)

⇨ speziell beim Sichbemächtigen im Zwei-Personen-Verhältnis: Schaffung einer stabilisierten Zwangslage, die ihrerseits aus Tätersicht in funktionalem Zusammenhang zu seinem weiteren Nötigungsziel stehen muss
</td>
<td>
▶ vom Täter selbst (ohne Nötigungsabsicht) geschaffene Lage i.S.d. 1. Alt.

▶ Begehung einer zumindest versuchten Nötigung mit qualif. Drohung i.S.d. [1. Alt.:]

▶ unter Ausnutzung der Zwangslage
</td>
</tr>
<tr>
<td align="center">subjektiver Tatbestand</td>
<td align="center">subjektiver Tatbestand</td>
</tr>
<tr>
<td>
▶ Vorsatz
▶ Absicht einer weiteren, über der in der Tathandlung des Entführens/Sichbemächtigens liegenden

Nötigung des Opfers durch Sorge um sein Wohl/eines Dritten um das Wohl des Opfers mittels Drohung:
• mit Tod
• mit schw. Körperverletzg.
• mit Freiheitsberaubung von über 1 Woche Dauer

▶ zeitlich funktionaler Zusammenhang zwischen Tathandlung und Nötigung
</td>
<td>
▶ Vorsatz
</td>
</tr>
</table>

R.widrigkeit allgemeine Grundsätze

Schuld allgemeine Grundsätze

Unselbstständige benannte Strafmilderung tätige Reue unter den Voraussetzungen des § 239 b II i.V.m. § 239 a IV

Geiselnahme mit Todesfolge, § 239 b II i.V.m. § 239 a III (Erfolgsqualifikation ⇨ allg. S. 203)
Tod muss objektiv und subjektiv wenigstens leichtfertig verursacht worden sein.

A. Delikte gegen höchstpers. Rechtsgüter	3. Straftaten gegen die Freiheit zur Willensentschließung und Ortsveränderung
	3.7 Geiselnahme; erpresserischer Menschenraub (Fortsetzung)

Erpresserischer Menschenraub, § 239 a I

objektiver Tatbestand

Tatbestand	Entführungstatbestand, § 239 a I, 1. Alt.:	Ausnutzungstatbestand, § 239 a I, 2. Alt.:
	• 1. Mod.: Entführen eines Menschen (S. 26) • 2. Mod.: Sichbemächtigen e. Menschen (⇨ S. 21) ⇨ speziell beim Sichbemächtigen im Zwei-Personen-Verhältnis: Schaffung einer stabilisierten Zwangslage, die ihrerseits aus Tätersicht in funktionalem Zusammenhang zu seinem weiteren Nötigungsziel stehen muss	▶ vom Täter selbst (ohne Erpressungsabsicht) geschaffene Lage i.S.d. 1. Alt. ▶ Begehung einer zumindest versuchten Erpressung (⇨ S. 93) ▶ unter Ausnutzung der Zwangslage
	subjektiver Tatbestand	subjektiver Tatbestand

	▶ Vorsatz
	▶ Absicht einer weiteren, über der in der Tathandlung des Entführens/ Sichbemächtigens liegenden
	
	⌐ ▶ Erpressung (⇨ S. 97)
	  • des Opfers durch Sorge um sein Wohl
	  • eines Dritten durch Sorge um das Wohl des Opfers ⌐
	
	▶ zeitlich funktionaler Zusammenhang zwischen Tathandlung und Nötigung
		▶ Vorsatz

R.widrigkeit	allgemeine Grundsätze
Schuld	allgemeine Grundsätze

Strafmilderung	tätige Reue unter den Voraussetzungen des § 239 a IV

Erpresserischer Menschenraub mit Todesfolge, § 239 a III (Erfolgsqualifikation ⇨ allg. S. 203)
Tod muss objektiv und subjektiv wenigstens leichtfertig verursacht worden sein.

Nachstellung, § 238 I (neu eingeführt durch Gesetz zur Strafbarkeit beharrlicher Nachstellungen vom 22.03.2007, BGBl. I, 354, in Kraft seit 31.03.2007)

Tatbestand

objektiver Tatbestand

▶ Tathandlung: einem anderen Menschen nachstellen (ähnlich wie in § 292: Anschleichen, Aufsuchen, Verfolgen, Auflauern)

▶ Tatmittel:

Nr. 1: Aufsuchen der räumlichen Nähe des Opfers

Nr. 2: Versuch der Kontaktherstellung
- unter Verwendung von Telekommunikationsmitteln
- sonstigen Mitteln der Kommunikation
- über Dritte

Nr. 3:
- Bestellung von Waren/Dienstleistungen für das Opfer unter missbräuchlicher Verwendung von dessen personenbezogenen Daten
- Veranlassung Dritter, mit dem Opfer Kontakt aufzunehmen

Nr. 4: Bedrohung des Opfers mit der Tötung/Verletzung der körperlichen Unversehrtheit/Gesundheit/Freiheit
- des Opfers
- einer dem Opfer nahestehenden Person

Nr. 5: Vornahme einer anderen (mit Nr. 1–4) vergleichbaren Handlung

▶ Beharrlichkeit der Tathandlung = so häufige Wiederholung, dass dies eine besondere Hartnäckigkeit des Täters und seine Gleichgültigkeit gegenüber dem gesetzlichen Verbot zum Ausdruck bringt

▶ Taterfolg: Schwerwiegende Beeinträchtigung der Lebensgestaltung des Opfers

subjektiver Tatbestand

Vorsatz

R.widrigkeit

allgemeine Grundsätze

Schuld

allgemeine Grundsätze

Verfolgbarkeit

Strafantrag oder Bejahung bes. öffentl. Verfolgungsinteresses, IV

Schwere Nachstellung, § 238 II (vorsatzbedürftige Qualifikation)

Als Grunddelikt § 238 I prüfen. Zusätzlich im objektiven Tatbestand zu dem in § 238 I erforderlichen Taterfolg: (konkrete) Gefahr des Todes/schwere Gesundheitsschädigung des Opfers oder eines Angehörigen des Opfers oder einer anderen dem Opfer nahe stehenden Person durch die Tat; Gefährdungsvorsatz diesbzgl. zusätzlich im subjektiven Tatbestand prüfen. Keine Verfolgungsbeschränkungen nach IV.

Nachstellung mit Todesfolge, § 238 III (Erfolgsqualifikation ⇨ allg. S. 203)

Als Grunddelikt § 238 I prüfen; zusätzlich: Tod des Opfers oder eines Angehörigen des Opfers oder einer anderen dem Opfer nahe stehenden Person in gefahrspezifischem Zusammenhang zur Nachstellung; einfache Fahrlässigkeit bzgl. der Todesverursachung genügt. Keine Verfolgungsbeschränkungen nach IV.

Bedrohung, § 241

Tatbestand	**objektiver Tatbestand**
	
	• Bedrohungsalternative, § 241 I
	  – Drohung mit einem bestimmten künft. Verhalten, das die wesentlichen Merkmale eines Verbrechens (§ 12 I) enthält
	  – die angekündigte Tat muss sich gegen den Bedrohten oder eine diesem nahe stehende Person richten
	• Vortäuschungsalternative, § 241 II
	  – falsche Warnung vor einem bestimmten zukünftigen Verbrechen (§ 12 I)
	  – die angekündigte Tat muss sich gegen den Erklärungsempfänger oder eine ihm nahe stehende Person richten
	
	subjektiver Tatbestand
	
	Vorsatz; in § 241 II Handeln wider besseres Wissen

Rechtswidrigkeit	allgemeine Grundsätze
Schuld	allgemeine Grundsätze

	zu anderen Tatbeständen, sie sich auch gegen die Freiheit richten	zu sonstigen Delikten
§ 239	wird insbes. von §§ 239 a, b, 177, 249, 252, 255 als gesetzeskonkurrierend verdrängt (Spezialität)	wird als gesetzeskonkurrierend verdrängt, soweit Verlust der Freiheit typische Begleiterscheinung ist (Konsumtion)
	Tateinheit aus Klarstellungsgründen, soweit § 239 besonderes Eigengewicht erlangt, etwa wegen Intensität und Dauer oder weil die Freiheitsentziehung ihrerseits Zwangsmittel ist	
§ 240	wird insbes. von §§ 113, 239 a, b, 177, 249, 252, 255 als gesetzeskonkurrierend verdrängt (Spezialität) wird auch von § 239 als gesetzeskonkurrierend verdrängt, soweit die Nötigung nur dazu dient, die Freiheitsberaubung zu ermöglichen (Subsidiarität)	tritt auch hinter §§ 223 ff. zurück, soweit die Nötigung nur dazu dient, die Körperverletzung zu ermöglichen (Subsidiarität)
§ 241	wird als abstraktes Gefährdungsdelikt von der – auch nur versuchten – Nötigung und allen Tatbeständen mit Nötigungselement als gesetzeskonkurrierend verdrängt (Subsidiarität)	Tateinheit

A. Delikte gegen höchstpers. Rechtsgüter	4. Straftaten gegen die sexuelle Selbstbestimmung 4.1 System der §§ 174 ff.

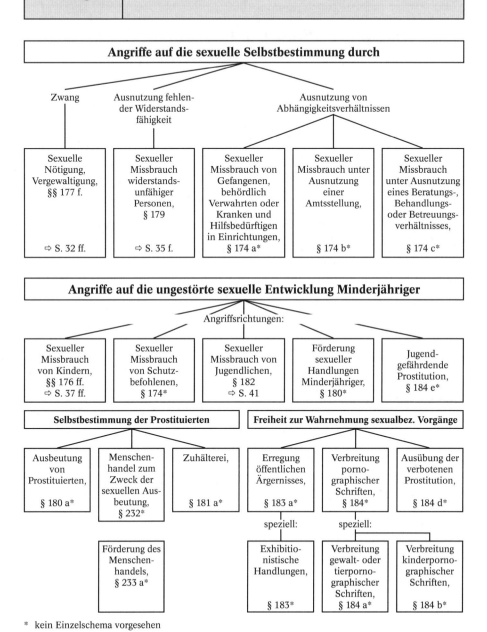

Angriffe auf die sexuelle Selbstbestimmung durch

Zwang | Ausnutzung fehlender Widerstandsfähigkeit | Ausnutzung von Abhängigkeitsverhältnissen

| Sexuelle Nötigung, Vergewaltigung, §§ 177 f.

⇨ S. 32 ff. | Sexueller Missbrauch widerstandsunfähiger Personen, § 179

⇨ S. 35 f. | Sexueller Missbrauch von Gefangenen, behördlich Verwahrten oder Kranken und Hilfsbedürftigen in Einrichtungen, § 174 a* | Sexueller Missbrauch unter Ausnutzung einer Amtsstellung,

§ 174 b* | Sexueller Missbrauch unter Ausnutzung eines Beratungs-, Behandlungs- oder Betreuungsverhältnisses,
§ 174 c* |

Angriffe auf die ungestörte sexuelle Entwicklung Minderjähriger

Angriffsrichtungen:

| Sexueller Missbrauch von Kindern, §§ 176 ff.
⇨ S. 37 ff. | Sexueller Missbrauch von Schutzbefohlenen, § 174* | Sexueller Missbrauch von Jugendlichen, § 182
⇨ S. 41 | Förderung sexueller Handlungen Minderjähriger, § 180* | Jugendgefährdende Prostitution, § 184 e* |

Selbstbestimmung der Prostituierten	Freiheit zur Wahrnehmung sexualbez. Vorgänge

| Ausbeutung von Prostituierten,

§ 180 a* | Menschenhandel zum Zweck der sexuellen Ausbeutung,
§ 232* | Zuhälterei,

§ 181 a* | Erregung öffentlichen Ärgernisses,

§ 183 a* | Verbreitung pornographischer Schriften,

§ 184* | Ausübung der verbotenen Prostitution,

§ 184 d* |

| | Förderung des Menschenhandels,
§ 233 a* | | speziell:
Exhibitionistische Handlungen,

§ 183* | speziell:
Verbreitung gewalt- oder tierpornographischer Schriften,
§ 184 a* | Verbreitung kinderpornographischer Schriften,

§ 184 b* |

* kein Einzelschema vorgesehen

31

A. Delikte gegen höchstpers. Rechtsgüter	4. Straftaten gegen die sexuelle Selbstbestimmung 4.2 Sexuelle Nötigung; Vergewaltigung; gefährliche, besonders gefährliche sexuelle Nötigung bzw. Vergewaltigung ; sexuelle Nötigung und Vergewaltigung mit Todesfolge

Sexuelle Nötigung; Vergewaltigung, § 177 I, II

Tatbestand	objektiver Tatbestand ▸ Täter: jede Person (auch Ehepartner des Opfers) ▸ Opfer: jede andere Person (unabhängig von Alter und Fortpflanzungsfähigkeit) ▸ Tathandlungen: • Nr. 1: Gewalt • Nr. 2: Drohung mit gegenwärtiger Gefahr für Leib/Leben • Nr. 3: Ausnutzung einer Lage, in der das Opfer dem Täter schutzlos ausgeliefert ist ▸ Taterfolg: • Duldung sexueller Handlungen i.s.d. § 184 f an sich (= Opfer) durch den Täter / einen Dritten • Vornahme sexueller Handlungen i.s.d. § 184 f des Opfers an dem Täter / einem Dritten ▸ Kausalzusammenhang; Zurechnungszusammenhang zwischen Tathandlung und -erfolg subjektiver Tatbestand Vorsatz
Rechtswidrigkeit	keine Rechtfertigung möglich
Schuld	allgemeine Grundsätze
Unselbstständige benannte Straferschwerung	Besonders schwerer Fall mit Regelbeispielskatalog, § 177 II: ▸ Nr. 1: Vergewaltigung (Legaldefinition) objektiv: • Vollzug des Beischlafs mit dem Opfer • ähnliche sexuelle Handlungen, die das Opfer besonders erniedrigen, speziell: mit einem Eindringen in den Körper (Rspr.: des Opfers oder des Täters) verbunden subjektiv: Kenntnis der Regelbeispielsmerkmale ▸ Nr. 2: objektiv: Tatbegehung von mehreren gemeinschaftlich subjektiv: Kenntnis der Regelbeispielsmerkmale
Verfolgbarkeit	Besonderheit bei §§ 174–174 c und 176–179: gem. § 78 b I Nr. 1 Ruhen der Verjährung bis zur Vollendung des 18. Lebensjahres des Opfers

A. Delikte gegen höchstpers. Rechtsgüter	4. Straftaten gegen die sexuelle Selbstbestimmung 4.2 Sexuelle Nötigung; Vergewaltigung; gefährliche, besonders gefährliche sexuelle Nötigung bzw. Vergewaltigung ; sexuelle Nötigung und Vergewaltigung mit Todesfolge (Fortsetzung)

Schwere sexuelle Nötigung, § 177 III (vorsatzbedürftige Qualifikation)

	objektiver Tatbestand

Tatbestand	• Nr. 1:
	  – täterschaftliche Verwirklichung i.S.d. § 177 I, II
	  – (objektiv gefährliche) Waffe im techn. Sinn/(nach Zweckbestimmung) gefährliches Werkzeug
	  – Beisichführen (= tatsächliche Zugriffsmöglichkeit zu irgendeinem Zeitpunkt zwischen Versuchsbeginn und Beendigung)
	• Nr. 2:
	  – täterschaftliche Verwirklichung i.S.d. § 177 I, II
	  – sonstiges Werkzeug/Mittel (Auffangtatbestand für objektiv ungefährliche Mittel)
	  – Beisichführen (s. oben)
	• Nr. 3:
	  – täterschaftliche Verwirklichung i.S.d. § 177 I, II
	  – Gefahr einer schweren Gesundheitsschädigung des Opfers durch die Tat

	subjektiver Tatbestand

	• Nr. 1:
	  – Vorsatz bzgl. sexueller Nötigung bzw. Vergewaltigung
	  – Vorsatz bzgl. aller Qualifikationsmerkmale (kein Gebrauchswille erforderlich!)
	• Nr. 2:
	  – Vorsatz bzgl. sexueller Nötigung bzw. Vergewaltigung
	  – zielgerichteter Wille, den mitgeführten Gegenstand als Mittel zur Gewalt (z.B. als ungefährliches Fesselungsmittel)/als Mittel zur Drohung mit Gewalt (z.B. Pistolenattrappe) einzusetzen
	• Nr. 3:
	  – Vorsatz bzgl. sexueller Nötigung bzw. Vergewaltigung (s.o.)
	  – Gefährdungsvorsatz

Rechts-widrigkeit	keine Rechtfertigung möglich

Schuld	allgemeine Grundsätze

Verfolgbarkeit	Besonderheit bei §§ 174–174 c und 176–179: gem. § 78 b I Nr. 1 Ruhen der Verjährung bis zur Vollendung des 18. Lebensjahres des Opfers

„Besonders" schwere sexuelle Nötigung, § 177 IV (vorsatzbedürftige Qualifikation)

	objektiver Tatbestand
Tatbestand	• Nr. 1: – täterschaftliche Verwirklichung i.S.d. § 177 I, II – (objektiv gefährliche) Waffe im techn. Sinn/(nach Zweckbestimmung) gefährliches Werkzeug – Verwenden bei der Tat = Einsetzen als Gewalt- oder Drohungsmittel • Nr. 2 a: – täterschaftliche Verwirklichung des § 177 I, II – schwere körperliche Misshandlung des Opfers bei der Tat • Nr. 2 b: – täterschaftliche Verwirklichung des § 177 I, II – Gefahr des Todes für das Opfer durch die Tat
	subjektiver Tatbestand
	• Nr. 1: – Vorsatz bzgl. sexueller Nötigung bzw. Vergewaltigung (entfällt bei selbstständiger Vorprüfung des § 177 I) – Vorsatz bzgl. aller Qualifikationsmerkmale • Nr. 2 a: s. Nr. 1 • Nr. 2 b: – Vorsatz bzgl. sexueller Nötigung bzw. Vergewaltigung (s.o.) – Lebensgefährdungsvorsatz
Rechts-widrigkeit	keine Rechtfertigung möglich
Schuld	allgemeine Grundsätze
Verfolgbarkeit	Besonderheit bei §§ 174–174 c und 176–179: gem. § 78 b I Nr. 1 Ruhen der Verjährung bis zur Vollendung des 18. Lebensjahres des Opfers

Sexuelle Nötigung und Vergewaltigung mit Todesfolge, § 178
(Erfolgsqualifikation ⇨ allg. S. 203)
Als Grunddelikt § 177 I prüfen; objektiv und subjektiv wenigstens Leichtfertigkeit bezüglich des Todes erforderlich.

Sexueller Missbrauch widerstandsunfähiger Personen, § 179 I

	objektiver Tatbestand
Tatbestand	▸ Tatopfer: widerstandsunfähige Person, und zwar • Nr. 1: psychische Widerstandsunfähigkeit wegen geistiger/seelischer Krankheit/Behinderung/Suchtkrankheit/tiefgreifender Bewusstseinsstörung • Nr. 2: körperliche Widerstandsunfähigkeit ▸ Tathandlung: Missbrauch durch

Abs. 1:
- Vornahme sexueller Handlungen i.S.d. § 184 f des Täters am Opfer
- Vornehmenlassen sexueller Handlungen i.S.d. § 184 f des Opfers am Täter

  } eigenhändiger Deliktscharakter

Abs. 2:
Bestimmen des Opfers, sexuelle Handlungen i.S.d. § 184 f
- an einem Dritten vorzunehmen
- von einem Dritten an sich vornehmen zu lassen

▸ Ausnutzung der Widerstandsunfähigkeit zur Ermöglichung der Tathandlung

	subjektiver Tatbestand

Vorsatz

Rechts-widrigkeit	keine Rechtfertigung möglich

Schuld	allgemeine Grundsätze

Verfolgbarkeit	Besonderheit bei §§ 174–174 c und 176–179: gem. § 78 b I Nr. 1 Ruhen der Verjährung bis zur Vollendung des 18. Lebensjahres des Opfers

A. Delikte	**4.**	**Straftaten gegen die sexuelle Selbstbestimmung**
gegen	**4.3**	**Sexueller Missbrauch widerstandsunfähiger Personen;**
höchstpers.		**schwerer, bes. schwerer sexueller Missbrauch wider-**
Rechtsgüter		**standsunfähiger Personen; sexueller Missbrauch wider-**
		standsunfähiger Personen m. Todesfolge (Fortsetzung)

Schwerer sexueller Missbrauch widerstandsunfähiger Personen, § 179 V
(vorsatzbedürftige Qualifikation)

Aufbau wie § 179 I, II; qualifizierende Umstände im objektiven Tatbestand:

- Nr. 1:

  Vollzug des Beischlafs mit dem Opfer oder

  Vornahme/Vornehmenlassen ähnlicher sexueller Handlungen, die mit einem Eindringen in den Körper (Rspr.: des Opfers oder des Täters) verbunden sind

- Nr. 2:

  Tatbegehung von mehreren gemeinschaftlich

- Nr. 3:

  Gefahr einer schweren Gesundheitsschädigung/erheblicher Schädigung der körperlichen oder seelischen Entwicklung durch die Tat

im subjektiven Tatbestand zusätzlich Vorsatz bzgl. der Qualifikationsmerkmale

Besonders schwerer sexueller Missbrauch widerstandsunfähiger Personen, § 179 VII i.V.m. § 177 IV Nr. 2 (vorsatzbedürftige Qualifikation)

Aufbau wie § 179 I, II; qualifizierende Umstände im objektiven Tatbestand:

| § 177 IV Nr. 2 a | schwere körperliche Misshandlung des Opfers bei der Tat

| § 177 IV Nr. 2 b | Gefahr des Todes durch die Tat

im subjektiven Tatbestand zusätzlich Vorsatz bzgl. der Qualifikationsmerkmale

Sexueller Missbrauch widerstandsunfähiger Personen mit Todesfolge, § 179 VII i.V.m. § 178 (Erfolgsqualifikation ⇨ allg. S. 203)

Als Grunddelikt § 179 I, II prüfen; wenigstens Leichtfertigkeit bezüglich des Todes erforderlich

A. Delikte gegen höchstpers. Rechtsgüter	**4.** **Straftaten gegen die sexuelle Selbstbestimmung**
	4.4 **Sexueller Missbrauch von Kindern; schwerer, besonders schwerer sexueller Missbrauch von Kindern; sexueller Missbrauch von Kindern mit Todesfolge**

Sexueller Missbrauch von Kindern mit Körperkontakt, § 176 I, II

Tatbestand	objektiver Tatbestand
	Tatopfer: Kind = Person unter 14 Jahren
	Abs. 1: • Vornahme sexueller Handlungen i.S.d. § 184 f des Täters am Opfer • Vornehmenlassen sexueller Handlungen i.S.d. § 184 f des Opfers am Täter } eigenhändiger Deliktscharakter
	Abs. 2: Bestimmen des Opfers, • sexuelle Handlungen an einem Dritten vorzunehmen • sexuelle Handlungen von einem Dritten an sich vornehmen zu lassen
	subjektiver Tatbestand
	Vorsatz

Rechtswidrigkeit	keine Rechtfertigung möglich

Schuld	allgemeine Grundsätze

Verfolgbarkeit	Besonderheit bei §§ 174–174 c und 176–179: gem. § 78 b I Nr. 1 Ruhen der Verjährung bis zur Vollendung des 18. Lebensjahres des Opfers

Sexueller Missbrauch von Kindern ohne Körperkontakt, § 176 IV, V

<table>
<tr><td rowspan="3">Tatbestand</td><td align="center">objektiver Tatbestand</td></tr>
<tr><td>

Abs. 4:
- ▸ Tatopfer: Kind = Person unter 14 Jahren
- ▸ Tathandlungen:
  - Nr. 1: Vornahme sexueller Handlungen vor dem Kind (§ 184 f Nr. 2)
  - Nr. 2: Bestimmen des Kindes, sexuelle Handlungen an sich selbst vorzunehmen
  - Nr. 3: Einwirken auf das Kind
  - Nr. 4: optische/akustische/verbale Einwirkung auf das Kind mittels pornographischer Inhalte

</td></tr>
<tr><td>

Abs. 5:
- Anbieten eines Kindes zum Missbrauch nach § 176 I–IV (erfasst auch versuchte und vorgetäuschte Beteiligung im Vorfeld des § 30 ⇨ S. 209 f.)
- Versprechen des Nachweises eines Kindes zum Missbrauch (erfasst auch den Versuch der Verabredung zur Beihilfe)
- Verabredung zum sexuellen Missbrauch (erstreckt § 30 II auf das Vergehen der § 176 I–IV)

</td></tr>
<tr><td></td><td align="center">subjektiver Tatbestand</td></tr>
<tr><td></td><td>

Vorsatz; bei IV Nr. 3 zusätzlich die Absicht, das Kind zu sexuellen Handlungen i.S.d. § 176 I, II zu bringen

</td></tr>
<tr><td>Rechts-
widrigkeit</td><td>keine Rechtfertigung möglich</td></tr>
<tr><td>Schuld</td><td>allgemeine Grundsätze</td></tr>
<tr><td>Verfolgbarkeit</td><td>

Besonderheit bei §§ 174–174 c und 176–179: gem. § 78 b I Nr. 1 Ruhen der Verjährung bis zur Vollendung des 18. Lebensjahres des Opfers

</td></tr>
</table>

A. Delikte gegen höchstpers. Rechtsgüter	4. Straftaten gegen die sexuelle Selbstbestimmung 4.4 Sexueller Missbrauch von Kindern; schwerer, besonders schwerer sexueller Missbrauch von Kindern; sexueller Missbrauch von Kindern mit Todesfolge (Fortsetzung)

Schwerer sexueller Missbrauch von Kindern, § 176 a I, II
(vorsatzbedürftige Qualifikation)

Tatbestand	objektiver Tatbestand
	
	▸ Sexueller Missbrauch von Kindern gem. § 176 I, II
	▸ Qualifizierende Umstände:
	
	Abs. 1: Täter innerhalb der letzten 5 Jahre wegen Kindesmissbrauchs rechtskräftig verurteilt (Präzisierung der Frist/ der Verurteilung bei Auslandstaten in § 176 a VI)
	
	Abs. 2:
	Nr. 1:
	– Täter über 18 Jahre
	– Besondere Tathandlung:
	  • Vollzug des Beischlafs mit dem Opfer
	  • ähnliche sexuelle Handlungen, die mit einem Eindringen in den Körper (Rspr.: des Opfers oder des Täters) verbunden sind
	    -- Vornahme vom Täter am Opfer
	    -- Vornehmenlassen vom Opfer am Täter
	Nr. 2: Tat von mehreren gemeinschaftlich begangen
	Nr. 3: Gefahr einer schweren Gesundheitsschädigung/einer erheblichen Schädigung der körperlichen oder seelischen Entwicklung
	
	subjektiver Tatbestand
	
	Vorsatz

Rechtswidrigkeit	Rechtfertigung nicht möglich
Schuld	allgemeine Grundsätze
Verfolgbarkeit	Besonderheit: § 78 b I Nr. 1 (s. § 177 I, III ⇨ S. 32)

Schwerer sexueller Missbrauch von Kindern in pornographischer Absicht, § 176 a III
(reine Absichtsqualifikation)

Aufbau wie § 176 I/II/III/IV Nr. 1 o. Nr. 2/VI; zusätzlich im subjektiven Tatbestand prüfen: Absicht des Täters, die Tat zum Gegenstand einer pornographischen Schrift (§ 11 III) zu machen und diese nach § 184 b I–III zu verbreiten

Besonders schwerer sexueller Missbrauch von Kindern, § 176 a V
(vorsatzbedürftige Qualifikation)

Aufbau wie § 176 I/II/III; qualifizierende Umstände im objektiven Tatbestand:

- § 176 a V, 1. Alt.:
  schwere körperliche Misshandlung des Opfers bei der Tat

- § 176 a V, 2. Alt.:
  Gefahr des Todes durch die Tat

im subjektiven Tatbestand zusätzlich Vorsatz bzgl. der Qualifikationsmerkmale

Sexueller Missbrauch von Kindern mit Todesfolge, § 176 b
(Erfolgsqualifikation ⇨ allg. S. 203)

Als Grunddelikt § 176/ § 176 a prüfen; wenigstens Leichtfertigkeit bezüglich des Todes erforderlich

Sexueller Missbrauch von Jugendlichen, § 182

	§ 182 I	§ 182 II

Tatbestand	**objektiver Tatbestand**
	
	▸ Täter: Person über 18 Jahre
	▸ Opfer: Person unter 16 Jahre
	▸ Tathandlung: Missbrauchen
	
	• Nr. 1: zu sexuellen Handlungen unter Ausnutzung einer Zwangslage oder gegen Entgelt
	  -- des Täters am Opfer
	  -- des Opfers am Täter
	• Nr. 2: durch Bestimmen zu sexuellen Handlungen unter Ausnutzung einer Zwangslage
	  -- des Opfers an einem Dritten
	  -- von einem Dritten am Opfer
		objektiver Tatbestand
		
		▸ Täter: Person über 21 Jahre
		▸ Opfer: Person unter 16 Jahre
		▸ Tathandlung: Missbrauchen unter Ausnutzung fehlender Fähigkeit des Opfers zur sexuellen Selbstbestimmung
		
		• Nr. 1: zu sexuellen Handlungen
		  -- des Täters am Opfer
		  -- des Opfers am Täter
		
		• Nr. 2: durch Bestimmen zu sexuellen Handlungen
		  -- des Opfers an einem Dritten
		  -- von einem Dritten am Opfer

	subjektiver Tatbestand Vorsatz	**subjektiver Tatbestand** Vorsatz
Rechtswidrigkeit	keine Rechtfertigung möglich	
Schuld	allgemeine Grundsätze	
Strafänderungen	Absehen von Strafe möglich bei Geringfügigkeit des Unrechts unter Berücksichtigung des Opferverhaltens, § 182 IV	
Verfolgbarkeit	———————	auf Strafantrag o. nach Bejahung besonderen öffentl. Verfolgungsinteresses, § 182 III

Verleumdung, § 187, 1. Halbs. (vorsatzbedürftige Qualifikation zu § 185)

Prüfungsschema	Deliktsmangel:	weiterprüfen:

Tatbestand

objekt. Tatbestand

▶ Tatopfer:
– individueller Ehrträger
– im Tatzeitpunkt existent

Äußerung bezieht sich auf Personenmehrheit ohne Kollektivehre und ist mangels klarer Abgrenzung auch nicht als Sammelbeleidigung zu erfassen. → Volksverhetzung, § 130; Beschimpfung von (Religions-)Bekenntnissen, § 166

Ehrträger verstorben → Verunglimpfung des Andenkens Verstorbener, § 189 ⇨ S. 45; Störung d. Totenruhe, § 168 ⇨ S. 45

▶ Tatmittel
– Tatsachen, geeignet zur Verächtlichmachung/ Herabwürdigung i. d. Öffentlichkeit
– unwahr

Äußerung beinhaltet nur negatives Werturteil. → Beleidigung, § 185 ⇨ S. 44

Äußerung beinhaltet wahre Tatsachen. → (Formal-)Beleidigung, §§ 185, 192 ⇨ S. 44

▶ Tathandlung
• behaupten
• verbreiten

Äußerungen in beleidigungsfr. Sphäre

bloße Schaffung einer kompromitierenden Sachlage

sexuelle Handlung unterhalb der Schwelle der §§ 174 ff. ohne darüber hinausghd. Missachtenskundgabe

→ von den Ehrverletzungsdelikten nicht erfasst (h.M.)

▶ in Beziehung auf einen anderen

Täter gibt ehrmindernde Erklärungen unter Namen des Opfers selbst ab. → von §§ 186, 187 nicht erfasst, ggf. § 267; gelangen die Äußerungen an den Ehrträger: § 185 ⇨ S. 44

Unwahre Tatsache wird allein ggü. dem Ehrträger geäußert. → Beleidigung, § 185 ⇨ S. 44

subj. Tatbestand
▶ Vorsatz
▶ positive Kenntnis der Unwahrheit

Täter hält Unwahrheit nur für möglich oder glaubt sogar an die Wahrheit. → üble Nachrede, § 186 ⇨ S. 43

Rechtswidrigkeit allgemeine Grundsätze (§ 193 gilt grds. nicht)

Schuld allgemeine Grundsätze

Verfolgbarkeit Strafantrag, § 194

Öffentliche Verleumdung, § 187, 2. Halbs. (vorsatzbedürftige Qualifikation)
Aufbau wie Verleumdung; i. objekt. Tatbestand nach d. Tathandlung qualifiz. Umstände prüfen: öffentl./in e. Versammlung/d. Verbreiten v. Schriften (§ 11 III) geschehene Äußerung; Vorsatz bzgl. qualifiz. Umstände

Verleumdung gg. Personen d. polit. Lebens, § 188 II i.V.m. I (vorsatzbedürftige Qualifikation)
Aufbau wie § 187, 2. Halbs.; als Tatopfer: eine im politischen Leben des Volkes stehende Person; bei der Tatsachenäußerung zusätzlich: Eignung der Tat, das politische Wirken d. Opfers erheblich zu erschweren; Vorsatz bzgl. der qualifiz. Umstände; ferner müssen Tatmotive mit der Stellung d. Politikers zusammenhängen.

A. Delikte gegen höchstpers. Rechtsgüter	5. Straftaten gegen die Ehre und das Pietätsgefühl 5.2 Üble Nachrede mit Wahrnehmung berechtigter Interessen

Üble Nachrede, § 186, 1. Halbs.

Tatbestand	**objektiver Tatbestand** ▶ Tatopfer: individueller, im Tatzeitpunkt existenter Ehrträger ▶ Tatmittel: Tatsache, die zur Verächtlichmachung oder Herabwürdigung in der öffentlichen Meinung geeignet ist ▶ Tathandlung: Behaupten/Verbreiten **subjektiver Tatbestand** Vorsatz ⚠ nicht in Bezug auf Unwahrheit erforderlich

objektive Strafbarkeitsbedingung
Nichterweislichkeit der Wahrheit der geäußerten Tatsache

Rechtswidrigkeit	entfällt bei allg. Rechtfertigungsgründen und speziell bei **Rechtfertigung wegen Wahrnehmung berechtigter Interessen**, § 193: ▶ ehrverletzende Äußerung als **tadelndes Urteil über wissenschaftliche/künstlerische/gewerbliche Leistungen** ▶ ehrverletz. Äußerung **zur Ausführung o. Verteidigung v. Rechten** ▶ Hauptfall: ehrverletz. Äußerung **zur Wahrnehmung berechtigter Interessen** -- Täter muss objektiv berechtigte Interessen besessen haben (eigene Interessen, Interessen Dritter oder der Allgemeinheit) -- Interessen müssen in objektiv rechtmäßiger Weise wahrgenommen worden sein: -- Geeignetheit; Erforderlichkeit -- nach Gesamtabwägung aller Umstände Angemessenheit -- subjektiv: Absicht der Interessenwahrnehmung

Schuld	allgemeine Grundsätze

Verfolgbarkeit	Strafantrag, § 194

Öffentliche üble Nachrede, § 186, 2. Halbs. (vorsatzbedürftige Qualifikation)
Aufbau wie üble Nachrede; im objektiven Tatbestand nach der Tathandlung qualifizierende Umstände prüfen: öffentliche/in einer Versammlung/durch Verbreiten von Schriften (§ 11 III) geschehene Äußerung; Vorsatz bezüglich qualifizierender Umstände

Üble Nachrede gegen Personen des politischen Lebens, § 188 I
(vorsatzbedürftige Qualifikation)
Aufbau wie § 186, 2. Halbs.; als Tatopfer: eine im politischen Leben des Volkes stehende Person; bei der Tatsachenäußerung zusätzlich: Eignung der Tat, das politische Wirken des Opfers erheblich zu erschweren; Vorsatz bzgl. der qualifizierenden Umstände; ferner müssen Tatmotive mit der Stellung des Politikers zusammenhängen.

Beleidigung, § 185, 1. Halbs.

Tatbestand	**objektiver Tatbestand**
	‣ Tatopfer: individueller, im Tatzeitpunkt existenter Ehrträger ‣ Beleidigung = Kundgabe der eigenen Nicht- o. Missachtung des Täters • durch Äußerung unwahrer (h.M.), ehrenrühriger Tatsache gegenüber dem Ehrträger selbst • durch Äußerung eines selbstständigen negativen Werturteils gegenüber dem Ehrträger selbst/in Beziehung auf den Ehrträger gegenüber Dritten
	subjektiver Tatbestand
	Vorsatz der Missachtungskundgabe, kein Beleidigungswille erforderl.; bei Tatsachenäußerungen zusätzlich Vorsatz bzgl. der Unwahrheit (h.M.)
Rechtswidrigkeit	spez. Rechtfertigungsgrund: Wahrnehmung berecht. Interessen, § 193 ⇨ S. 43
Schuld	allgemeine Grundsätze
Straffreierkl.	möglich bei wechselseitigen Beleidigungen, § 199
Verfolgbarkeit	Strafantrag, § 194

Tätliche Beleidigung, § 185, 2. Halbs. (vorsatzbedürftige Qualifikation)
Aufbau wie § 185, 1. Halbs.; anstelle d. dort vorausgesetzten Missachtungskundgabe durch Äußerungen Tätlichkeit (= unmittelbar gegen den Körper gericht. Einwirkung) prüfen; im subj. Tatbestand entspr. Vorsatz prüfen

Formalbeleidigung, §§ 192, 185

Anwendbarkeit	Nach Verneinung der §§ 185, 186, 189 wegen Wahrheit der Äußerung/Verneinung des § 185 mangels selbstständigen Werturteils
Tatbestand	**objektiver Tatbestand**
	‣ Äußerung einer wahren Tatsache ‣ eigenständige Missachtungskundgabe im Zusammenhang mit der Tatsache • durch die Form der Äußerung (Wertungsexzess) • durch die Umstände der Äußerung (insbes. Publikationsexzess)
	subjektiver Tatbestand
	Vorsatz bezüglich der formalbeleidigenden Merkmale (nach h.M. keine Beleidigungsabsicht erforderlich)
Rechtswidrigkeit	allg. Grundsätze (Wahrnehmung berecht. Interessen gilt nicht, § 193 a.E.)
Schuld	allgemeine Grundsätze
Verfolgbarkeit	Strafantrag, § 194

A. Delikte gegen höchstpers. Rechtsgüter	5. Straftaten gegen die Ehre und das Pietätsgefühl 5.4 Verunglimpfung des Andenkens Verstorbener; Störung der Totenruhe

Verunglimpfung des Andenkens Verstorbener, § 189

Tatbestand	**objektiver Tatbestand**
	▸ Der durch die Tat Betroffene muss im Tatzeitpunkt verstorben (oder für tot erklärt) sein. ▸ Verunglimpfung = nach Form, Inhalt, Begleitumständen o. Beweggrund erhebliche Herabsetzung durch objektive Beleidigung/üble Nachrede/Verleumdung ▸ Das Andenken muss durch die Tat betroffen sein, d.h. die Äußerung muss zur Kenntnis einer lebenden Person gelangt sein.
	subjektiver Tatbestand
	Vorsatz ⚠ Irrtum über Tod des Verunglimpften schließt Bestrafung sowohl aus §§ 185 ff. als auch aus § 189 aus

Rechts-widrigkeit	allg. Grundsätze ⚠ Wahrnehmung berechtigter Interessen, § 193, gilt nicht
Schuld	allgemeine Grundsätze
Verfolgbarkeit	Strafantrag, § 194, insbesondere II

Störung der Totenruhe, § 168

Tatbestand	**objektiver Tatbestand**
	I 1. Alt.: unbefugte Wegnahme ▸ Tatobjekt: Körper/Teile des Körpers eines verstorbenen Menschen/tote Leibesfrucht/Teile einer toten Leibesfrucht/Asche eines verstorbenen Menschen ▸ Tatopfer: Totensorgeberecht., in dessen Obhut sich das Tatobjekt befindet ▸ Tathandlung: Wegnahme = Bruch des Obhutsverhältnisses - I 2. Alt.; II 3. Mod.: Verübung beschimpfenden Unfugs ▸ Tatobjekt bei I 2. Alt.: solche des I 1. Alt. – Tatort bei II 3. Mod.: Aufbahrungsstätte/Beisetzungsstätte/öffentl. Totengedenkstätte – Tathandlung: Verübung beschimpfenden Unfugs = besonders rohe Missachtenskundgabe - II 1., 2. Mod.: Zerstörung/Beschädigung ▸ Tatobjekt: Aufbahrungsstätte/Beisetzungsstätte/öffentl. Totengedenkstätte ▸ Tathandlung: Zerstören/Beschädigen (wie bei § 303 I ⇨ S. 74)
	subjektiver Tatbestand
	Vorsatz (Absicht einer Pietätsverletzung nicht erforderlich)
R.widrigkeit	allg. Grundsätze (deklaratorische Funktion des Merkmals „unbefugt" in I)
Schuld	allgemeine Grundsätze

	zu anderen Ehrverletzungsdelikten in Bezug auf denselben Ehrträger	zu anderen Delikten
§ 185	zu §§ 186–187 a – wegen tatbestandlicher Exklusivität von Tatsachenäußerung und Werturteil (–), wenn es um dieselbe Äußerung geht – Tateinheit • bei Tatsachenäußerungen oder Werturteilen gegenüber dem Ehrträger, wenn Dritte die Äußerung gleichzeitig zur Kenntnis nehmen • bei Äußerungen gegenüber Dritten in Bezug auf den Ehrträger, die sowohl Werturteile (§ 185) als auch herabwürdigende Tatsachen beinhalten	Tateinheit
§ 240	wird von den Qualifikationen der §§ 187, 187 a als gesetzeskonkurrierend verdrängt (Spezialität)	
§§ 187, 187 a	verdrängen als Qualifikationen § 186 als gesetzeskonkurrierend (Spezialität)	
§ 189	zu den §§ 185 ff. wegen tblicher Exklusivität der Tatopfer (–)	

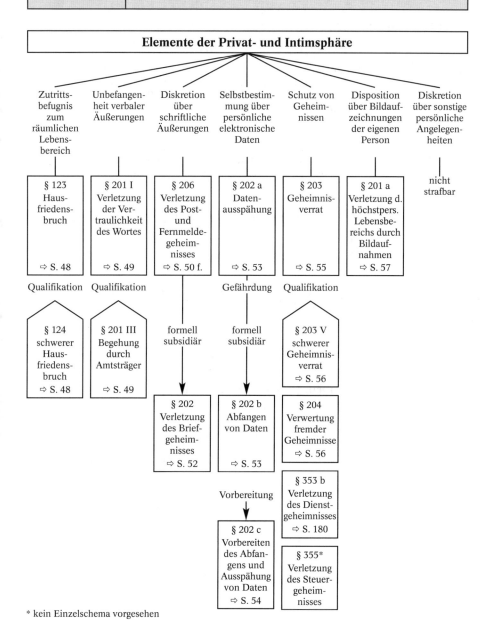

Elemente der Privat- und Intimsphäre

- Zutrittsbefugnis zum räumlichen Lebensbereich
- Unbefangenheit verbaler Äußerungen
- Diskretion über schriftliche Äußerungen
- Selbstbestimmung über persönliche elektronische Daten
- Schutz von Geheimnissen
- Disposition über Bildaufzeichnungen der eigenen Person
- Diskretion über sonstige persönliche Angelegenheiten

§ 123 Hausfriedensbruch ⇨ S. 48

§ 201 I Verletzung der Vertraulichkeit des Wortes ⇨ S. 49

§ 206 Verletzung des Post- und Fernmeldegeheimnisses ⇨ S. 50 f.

§ 202 a Datenausspähung ⇨ S. 53

§ 203 Geheimnisverrat ⇨ S. 55

§ 201 a Verletzung d. höchstpers. Lebensbereichs durch Bildaufnahmen ⇨ S. 57

nicht strafbar

Qualifikation / Qualifikation / Gefährdung / Qualifikation

§ 124 schwerer Hausfriedensbruch ⇨ S. 48

§ 201 III Begehung durch Amtsträger ⇨ S. 49

formell subsidiär

formell subsidiär

§ 203 V schwerer Geheimnisverrat ⇨ S. 56

§ 202 Verletzung des Briefgeheimnisses ⇨ S. 52

§ 202 b Abfangen von Daten ⇨ S. 53

§ 204 Verwertung fremder Geheimnisse ⇨ S. 56

Vorbereitung

§ 353 b Verletzung des Dienstgeheimnisses ⇨ S. 180

§ 202 c Vorbereiten des Abfangens und Ausspähung von Daten ⇨ S. 54

§ 355* Verletzung des Steuergeheimnisses

* kein Einzelschema vorgesehen

47

Hausfriedensbruch, § 123

Tatbestand	**objektiver Tatbestand** ▸ Tatobjekt: Wohnung eines anderen/Geschäftsräume eines anderen/befriedetes Besitztum eines anderen/abgeschlossene Räume, welche zum öffentl. Dienst/Verkehr bestimmt sind ▸ Tathandlungen: • 1. Alt.: Eindringen = Betreten ohne (individuelle oder generelle) Zutrittserlaubnis des Hausrechtsinhabers • 1. Alt. i.V.m. § 13: Eindringen durch garantenpflichtwidriges Unterlassen = Nichtverlassen der Räumlichkeit • 2. Alt. (subsidiär): Verweilen trotz Aufforderung des Berechtigten zum Verlassen **subjektiver Tatbestand** Vorsatz ⚠ Tatumstandsirrtum i.S.v. § 16 insbes. bei irriger Annahme des Einverständnisses
R.widrigkeit	allg. Grundsätze (deklaratorische Funktion der Merkmale widerrechtlich [1. Alt.]/ohne Befugnis [2. Alt.])
Schuld	allgemeine Grundsätze
Verfolgbarkeit	Strafantrag, § 123 II

Schwerer Hausfriedensbruch, § 124 (vorsatzbedürftige Qualifikation)

Tatbestand	**objektiver Tatbestand** ▸ öffentliche Zusammenrottung einer Menschenmenge ▸ Verwirklichung des § 123 I 1. Alt. durch die Menschenmenge ▸ Teilnahme des Täters = räumliche Anwesenheit und körperliche Beteiligung an der Zusammenrottung und zumindest mittäterschaftliche Förderung des Eindringens **subjektiver Tatbestand** ▸ Vorsatz ▸ Absicht der Menschenmenge (nicht notwendig des fraglichen Täters), Gewalttätigkeiten gegen Personen/Sachen (im Schutzbereich des verletzten Hausrechts) mit vereinten Kräften zu begehen
R.widrigkeit	allgemeine Grundsätze
Schuld	allgemeine Grundsätze

Verletzung der Vertraulichkeit des Wortes, § 201 I, II

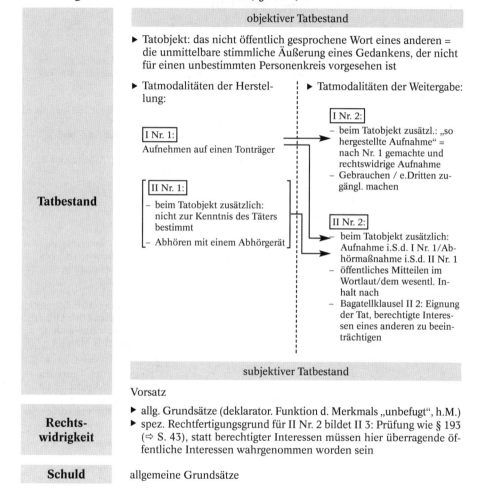

Tatbestand

objektiver Tatbestand

▶ Tatobjekt: das nicht öffentlich gesprochene Wort eines anderen = die unmittelbare stimmliche Äußerung eines Gedankens, der nicht für einen unbestimmten Personenkreis vorgesehen ist

▶ Tatmodalitäten der Herstellung:

I Nr. 1:
Aufnehmen auf einen Tonträger

II Nr. 1:
– beim Tatobjekt zusätzlich: nicht zur Kenntnis des Täters bestimmt
– Abhören mit einem Abhörgerät

▶ Tatmodalitäten der Weitergabe:

I Nr. 2:
– beim Tatobjekt zusätzl.: „so hergestellte Aufnahme" = nach Nr. 1 gemachte und rechtswidrige Aufnahme
– Gebrauchen / e.Dritten zugängl. machen

II Nr. 2:
– beim Tatobjekt zusätzlich: Aufnahme i.S.d. I Nr. 1/Abhörmaßnahme i.S.d. II Nr. 1
– öffentliches Mitteilen im Wortlaut/dem wesentl. Inhalt nach
– Bagatellklausel II 2: Eignung der Tat, berechtigte Interessen eines anderen zu beeinträchtigen

subjektiver Tatbestand

Vorsatz

▶ allg. Grundsätze (deklarator. Funktion d. Merkmals „unbefugt", h.M.)
▶ spez. Rechtfertigungsgrund für II Nr. 2 bildet II 3: Prüfung wie § 193 (⇨ S. 43), statt berechtigter Interessen müssen hier überragende öffentliche Interessen wahrgenommen worden sein

Rechtswidrigkeit

Schuld

allgemeine Grundsätze

Verfolgbarkeit

Strafantrag, § 205 I 1 n.F.

Verletzung der Vertraulichkeit des Wortes durch Amtsträger, § 201 III
(vorsatzbedürftige Qualifikation)

Aufbau wie § 201; zusätzlich im objektiven Tatbestand: Täter ist Amtsträger (§ 11 I Nr. 2; § 48 I WStG)/für den öffentl. Dienst besonders Verpflichteter (§ 11 I Nr. 4); im subjektiven Tatbestand Vorsatz bezügl. qualifizierender Umstände; nach § 205 I kein Strafantrag erforderlich

A. Delikte gegen höchstpers. Rechtsgüter	6. Straftaten gegen die Privat- und Intimsphäre 6.4 Verletzung des Post- und Fernmeldegeheimnisses

Verletzung des Post- und Fernmeldegeheimnisses durch Bedienstete von Telekommunikationsunternehmen, § 206 I–III

<table>
<tr><td></td><td colspan="2">objektiver Tatbestand</td></tr>
<tr><td rowspan="2">Tatbestand</td><td colspan="2">

▶ Täter:
  • Inhaber (= [Mit-]Eigner) oder Beschäftigte (= Angehörige) von Unternehmen, die geschäftsmäßig Post- oder Telekommunikationsdienste erbringen
  • betriebsnahe Personen, III:
    – Nr. 1: Beschäftigte der Aufsichtsverwaltung über Telekommunikationsunternehmen
    – Nr. 2: Nichtunternehmensangehörige, die mit Post- und Telekommunikationsdiensten betraut sind
    – Nr. 3: Personen, die mit der Herstellung von/Arbeiten an Telekommunikationsanlagen betraut sind

</td></tr>
<tr><td>

$\boxed{\text{I}}$

▶ Tatgegenstand: Tatsache, die dem Post- oder Fernmeldegeheimnis unterliegt (⇨ Legaldefinition in V)
▶ Tathandlung: einer anderen Person mitteilen

</td><td>

$\boxed{\text{II}}$

▶ Tatmodalitäten

$\boxed{\text{Nr. 1:}}$

  – Tatobjekt: dem Unternehmen anvertraute und verschlossene Sendung
  – Tathandlung:
    • öffnen
    • sich vom Inhalt Kenntnis verschaffen ohne Öffnung, aber unter Anwendung technischer Mittel

$\boxed{\text{Nr. 2:}}$

  – Tatobjekt: dem Unternehmen zur Übermittlung anvertraute Sendung
  – Tathandlung: unterdrücken

$\boxed{\text{Nr. 3:}}$

  – Bezugshandlungen i.S.d. Nr. 1, 2
  – gestatten/fördern

</td></tr>
<tr><td></td><td colspan="2">subjektiver Tatbestand</td></tr>
<tr><td></td><td colspan="2">Vorsatz</td></tr>
<tr><td>Rechtswidrigkeit</td><td colspan="2">allgemeine Grundsätze (nach h.M. deklaratorische Funktion des Merkmals „unbefugt")</td></tr>
<tr><td>Schuld</td><td colspan="2">allgemeine Grundsätze</td></tr>
</table>

Verletzung des Post- und Fernmeldegeheimnisses durch betriebsfremde Amtsträger, § 206 IV

	objektiver Tatbestand

Tatbestand	▸ Täter:
	   – Amtsträger (§ 11 I Nr. 2; § 48 I WStG)
	   – außerhalb des Täterkreises des § 206 I, II
	▸ Tatgegenstand:
	   – Tatsache, die dem Post- oder Fernmeldegeheimnis unterliegt
	     (⇨ Legaldefinition in V)
	   – dem Täter bekannt geworden aufgrund eines befugten/unbefugten Eingriffs in das Post- oder Fernmeldegeheimnis (z.B. §§ 99 ff. StPO)
	   – innerer Zusammenhang zwischen Amtstätigkeit und der Kenntniserlangung des Täters
	▸ Tathandlung: einer anderen Person mitteilen

	subjektiver Tatbestand
	Vorsatz
Rechtswidrigkeit	allgemeine Grundsätze (deklaratorische Funktion des Merkmals „unbefugt")
Schuld	allgemeine Grundsätze

Verletzung des Briefgeheimnisses, § 202

Tatbestand	**objektiver Tatbestand**
	▸ Tatobjekt:
	– Schriftstück, insbes. Brief (gleichgestellt gem. III: Abbildung), nicht zur Kenntnis des Täters bestimmt, zusätzlich:
	– I: unmittelbarer Verschluss (= unmittelbare Umhüllung, z.B. Umschlag) **– II: mittelbarer Verschluss** durch verschlossenes Behältnis (wie bei § 243 I 2 Nr. 2 ⇨ S. 61) mit der Funktion einer besonderen Sicherung gegen Kenntnisnahme
	▸ Tathandlungen:
	• Nr. 1: öffnen ▸ Tathandlung: Öffnen + Kenntnis verschaffen vom Inhalt
	• Nr. 2: Erlangung der Kenntnis vom Inhalt ohne Öffnung unter Anwendung technischer Mittel
	subjektiver Tatbestand
	Vorsatz
Rechts- widrigkeit	allg. Grundsätze (nach h.M. deklaratorische Funktion des Merkmals „unbefugt")
Schuld	allgemeine Grundsätze
Verfolgbarkeit	Strafantrag, § 205 I 1 n.F.

[Formelle Subsidiarität gegenüber § 206]

A. Delikte gegen höchstpers. Rechtsgüter	6. Straftaten gegen die Privat- und Intimsphäre 6.6 Straftaten gegen die Selbstbestimmung über persönliche elektronische Daten

Ausspähen von Daten, § 202 a

	objektiver Tatbestand
Tatbestand	▸ Tatobjekt: – Daten (mit Beschränkung des § 202 a II) – nicht zur Kenntnis des Täters bestimmt – gegen unberechtigten Zugang besonders gesichert ▸ Tathandlung: sich/einem anderen Zugang verschaffen unter Überwindung der Zugangssicherung (⚠ Hacking neuerdings strafbar)
	subjektiver Tatbestand
	Vorsatz
Rechtswidrigkeit	allg. Grundsätze (nach h.M. deklaratorische Funktion des Merkmals „unbefugt")
Schuld	allgemeine Grundsätze
Verfolgbarkeit	Strafantrag oder Bejahung besonderen öffentlichen Verfolgungsinteresses, § 205 I 2 n.F.

Abfangen von Daten, § 202 b (neu eingeführt durch 41. StRÄndG v. 07.08.2007, BGBl. I, 1786 ff., in Kraft seit 08.08.2007)

	objektiver Tatbestand
Tatbestand	▸ Tatobjekt: – Daten (mit Beschränkung des § 202 a II) – nicht zur Kenntnis des Täters bestimmt – in nichtöffentlicher Datenübermittlung/während elektromagnetischer Abstrahlung einer Datenverarbeitungsanlage ▸ Tathandlung: sich/einem anderen verschaffen unter Anwendung von technischen Mitteln
	subjektiver Tatbestand
	Vorsatz
Rechtswidrigkeit	allgemeine Grundsätze (nach h.M. deklaratorische Funktion des Merkmals „unbefugt")
Schuld	allgemeine Grundsätze
Verfolgbarkeit	Strafantrag oder Bejahung besonderen öffentlichen Verfolgungsinteresses, § 205 I 2 n.F.

A. Delikte gegen höchstpers. Rechtsgüter	6. Straftaten gegen die Privat- und Intimsphäre 6.6 Straftaten gegen die Selbstbestimmung über persönliche elektronische Daten (Fortsetzung)

Vorbereitung des Ausspähens und Abfangens von Daten, § 202 c (neu eingeführt durch 41. StrÄndG v. 07.08.2007, BGBl. I, 1786 ff., in Kraft seit 08.08.2007)

Tatbestand	**objektiver Tatbestand** ▶ Tatobjekte: • I Nr. 1: Passwörter/sonstige Sicherungscodes, die den Zugang zu Daten (§ 202 a II) ermöglichen • I Nr. 2: Computerprogramme mit der Zweckbestimmung einer Tat nach § 202 a ▶ Tathandlungen: Herstellen/sich oder anderen verschaffen/verkaufen/einem anderen überlassen/verbreiten/sonst zugänglichmachen ▶ als Vorbereitung einer Tat nach § 202 a/§ 202 b **subjektiver Tatbestand** Vorsatz (einschließlich der Verwirklichung einer – wenn auch nicht konkretisierten – Tat nach § 202 a/§ 202 b
Rechtswidrigkeit	allgemeine Grundsätze
Schuld	allgemeine Grundsätze
Persönlicher Strafaufhebungsgrund	Tätige Reue unter den Voraussetzungen des § 202 c II i.V.m. § 149 II/III

A. Delikte gegen höchstpers. Rechtsgüter	**6. Straftaten gegen die Privat- und Intimsphäre** **6.7 Geheimnisverrat**

Verletzung v. Privatgeheimnissen, § 203 (erweitert um II a durch Gesetz zum Abbau bürokratischer Hemmnisse v. 22.08.2006, BGBl. I, S. 1970 ff., in Kraft seit 26.08.2006)

<table>
<tr><td rowspan="1"></td><td colspan="1" align="center">objektiver Tatbestand</td></tr>
</table>

Tatbestand

▶ Täter:

I Nr. 1–6: Geheimnisträger kraft Berufs:

- Nr. 1: Angehöriger eines Heilberufs mit staatl. geregelter Ausbildung (nicht: Heilpraktiker)
- Nr. 2: Berufspsychologe
- Nr. 3: Rechtsanwalt/Patentanwalt/Notar/Verteidiger/Wirtschaftsprüfer/ vereidigter Buchprüfer/Steuerberater/ Steuerbevollmächtigter/Organ oder Mitglied eines Organs in Wirtschaftsprüfungs-/Buchprüfungs-/ Steuerberatungsgesellschaft

III 1: gleichgestellt Mitglieder einer Rechtsanwaltskammer

- Nr. 4/4 a: Berater in anerkannten Beratungsstellen
- Nr. 5: staatlich anerkannter Sozialarbeiter/Sozialpädagoge
- Nr. 6: Angehöriger einer privaten Kranken-/Unfall-/Lebensversicherung/ privatärztl. Verrechnungsstelle
- III 2: gleichgestellt Berufshelfer und Auszubildende
- III 3: gleichgestellt den in I u. III 1, 2 Genannten sind Personen, die das Geheimnis vom Geheimnisträger oder aus dessen Nachlass erlangt haben

II Nr. 1–6: Geheimnisträger kraft Amtes/förmlicher Verpflichtung

- Nr. 1: Amtsträger (§ 11 I Nr. 2; § 48 WStG)
- Nr. 2: für den öffentl. Dienst bes. Verpfl. (§ 11 I Nr. 4)
- Nr. 3: Interessenvertreter nach Personalvertretungsrecht
- Nr. 4: Mitglieder/Hilfskräfte von Ausschüssen oder Räten für ein Gesetzgebungsorgan des Bundes/Landes
- Nr. 5: Öffentlich bestellte Sachverständige
- Nr. 6: Personen, die im Rahmen wissenschaftlicher Vorhaben auf ihre Geheimhaltungspflicht förmlich verpflichtet worden sind
- II a: Datenschutzbeauftragte

▶ Tatgegenstand:
  - fremdes Geheimnis, insbesondere zum persönlichen Lebensbereich gehörig/Betriebs- oder Geschäftsgeheimnis (II 2: Präzisierung für Angaben im Zusammenhang mit öffentlicher Verwaltung)
  - dem Täter in seiner beruflichen Eigenschaft/amtlichen Funktion anvertraut/bekannt geworden

▶ Tathandlung: offenbaren (IV: auch die nach dem Tod des Betroffenen erfolgte Offenbarung ist tatbestandsmäßig)

<table>
<tr><td colspan="1" align="center">subjektiver Tatbestand</td></tr>
</table>

Vorsatz

R.widrigkeit

▶ allg. Grundsätze (nach h.M. deklaratorische Funktion des Merkmals „unbefugt")
▶ entfällt speziell bei Anzeigepflicht, z.B. § 138 ⇨ S. 148 f.

Schuld

allgemeine Grundsätze

Verfolgbarkeit

Strafantrag, § 205 I 1

55

Schwerer Geheimnisverrat, § 203 V (vorsatzbedürftige/rein subjektive Qualifikation)

Aufbau wie § 203 I, II; qualifizierende Umstände:

* im objektiven und subjektiven Tatbestand: Handeln gegen Entgelt (§ 11 I Nr. 9)
* nur im subjektiven Tatbestand: Absicht, sich/anderen zu bereichern oder Absicht, einen anderen zu schädigen

Verwertung fremder Geheimnisse, § 204

	objektiver Tatbestand
Tatbestand	▶ Täter: Geheimnisträger i.S.v. § 203 ⇨ S. 52 ▶ Tatgegenstand: fremdes Geheimnis i.S.v. § 203 ⇨ S. 52 ▶ Tathandlung: Verwerten = wirtschaftliche Nutzung zum Zweck der Gewinnerzielung, soweit die Tat nicht schon von § 203 erfasst wird (II i.V.m. § 203 IV: auch nach dem Tod des Betroffenen erfolgte Verwertung ist tatbestandsmäßig)
	subjektiver Tatbestand
	Vorsatz
Rechts-widrigkeit	allg. Grundsätze (nach h.M. deklaratorische Funktion des Merkmals „unbefugt")
Schuld	allgemeine Grundsätze
Verfolgbarkeit	Strafantrag, § 205 I 1

A. Delikte gegen höchstpers. Rechtsgüter	6. Straftaten gegen die Privat- und Intimsphäre 6.8 Verletzung des höchstpersönlichen Lebensbereichs durch Bildaufnahmen

Verletzung des höchstpersönlichen Lebensbereichs durch Bildaufnahmen, § 201 a I–III

	objektiver Tatbestand
Tatbestand	▶ Tatobjekt: Bildaufnahme von einer anderen Person, die sich in einer Wohnung oder einem gegen Einblick besonders geschützten Raum (z.B. Solarium) befindet ▶ Tatmodalitäten der Herstellung: Abs. 1: Verletzung des höchstpersönlichen Lebensbereichs (in Anlehnung am § 171 b I GVG) durch • Herstellung (z.B. Fotoaufnahme) • Übertragung (z.B. Webcam) ▶ Tatmodalitäten der weiteren Verwendung: • Abs. 2: Gebrauch/einem Dritten zugänglich machen einer nach Abs. 1 hergestellten Aufnahme • Abs. 3: Verletzung des höchstpersönlichen Lebensbereichs durch unbefugtes (hier: echtes TB-Merkmal) Zugänglichmachen einer befugt hergestellten Aufnahme
	subjektiver Tatbestand
	Vorsatz; in § 201 a III: Wissentlichkeit bzgl. der Unbefugtheit des Zugänglichmachens

Rechtswidrigkeit	allg. Grundsätze (§ 193 gilt nicht/Merkmal „unbefugt" ist in § 201 a I lediglich deklaratorischer Hinweis auf die Rechtswidrigkeit, aber in § 201 a III echtes vorsatzbedürftiges TB-Merkmal)
Schuld	allgemeine Grundsätze
Verfolgbarkeit	Strafantrag, § 205

B. Delikte gegen Eigentum und Vermögen	1. Straftaten gegen das Eigentum 1.1 System und Grenzen des strafrechtlichen Eigentumsschutzes

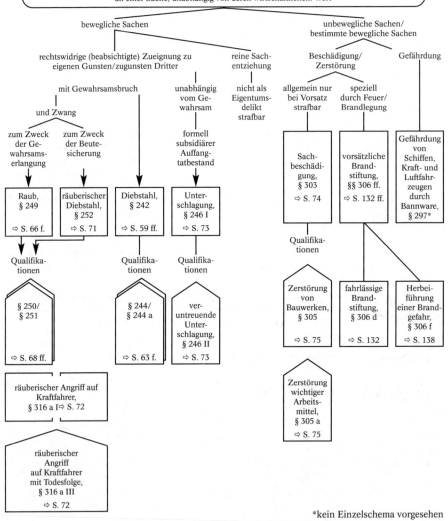

Vermögen
= Summe aller geldwerten Güter eines Rechtsträgers, die zum Wirtschaftsverkehr gehören (rein ökonomischer Vermögensbegriff) und die von der Rechtsordnung nicht missbilligt werden (ökonomisch-juristischer Vermögensbegriff)

Eigentum
= formales, zivilrechtlich ausgeformtes umfassendes Herrschaftsrecht eines Rechtsträgers an einer Sache, unabhängig von deren wirtschaftlichem Wert

bewegliche Sachen

unbewegliche Sachen/ bestimmte bewegliche Sachen

rechtswidrige (beabsichtigte) Zueignung zu eigenen Gunsten/zugunsten Dritter

reine Sachentziehung

Beschädigung/ Zerstörung

Gefährdung

mit Gewahrsamsbruch

unabhängig vom Gewahrsam

nicht als Eigentumsdelikt strafbar

allgemein nur bei Vorsatz strafbar

speziell durch Feuer/ Brandlegung

und Zwang

zum Zweck der Gewahrsamserlangung

zum Zweck der Beutesicherung

formell subsidiärer Auffangtatbestand

Raub, § 249

⇨ S. 66 f.

räuberischer Diebstahl, § 252

⇨ S. 71

Diebstahl, § 242

⇨ S. 59 ff.

Unterschlagung, § 246 I

⇨ S. 73

Sachbeschädigung, § 303

⇨ S. 74

vorsätzliche Brandstiftung, §§ 306 ff.

⇨ S. 132 ff.

Gefährdung von Schiffen, Kraft- und Luftfahrzeugen durch Bannware, § 297*

Qualifikationen

Qualifikationen

Qualifikationen

Qualifikationen

§ 250/ § 251

⇨ S. 68 ff.

§ 244/ § 244 a

⇨ S. 63 f.

veruntreuende Unterschlagung, § 246 II

⇨ S. 73

Zerstörung von Bauwerken, § 305

⇨ S. 75

fahrlässige Brandstiftung, § 306 d

⇨ S. 132

Herbeiführung einer Brandgefahr, § 306 f

⇨ S. 138

räuberischer Angriff auf Kraftfahrer, § 316 a I ⇨ S. 72

Zerstörung wichtiger Arbeitsmittel, § 305 a

⇨ S. 75

räuberischer Angriff auf Kraftfahrer mit Todesfolge, § 316 a III

⇨ S. 72

*kein Einzelschema vorgesehen

58

<table>
<tr><td>B. Delikte
gegen
Eigentum
und
Vermögen</td><td>1. Straftaten gegen das Eigentum
1.2 Zueignungsdelikte mit Gewahrsamsbruch
1.2.1 Diebstahl; zugleich Vernetzung mit anderen Straftat-
beständen</td></tr>
</table>

Diebstahl, §§ 242 (einschl. §§ 243, 247, 248 a)

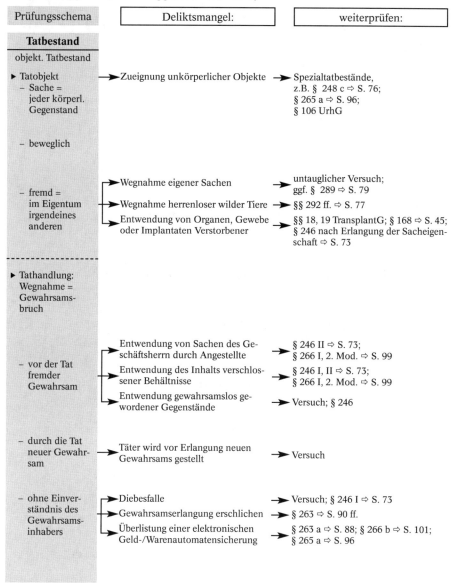

Prüfungsschema	Deliktsmangel:	weiterprüfen:

Tatbestand

objekt. Tatbestand

▶ Tatobjekt
 – Sache =
 jeder körperl.
 Gegenstand
→ Zueignung unkörperlicher Objekte → Spezialtatbestände,
z.B. § 248 c ➪ S. 76;
§ 265 a ➪ S. 96;
§ 106 UrhG

 – beweglich

 – fremd =
 im Eigentum
 irgendeines
 anderen
→ Wegnahme eigener Sachen → untauglicher Versuch;
ggf. § 289 ➪ S. 79
→ Wegnahme herrenloser wilder Tiere → §§ 292 ff. ➪ S. 77
→ Entwendung von Organen, Gewebe
oder Implantaten Verstorbener → §§ 18, 19 TransplantG; § 168 ➪ S. 45;
§ 246 nach Erlangung der Sacheigen-
schaft ➪ S. 73

▶ Tathandlung:
Wegnahme =
Gewahrsams-
bruch

 – vor der Tat
 fremder
 Gewahrsam
→ Entwendung von Sachen des Ge-
schäftsherrn durch Angestellte → § 246 II ➪ S. 73;
§ 266 I, 2. Mod. ➪ S. 99
→ Entwendung des Inhalts verschlos-
sener Behältnisse → § 246 I, II ➪ S. 73;
§ 266 I, 2. Mod. ➪ S. 99
→ Entwendung gewahrsamslos ge-
wordener Gegenstände → Versuch; § 246

 – durch die Tat
 neuer Gewahr-
 sam
→ Täter wird vor Erlangung neuen
Gewahrsams gestellt → Versuch

 – ohne Einver-
 ständnis des
 Gewahrsams-
 inhabers
→ Diebesfalle → Versuch; § 246 I ➪ S. 73
→ Gewahrsamserlangung erschlichen → § 263 ➪ S. 90 ff.
→ Überlistung einer elektronischen
Geld-/Warenautomatensicherung → § 263 a ➪ S. 88; § 266 b ➪ S. 101;
§ 265 a ➪ S. 96

Diebstahl, §§ 242 (einschl. §§ 243, 247, 248 a) (Fortsetzung)

Prüfungsschema	Deliktsmangel:	weiterprüfen:

Tatbestand

subj. Tatbestand

▸ Vorsatz → Täter kennt sein Eigentum an der weggenommenen Sache oder das Einverständnis des Gewahrsamsinhabers nicht. → untauglicher Versuch

▸ Zueignungsab-sicht in Bezug auf die weg-genommene Sache/deren Sachwert

→ Täter will die Sache dem Eigen-tümer nur entziehen. → § 274 ⇨ S. 122; § 133 ⇨ S. 171; § 136 ⇨ S. 169

→ Täter will die Sache ohne vor-herigen Gebrauch beschädigen/zerstören. → § 303 ⇨ S. 74

– Aneignungs-absicht
-- zu eigenen Gunsten
-- zugunsten Dritter

→ Täter will die weggenommene Sache nach Gebrauch zurückgeben. → § 248 b ⇨ S. 80; § 290

→ Täter will die weggenommene Sache primär als Druckmittel gegen Eigen-tümer gebrauchen (Fälle der eigen-mächtigen Inpfandnahme). → §§ 253, 255 ⇨ S. 97 f.; § 240 ⇨ S. 19

– Enteignungs-wille

→ Täter nimmt die Sache weg, um sie an den Eigentümer **als angeblich eigene** „zurück zu übereignen". → § 263 (str.) ⇨ S. 90 ff.

→ Täter nimmt die Sache weg, um sie dem Eigentümer **in Anerkennung dessen Eigentums** gegen Beloh-nung/zur Abwehr von Schadens-ersatzanspr. zurückzugeben. → § 263 ⇨ S. 90 ff.; § 289 ⇨ S. 79

→ Täter nimmt die Sache weg, um sie zur Erlangung rechtswid. Vermö-gensvorteile zu verwenden und sie nachher unverändert zurückzugeben. → § 263 ⇨ S. 90 ff.; § 263 a ⇨ S. 93 ff.; § 274 ⇨ S. 122; § 281 ⇨ S. 123

▸ Rechtswidrigkeit der erstrebten Zueignung
– objektiv
– Vorsatz

→ Täter hat Speziesanspruch auf die weggenommene Sache (oder bei Geld: entsprechenden Wertsummen-anspruch), weiß das aber nicht. → untauglicher Versuch

Diebstahl, §§ 242 (einschl. §§ 243, 247, 248 a) (Fortsetzung)

Rechts-widrigkeit	allgemeine Grundsätze
Schuld	allgemeine Grundsätze

Besonders schwerer Fall mit Regelbeispielskatalog, § 243 I 2:

Unselbst-ständige, benannte Straf-erschwerungen	• Nr. 1: objektiv: – umschlossener Raum = Raumgebilde, zum Betreten von Menschen bestimmt und mit Vorrichtungen zur Abwehr von Menschen versehen; insbes.: Gebäude, Geschäftsraum; bei Wohnung lex specialis: § 244 I Nr. 3 ⇨ S. 64 – Zutritt auf besonders deliktische Weise: Einbrechen/Einsteigen/Eindringen mittels eines nicht zur ordnungsmäßigen Öffnung bestimmten Werkzeugs (insbes.: falscher Schlüssel)/Sichverborgenhalten subjektiv: Handeln zur Ausführung der Tat • Nr. 2: objektiv: – Schutzvorrichtungen mit besonderer Wegnahmesicherungsfunktion (insbes.: verschlossenes Behältnis) – Wegnahme der besonders gesicherten Sache, nicht notwendig Überwindung der Wegnahmesicherung subjektiv: Kenntnis der Wegnahmesicherung • Nr. 3: nur subjektives Merkmal gewerbsmäßiges Stehlen = Täterziel, aus der wiederholten Begehung von Diebstählen Einnahmequelle von Dauer und Erheblichkeit zu schaffen • Nr. 4: objektiv: Tatobjekt muss sich in einem der Religionsausübung dienenden Raum befinden, es muss ferner dem Gottesdienst gewidmet sein oder der religiösen Verehrung dienen. subjektiv: Kenntnis der Regelbeispielsmerkmale • Nr. 5: objektiv: Tatobjekt muss sich in einer allgemein zugänglichen Sammlung befinden/öffentlich ausgestellt sein; ferner muss es bedeutendes Kulturgut sein. subjektiv: Kenntnis der Regelbeispielsmerkmale • Nr. 6: objektiv: – verminderter Gewahrsamsschutz durch atypische Situation, nämlich Hilflosigkeit des Betroffenen/Unglücksfall/gemeine Gefahr – Ausnutzen dieser Lage subjektiv: Kenntnis der Ausnahmelage und Ausnutzungsbewusstsein • Nr. 7: objektiv: Tatobjekt ist erlaubnispflichtige Handfeuerwaffe/Maschinengewehr (-pistole)/voll- oder halbautom. Gewehr/Sprengstoff enthaltende Kriegswaffe/Sprengstoff. subjektiv: Kenntnis der Regelbeispielsmerkmale

---

Ausschlussklausel des § 243 II:
▶ (einheitliche) Tat i.S.d. §§ 242, 243 I 1, 2 Nr. 1–6
▶ obj. und subj. Geringwertigkeitsbezug = Verkehrswert unter 25 Euro

Verfolgbarkeit	• Diebstahl geringwertiger Sachen, § 248 a – anwendbar nur für nicht erschwerten Diebstahl – Tatobjekt objektiv geringwertig i.S.v. § 243 II – Strafantrag oder Bejahung besonderen öffentl. Verfolgungsinteresses • Haus- und Familiendiebstahl, § 247 – anwendbar für alle Diebstahlsfälle – besondere Nähebeziehung zwischen Täter und Verletztem (= sowohl Eigentümer als auch Gewahrsamsinhaber), nämlich Angehöriger (§ 11 I Nr. 1)/Vormund (§§ 1773 ff. BGB)/Betreuer (§§ 1896 ff. BGB)/häusliche Gemeinschaft – immer Strafantrag erforderlich

B. Delikte	1. Straftaten gegen das Eigentum
gegen	1.2 Zueignungsdelikte mit Gewahrsamsbruch
Eigentum	1.2.2 Diebstahl; spezielle Prüfungsfolge der Zueignungs-
und	absicht
Vermögen	

1. Enteignung des Berechtigten (auf Dauer) mit (zumindest) dolus eventualis geplant?

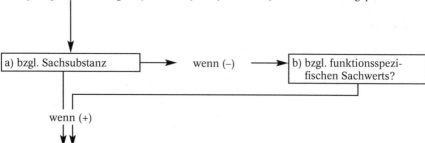

2. Aneignung (wenigstens vorübergehend) mit dolus directus I beabsichtigt?

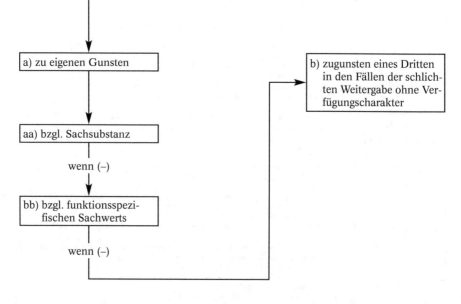

Diebstahl m. Waffen; Bandendiebstahl, § 244 (vorsatzbed. Qualifikation zu § 242)

Tatbestand	**objektiver Tatbestand**
	I Nr. 1 a:
	– täterschaftliche Verwirklichung des Diebstahls ⇨ S. 59; entfällt bei Vorprüfung des § 242
	– (objektiv) einsatzbereite Waffe im techn. Sinn/gefährliche Werkzeuge = alle Gegenstände, die objektiv (und nach Einsatzvorbehalt des Täters [Lit.]) geeignet sind, erhebliche Körperverletzungen zuzufügen
	– Beisichführen durch den Täter/anderen Beteiligten bei dem Diebstahl = tats. Zugriffsmöglichkeit zwischen Versuchsbeginn u. tatsächlicher Beendigung
	I Nr. 1 b:
	– täterschaftliche Verwirklichung des Diebstahls (s. Nr. 1 a)
	– sonstiges (objektiv ungefährliches) Werkzeug/Mittel
	– Beisichführen (s. Nr. 1 a)
	I Nr. 2:
	– täterschaftliche Verwirklichung des Diebstahls (s. Nr. 1 a)
	– Bande = Zusammenschluss von mind. 3 Personen zur fortges. Begehung (= mehrere selbstständige, im Einz. noch ungewisse) Straftaten i.S.v. § 249 / § 242
	– der fragliche Beteiligte muss selbst Bandenmitglied sein
	– Bandentat unter Mitwirkung eines anderen Bandenmitglieds = jedes Zusammenwirken eines Bandenmitglieds – unabhängig von seiner Tatortanwesenheit – mit einem anderen Bandenmitglied; das andere Bandenmitglied kann sogar nur Gehilfe sein.
	I Nr. 3:
	– täterschaftliche Verwirklichung des Diebstahls (s. Nr. 1 a)
	– Wohnung eines anderen = nur Kernbereich der persönlichen Lebensentfaltung, also keine Nebenräume
	– Zutritt auf besonders deliktische Weise: Einbrechen/Einsteigen/mittels eines nicht zur ordnungsmäßigen Öffnung bestimmten Werkzeugs (insbes.: falsche Schlüssel) Eindringen/sich in der Wohnung verborgen halten (wie in § 243 I 2 Nr. 1 ⇨ S. 61)
	subjektiver Tatbestand
	I Nr. 1 a:
	– subjektiver Tatbestand des Diebstahls ⇨ S. 60;
	– Vorsatz bezüglich aller objektiven Qualifikationsmerkmale (erforderlich ist keinerlei Gebrauchswille, aber das konkrete Bewusstsein, das gefährliche Werkzeug/die Waffe gebrauchsbereit bei sich zu führen)
	I Nr. 1 2:
	– subjektiver Tatbestand des Diebstahls (⇨ S. 60) und
	– Vorsatz bezüglich aller objektiven Qualifikationsmerkmale und
	– zielgerichteter Wille, den mitgeführten Gegenstand zur Verhinderung/Überwindung von Widerstand durch Gewalt (z.B. ungefährliches Fesselungsmittel)/durch Drohung mit Gewalt (z.B. Pistolenattrappe) einzusetzen
	I Nr. 2:
	– subjektiver Tatbestand des Diebstahls (⇨ S. 60) und
	– Vorsatz bezüglich aller objektiven Qualifikationsmerkmale
	I Nr. 3:
	– subjektiver Tatbestand des Diebstahls (⇨ S. 60) und
	– Handeln zur Ausführung der Tat
R.widrigkeit	allgemeine Grundsätze
Schuld	allgemeine Grundsätze
Verfolgbarkeit	unter den Voraussetzungen des § 247 Strafantrag erforderlich ⇨ S. 61

Schwerer Bandendiebstahl, § 244 a
(vorsatzbedürftige Qualifikation zu §§ 242, 244 I Nr. 2)

Tatbestand	**objektiver Tatbestand**
	
	▸ ⚠ täterschaftliche Verwirklichung des Bandendiebstahls ⇨ S. 63; entfällt bei Vorprüfung des § 244 I Nr. 2
	▸ zusätzliche Strafschärfung:
	  • nach Regelbeispielskatalog des § 243 I 2 ⇨ S. 61 (der im Rahmen von § 244 a Tatbestandscharakter erlangt)
	  • nach Qualifikationstatbestand des § 244 I Nr. 1/§ 244 I Nr. 3 ⇨ S. 63
	
	subjektiver Tatbestand
	
	▸ subjektiver Tatbestand des Bandendiebstahls ⇨ S. 63
	▸ Vorsatz bezüglich der Verwirklichung (mindestens) einer der Strafschärfungen des § 243 I 2 / § 244 I Nr. 1/3

Rechtswidrigkeit	allgemeine Grundsätze
Schuld	allgemeine Grundsätze
Verfolgbarkeit	unter den Voraussetzungen des § 247 Strafantrag erforderlich ⇨ S. 61

	zu anderen Vermögensdelikten	zu anderen Delikten
§ 242	wird als gesetzeskonkurrierend verdrängt von allen Diebstahlsqualifikationen (§§ 244, 244 a) und Raub (§ 249) sowie räuberischem Diebstahl (§ 252) verdrängt als Erstzueignungsdelikt alle auf erneuter Betätigung des Herrschaftswillens beruhenden Eigentumsdelikte: § 246 nach BGH schon nicht tb-lich; nach Lit. mitbestrafte Nachtat; § 303 mitbestrafte Nachtat Betrug (§ 263) und Erpressung (§ 253) als bloße Sicherungstaten nach e.A. schon tb-lich (–), nach a.A. als gesetzeskonkurrierend verdrängt (mit bestrafte Nachtat)	§ 274 wird als gesetzeskonkurrierend von § 242 an der Urkunde verdrängt (Konsumtion)
§§ 242, 243 I 2 Nr. 1	wird von § 244 I Nr. 3 als gesetzeskonkurrierend verdrängt (Spezialität) zu § 303 am Einbruchsobjekt Tateinheit (BGH)	§ 123 wird als gesetzeskonkurrierend verdrängt (Konsumtion, str.)

B. Delikte gegen Eigentum und Vermögen	1. **Straftaten gegen das Eigentum** 1.3 **Zueignungsdelikte mit Gewahrsamsbruch u. Zwang** 1.3.1 **Raub; zugleich Vernetzung mit anderen Straftatbeständen**

Raub, § 249

Prüfungsschema	Deliktsmangel:	weiterprüfen:

Tatbestand

objekt. Tatbestand

▶ Qualifiziertes Zwangsmittel
  • Gewalt gegen eine Person (grds. auch durch Unterlassen i.S.d. § 13 möglich [str.])

→ Nicht Zwang, sondern Ausnutzung eines Überraschungsmoments ist tatprägend. → § 242 ⇨ S. 59 ff.

  • Drohung mit gegenwärtiger Gefahr für Leib/Leben

→ Zwangsmittel unterhalb der Schwelle des Raubes → § 242 ⇨ S. 59 ff.; § 253 ⇨ S. 97; sonst § 240 ⇨ S. 19

▶ Tatobjekt: fremde bewegliche Sache (wie § 242 ⇨ S. 56)

→ Der mit Raubmitteln erlangte Gegenstand ist kein taugliches Tatobjekt. → § 255 ⇨ S. 98; Spezialtatbestände, z.B. § 168 ⇨ S. 45; § 248 c ⇨ S. 76; § 265 a ⇨ S. 96; § 289 ⇨ S. 79; §§ 292 ff. ⇨ S. 77 f.; sonst § 240 ⇨ S. 19

▶ Tathandlung Wegnahme: Auslegung str.:
  – Rspr.: äußeres Erscheinungsbild als Ansichnahme des Täters
  – Lit: jeder Gewahrsamswechsel ohne Verfügungsbewusstsein

→ Täter lässt sich die Sache unter Zwang herausgeben. → sofern Rspr. gefolgt wird, § 255 ⇨ S. 98

Raub, § 249 (Fortsetzung)

Prüfungsschema	Deliktsmangel:	weiterprüfen:

Tatbestand

subj. Tatbestand

▸ Vorsatz, insbes. Finalzusammenhang zwischen Anwendung des Zwangsmittels und Ermöglichung des Gewahrsamswechsels

→ Motivationswechsel nach d. Anwendung d. Zwangsmittels → Versuch/Vollendung hinsichtlich des ursprünglich geplanten Delikts

→ Ausnutzung der Nötigungsfolgen einer selbst geschaffenen qualifizierten Zwangslage (bei Möglichkeit der sofortigen Beseitigung, z.b. Fesselung, Einsperrung, ggf. §§ 249, 13) → § 242 ⇨ S. 59 ff. (ggf. i.V.m. § 243 I 2 Nr. 6); § 240 ⇨ S. 19

→ Ausnutzung einer von einem Dritten geschaffenen Zwangssituation (ohne Fortwirken des Zwangs als schlüssige Drohung mit gegenwärtiger Gefahr für Leib/Leben) → § 242 ⇨ S. 59 ff. (ggf. i.V.m. § 243 I 2 Nr. 6); § 240 ⇨ S. 19

→ Zwangsmittel dienen dazu, einen Dritten, der weder Gewahrsamsinhaber noch Gewahrsamshüter ist, zur Wegnahme zu veranlassen. → § 255 ⇨ S. 98; §§ 242, 25 I, 2. Alt. ⇨ S. 59 ff.; § 240 ⇨ S. 19

↳ Raubmittel dienen nicht mehr d. Gewahrsamserlangung, sondern der Gewahrsamssicherung. → § 252 ⇨ S. 71; § 240 ⇨ S. 19

▸ Zueignungsabsicht (wie bei § 242 ⇨ S. 60)

→ Sache wird primär als Druckmittel entwendet. → § 255 ⇨ S. 98; § 240 ⇨ S. 19

▸ Rechtswidrigkeit der erstrebten Zueignung
– objektiv
– subjektiv

→ Täter setzt Speziesanspruch auf die mit Raubmitteln weggenommene Sache (oder bei Geld: entsprechenden Wertsummenanspruch) durch. → § 240 ⇨ S. 19

Rechtswidrigkeit   allgemeine Grundsätze

Schuld   allgemeine Grundsätze

Schwerer Raub, § 250 I (vorsatzbedürftige 1. Qualifikationsstufe)

	objektiver Tatbestand

Tatbestand	**Nr. 1 a:**
	– täterschaftliche Verwirklichung des Raubes
	– (objektiv) einsatzbereite Waffe/gefährliches Werkzeug
	– Beisichführen
	    } wie bei § 244 I Nr. 1 a ⇨ S. 63
	
	Nr. 1 b:
	– täterschaftliche Verwirklichung des Raubes
	– sonstiges (objektiv) ungefährliches Werkzeug/Mittel (z.B. Scheinwaffe)
	– Beisichführen
	    } wie bei § 244 I Nr. 1 b ⇨ S. 63
	
	Nr. 1 c:
	– täterschaftliche Begehung des Raubes
	– Gefahr schwerer Gesundheitsschädigung für andere Person (nicht Tatbeteiligten)
	– durch die Tat = Verursachung durch die spezifische Gefährlichkeit der Raubmittel vom Versuchsbeginn bis zur tatsächlichen Beendigung
	– durch den Täter/einen Beteiligten des Raubes
	
	Nr. 2:
	– täterschaftliche Verwirklichung des Raubes
	– Bande wie bei § 244 I Nr. 2 ⇨ S. 63
	– Tatbegehung unter Mitwirkung eines anderen Bandenmitglieds wie bei § 244 I Nr. 2 ⇨ S. 63

	subjektiver Tatbestand
	Nr. 1 a: – subjektiver Tatbestand des Raubes (⇨ S. 67) und – Vorsatz bezüglich aller objektiven Qualifikationsmerkmale (erforderlich ist kein Gebrauchswille, aber das konkrete Bewusstsein, die Waffe/das gefährl. Werkzeug/gebrauchsbereit bei sich zu führen; wie bei § 244 I Nr. 1 a ⇨ S. 63) **Nr. 1 b:** – subjektiver Tatbestand des Raubes (⇨ S. 67) und – Vorsatz bezüglich aller objektiven Qualifikationsmerkmale und – zielgerichteter Wille, den mitgeführten Gegenstand zur Verhinderung/Überwindung von Widerstand durch Gewalt (z.B. ungefährliches Fesselungsmittel)/durch Drohung mit Gewalt (z.B. Pistolenattrappe) einzusetzen **Nr. 1 c:** – subjektiver Tatbestand des Raubes (⇨ S. 67) und – Vorsatz bezügl. aller Qualifikationsmerkmale, insbes. zur Leibesgefährdung **Nr. 2:** – subjektiver Tatbestand des Raubes (⇨ S. 67) und – Vorsatz bezüglich aller Qualifikationsmerkmale
R.widrigkeit	allgemeine Grundsätze
Schuld	allgemeine Grundsätze

„Besonders" schwerer Raub, § 250 II (vorsatzbedürftige 2. Qualifikationsstufe)

	objektiver Tatbestand
Tatbestand	Nr. 1: • Nr. 1: – täterschaftliche Verwirklichung des Raubes (§ 249) ⇨ S. 66; – (objektiv) gefährliche Waffe/gefährliches Werkzeug – „bei der Tat" – Verwenden = Einsetzen als Gewalt- oder auch Drohmittel zwischen Versuchsbeginn und tatsächlicher Beendigung durch Täter/anderen Beteiligten am Raub, auch wenn dadurch keine konkrete Gefahr erheblicher Verletzungen anderer begründet wird Nr. 2: – täterschaftliche Verwirklichung des Bandenraubes (§ 250 I Nr. 2) – Waffe – ⚠ nicht auch gefährliches Werkzeug – Beisichführen durch Täter/anderen Beteiligten am Raub; wie bei § 244 I Nr. 1 a ⇨ S. 63 Nr. 3 a: – täterschaftliche Verwirklichung des Raubes (§ 249) – schwere körperliche Misshandlung einer anderen Person (nicht Tatbeteiligte) – bei der Tat = vom Versuchsbeginn bis zur tatsächlichen Beendigung – durch Täter/anderen Beteiligten am Raub Nr. 3 b: – täterschaftliche Verwirklichung des Raubes (§ 249) – Lebensgefahr für eine andere Person (nicht Tatbeteiligte) – durch die Tat = vom Versuchsbeginn bis zur tatsächlichen Beendigung – durch Täter/anderen Beteiligten am Raub
	subjektiver Tatbestand
	Nr. 1: – subjektiver Tatbestand des Raubes (§ 249) ⇨ S. 67 – Vorsatz bzgl. aller Qualifikationsmerkmale Nr. 2: – subjektiver Tatbestand des Bandenraubes (§ 250 I Nr. 2) ⇨ S. 68 – Vorsatz bzgl. aller Qualifikationsmerkmale (aber kein Gebrauchswille erforderlich) Nr. 3 a: – subjektiver Tatbestand des Raubes (§ 249) – Vorsatz bzgl. aller Qualifikationsmerkmale Nr. 3 b: – subjektiver Tatbestand des Raubes (§ 249) – Vorsatz bzgl. aller Qualifikationsmerkmale/insbes. zur Lebensgefährdung
R.widrigkeit	allgemeine Grundsätze
Schuld	allgemeine Grundsätze

B. Delikte	1. Straftaten gegen das Eigentum
gegen	1.3 Zueignungsdelikte mit Gewahrsamsbruch u. Zwang
Eigentum	1.3.2 Schwerer Raub; besonders schwerer Raub; Raub mit
und	Todesfolge (Fortsetzung)
Vermögen	

Raub mit Todesfolge, § 251 (Erfolgsqualifikation ⇨ allg. S. 203)

Tatbestand

- ▸ objektiver und subjektiver Tatbestand des schweren Raubes ⇨ S. 68
- ▸ Tod eines anderen Menschen (nicht Tatbeteiligten)
- ▸ Kausalzusammenhang zwischen Raub (vom Versuchsbeginn bis zur tatsächlichen Beendigung) des Täters oder eines Beteiligten und Tod
- ▸ objektiv wenigstens Leichtfertigkeit hinsichtlich der Todesfolge: ⚠ „erst recht" also bei Vorsatz erfüllt
- ▸ objektive Zurechnung der Todesfolge nach allg. Kriterien
- ▸ tatbestandsspezifischer Gefahrzusammenhang zwischen Raubhandlung (= Einsatz von Zwangsmitteln; str., ob auch der Wegnahme) und Todesfolge

Rechts-widrigkeit

allgemeine Grundsätze

Schuld

- ▸ allg. Grundsätze
- ▸ subj. wenigstens Leichtfertigkeitsschuld; entfällt bei Vorsatz bzgl. der schweren Folge

B. Delikte gegen Eigentum und Vermögen	1. Straftaten gegen das Eigentum 1.3 Zueignungsdelikte mit Gewahrsamsbruch u. Zwang 1.3.3 Räuberischer Diebstahl; schwerer und „besonders schwerer" räuberischer Diebstahl; räuberischer Diebstahl mit Todesfolge

Räuberischer Diebstahl, § 252

	objektiver Tatbestand
Tatbestand	▸ Täter muss sich (im fraglichen Zeitpunkt des Einsatzes der Zwangsmittel) noch „bei einem Diebstahl" befunden haben. – Vortat: nur Diebstahl ⇨ S. 59 ff. (oder der einen Diebstahl mitenthaltende Raub ⇨ S. 66 f.) – Der Diebstahl muss tatbestandlich vollendet (sonst § 249 ⇨ S. 66 f.), darf aber noch nicht tatsächlich beendet gewesen sein = noch kein gesicherter Beutegewahrsam. – Täter kann nur ein Vortatbeteiligter mit Beutegewahrsam sein. ▸ Täter muss zuvor auf frischer Tat betroffen worden sein. – raum-zeitliches Zusammentreffen zwischen Täter und Tatunbeteiligtem – in engem räumlichen und zeitlichen Zusammenhang zur Wegnahmehandlung ▸ Einsatz von (Personen-)Gewalt/Drohung mit gegenwärtiger Gefahr für Leib oder Leben (⇨ S. 66)
	subjektiver Tatbestand
	▸ Vorsatz ▸ Beutesicherungsabsicht – Absicht des Täters, sich (⚠ nicht einem anderen) den Besitz an der Beute zu erhalten – Opfer des Zwangsmittels muss nur aus Tätersicht jemand sein, der ihm die Beute zugunsten des Bestohlenen wieder entziehen könnte. – (Neben- oder Zwischen-)Ziel des Täters muss auf rechtswidrige Eigen- oder Drittzueignung gerichtet sein.
Rechtswidrigkeit	allgemeine Grundsätze
Schuld	allgemeine Grundsätze

Schwerer und „besonders schwerer" räuberischer Diebstahl, §§ 252, 250
(vorsatzbedürftige Qualifikation)
Eröffnet durch Verweis „gleich einem Räuber zu bestrafen"; Aufbau wie schwerer und besonders schwerer Raub ⇨ S. 68 f.; statt § 249 im objektiven und subjektiven Tatbestand die entsprechenden Merkmale des § 252 prüfen

Räuberischer Diebstahl mit Todesfolge, §§ 252, 251
(Erfolgsqualifikation ⇨ allg. S. 203)
Eröffnet durch Verweis „gleich einem Räuber zu bestrafen"; Aufbau wie § 251 ⇨ S. 70; statt § 249 als Grunddelikt § 252 prüfen

B. Delikte	1. Straftaten gegen das Eigentum
gegen	1.3 Zueignungsdelikte mit Gewahrsamsbruch u. Zwang
Eigentum	1.3.4 Räuberischer Angriff auf Kraftfahrer; räuberischer
und	Angriff auf Kraftfahrer mit Todesfolge
Vermögen	

Räuberischer Angriff auf Kraftfahrer, § 316 a I

Tatbestand	**objektiver Tatbestand**
	
	▶ Tatopfer:
	
	  • Führer eines Kraftfahrzeugs = jede Person, die das Kfz in Bewegen zu setzen beginnt, es in Bewegung hält oder auch bei einem verkehrsbedingten Halt noch mit dem Betrieb des Fahrzeugs oder mit der Bewältigung von Verkehrsvorgängen beschäftigt ist
	
	  • Beifahrer
	
	▶ Angriff auf Leben/Gesundheit/Entschlussfreiheit des Tatopfers = Vornahme einer feindseligen Handlung i.S.e. Körperverletzung/ Tötung/Nötigung oder Täuschung
	
	▶ besondere Verhältnisse des Straßenverkehrs = Gefahren der Konzentration auf die Bewältigung von Betriebs- und Verkehrsvorgängen
	
	▶ Ausnutzung dieser Verhältnisse für den Angriff = innerer und zeitlicher Bezug zwischen Angriff und der speziellen Opfereigenschaft des Fahrzeugführers bzw. des Mitfahrers; ist nicht gegeben bei bloßer Isolierung des Opfers oder nach Ausstellen des Motors
	
	subjektiver Tatbestand
	
	▶ Vorsatz, insbesondere Ausnutzungsbewusstsein
	
	▶ besondere Absicht (die bei dem Angriff vorliegen muss; ausreichend aber, wenn sie während des zunächst zu anderen Zwecken begonnenen Angriffs gefasst wird) = zielgerichteter Tatentschluss in Bezug auf:
	
	  – Raub/schwerer Raub ⇨ S. 66 ff.
	
	  – Räuberischer Diebstahl ⇨ S. 71
	
	  – Räuberische Erpressung ⇨ S. 98

Rechts-widrigkeit	allgemeine Grundsätze
Schuld	allgemeine Grundsätze

Räuberischer Angriff auf Kraftfahrer mit Todesfolge, § 316 a III
(Erfolgsqualifikation ⇨ allg. S. 203)

Aufbau wie § 251 ⇨ S. 70; statt § 249 als Grunddelikt § 316 a I prüfen

B. Delikte gegen Eigentum und Vermögen	1. Straftaten gegen das Eigentum 1.4 Zueignungsdelikte ohne Gewahrsamsbruch und Zwang – Unterschlagung

Einfache Unterschlagung, § 246

	objektiver Tatbestand
Tatbestand	▶ Tatobjekt: fremde bewegliche Sache (wie bei § 242 ⇨ S. 59); bei Objekten aus einer Sachgesamtheit aber erst ab Individualisierung ▶ Sich/einem Dritten zueignen = erstmaliges Verhalten, das für einen gedachten, das äußere Gesamtgeschehen überblickenden Beobachter den sicheren Schluss darauf zulässt, dass der Täter – Aneignungswillen zu eigenen Gunsten/zugunsten Dritter und – Enteignungswillen besitzt (Manifestationstheorie, h.M.) und zu einer Veränderung der sachenrechtl. Beziehung der Sache führt, z.B. durch Umwandlung von Fremd- in Eigenbesitz oder Erlangung zu Eigenbesitz in der Person des Täters oder eines Dritten ▶ Rechtswidrigkeit der Zueignung
	subjektiver Tatbestand
	Vorsatz bezüglich fremder beweglicher Sache, ferner Zueignungsvorsatz (dolus eventualis genügt im Gegensatz zur Aneignungsabsicht bei § 242, str.) und Vorsatz bezüglich der Rechtswidrigkeit der Zueignung
Rechts-widrigkeit	bei Prüfung und Verneinung aller Rechtfertigungsgründe schon im Tatbestandsmerkmal „Rechtswidrigkeit der Zueignung" Wegfall der allg. Rechtswidrigkeit ausgeschlossen
Schuld	allgemeine Grundsätze
Verfolgbarkeit	▶ Unterschlagung geringwertiger Sachen: Strafantrag oder Bejahung besonderen öffentlichen Verfolgungsinteresses erforderlich, § 248 a ⇨ S. 61 ▶ Unterschlagung gegenüber Haus- oder Familienangehörigen: immer Strafantrag erforderlich, § 247 ⇨ S. 61

Formelle Subsidiarität gegenüber allen Delikten mit schwererer Strafandrohung, auch bei unterschiedlicher Schutzrichtung

Veruntreuende Unterschlagung, § 246 II (vorsatzbedürftige Qualifikation)

Aufbau wie § 246 I; zusätzlich im objektiven Tatbestand: Anvertrautsein des Tatobjekts = Gewahrsamserlangung des Täters mit der Maßgabe, mit der Sache im Interesse des Eigentümers zu verfahren oder sie ihm zurückzugeben; zusätzlich im subjektiven Tatbestand Vorsatz bezüglich der Anvertrauung

73

Sachbeschädigung, § 303
(Neufassung durch das 39. StÄG vom 01.09.2005)

	objektiver Tatbestand
Tatbestand	▸ Tatobjekte: fremde Sache (beweglich o. unbeweglich, sonst wie bei § 242 ⇨ S. 59)
	▸ Tathandlungen:
	Abs. 1:
	• Beschädigen = nicht ganz unerhebliche körperliche Einwirkung auf die Sache, durch die ihre stoffliche Zusammensetzung verändert oder ihre Brauchbarkeit für ihre Zwecke gemindert wird; nicht dagegen bloße Zustandsveränderung
	• Zerstören = so wesentliche Beschädigung, dass die Sache für ihren Zweck völlig unbrauchbar wird
	Abs. 2:
	– Verändern des Erscheinungsbildes = jede Einwirkung auf die Substanz oder Erscheinung der Sache, durch die deren optische Wahrnehmung geändert wird, und zwar
	– unbefugt – ⚠ echtes TB-Merkmal
	– nicht nur unerheblich = Bagatellausschluss für geringfügige Veränderungen
	– nicht nur vorübergehend = Bagatellausschluss für schnell vergängliche Veränderungen
	subjektiver Tatbestand
	Vorsatz
Rechts-widrigkeit	allg. Grundsätze (deklaratorische Funktion des Merkmals „rechtswidrig" in Abs. 1)
Schuld	allgemeine Grundsätze
Verfolgbarkeit	Strafantrag oder Bejahung besonderen öffentlichen Verfolgungsinteresses, § 303 c

Zerstörung von Bauwerken, § 305

Tatbestand	**objektiver Tatbestand**
	▸ Tatobjekte: Bauwerke in fremdem Eigentum, insbes.: Gebäude/Schiff/Brücke/Damm/gebaute Straße/Eisenbahn ▸ Tathandlungen: Zerstören (wie bei § 303), ganz oder teilweise
	subjektiver Tatbestand
	Vorsatz

Rechts-widrigkeit	allg. Grundsätze (deklaratorische Funktion des Merkmals „rechtswidrig")

Schuld	allgemeine Grundsätze

Zerstörung wichtiger Arbeitsmittel, § 305 a

Tatbestand	**objektiver Tatbestand**
	▸ Tatobjekte in fremdem Eigentum, und zwar:
	Nr. 1:
	technisches Arbeitsmittel von bedeutendem Wert (Untergrenze ca. 1.900 €) und von wesentlicher Bedeutung für die Errichtung
	• einer Anlage/eines Unternehmens i.S.v. § 316 b I Nr. 1/2
	• einer Anlage, die dem Betrieb/der Entsorgung einer Anlage/eines Unternehmens i.S.v. § 316 b I Nr. 1/2 dient
	Nr. 2:
	Kraftfahrzeug der Polizei/der Bundeswehr
	▸ Tathandlung: Zerstören (wie in § 303), ganz oder teilweise
	subjektiver Tatbestand
	Vorsatz

Rechts-widrigkeit	allg. Grundsätze (deklaratorische Funktion des Merkmals „rechtswidrig")

Schuld	allgemeine Grundsätze

B. Delikte	2.	Straftaten gg. eigentumsähnl. Vermögenspositionen
gegen	2.1	Diebstahlsverwandte Delikte
Eigentum	2.1.1	Entziehung elektrischer Energie
und		
Vermögen		

Entziehung elektrischer Energie, § 248 c I

	objektiver Tatbestand
	▸ Tatobjekt: fremde elektrische Energie
	▸ Tathandlung:
	– Entziehung aus einer elektrischen Anlage/Einrichtung
Tatbestand	– mittels eines nicht zur ordnungsgemäßen Entnahme bestimmten Leiters
	subjektiver Tatbestand
	▸ Vorsatz
	▸ Zueignungsabsicht zu eigenen Gunsten/zugunsten Dritter
	▸ Rechtswidrigkeit der erstrebten Zueignung, objektiv und subjektiv

Rechts-widrigkeit	allgemeine Grundsätze

Schuld	allgemeine Grundsätze

Verfolgbarkeit	§ 248 c III: § 247/§ 248 a gelten entsprechend (⇨ S. 61)

Entziehung elektrischer Energie zur Schadenszufügung, § 248 c IV 1 (Privilegierung)
Aufbau wie § 248 c I; statt der dort verlangten Zueignungsabsicht Absicht rechtswidriger Schädigung prüfen; Verfolgbarkeit dieses Delikts nur auf Antrag, § 248 c IV 2

Jagdwilderei, § 292

<table>
<tr><td rowspan="2">Tatbestand</td><td colspan="2" align="center">objektiver Tatbestand</td></tr>
<tr>
<td>

I Nr. 1:

▶ Tatobjekt: Wild = gem. § 1 I BJagdG wild lebende, d.h. herrenlose Tiere, die dem Jagdrecht unterliegen

▶ Tathandlungen:

• Nachstellen

• Fangen

• Erlegen

• Sich-/einem Dritten zueignen

▶ unter Verletzung fremden Jagdrechts/fremden Jagdausübungsrechts (§§ 3, 11 BJagdG)

</td>
<td>

I Nr. 2:

▶ Tatobjekt: dem Jagdrecht unterliegende Sache i.S.d. § 1 V BJagdG = totes Wild oder dessen Teile

▶ Tathandlungen:

• Sich-/einem Dritten zueignen   } wie bei § 246 ⇨ S. 73

• Beschädigen

• Zerstören   } wie bei § 303 ⇨ S. 74

▶ unter Verletzung fremden Jagdrechts/fremden Jagdausübungsrechts (§§ 3, 11 BJagdG)

</td>
</tr>
<tr><td></td><td colspan="2" align="center">subjektiver Tatbestand</td></tr>
<tr><td></td><td colspan="2">Vorsatz</td></tr>
<tr><td>R.widrigkeit</td><td colspan="2">allgemeine Grundsätze</td></tr>
<tr><td>Schuld</td><td colspan="2">allgemeine Grundsätze</td></tr>
<tr>
<td>Unselbst-ständige benannte Straf-erschwerungen</td>
<td colspan="2">

Besonders schwerer Fall mit Regelbeispielskatalog, § 292 II 2:

• Nr. 1:
nur subjektiv: gewerbsmäßig/objektiv und subjektiv: gewohnheitsmäßig

• Nr. 2:
objektiv: zur Nachtzeit/in der Schonzeit/unter Anwendung von Schlingen/in anderer nicht weidmännischer Weise
subjektiv: Kenntnis der jeweiligen Regelbeispielsmerkmale

• Nr. 3:
objektiv: von mehreren mit Schusswaffen ausgerüsteten Beteiligten gemeinschaftlich (nach der Neufassung: auch Teilnehmer tatbestandlich erfasst)
subjektiv: Kenntnis der Regelbeispielsmerkmale

</td>
</tr>
<tr>
<td>Verfolgbarkeit</td>
<td colspan="2">Strafantrag unter den Voraussetzungen des § 294 bei Wilderei nach § 292 I (§ 248 a nach umstrittener Ansicht nicht analog anwendbar)</td>
</tr>
</table>

Fischwilderei, § 293

	objektiver Tatbestand	
Tatbestand	Nr. 1: ▶ Tatobjekt: Wassertiere, herrenlos, fischbar ▶ Tathandlung: jede auf Fangen und Erlegen gerichtete Tätigkeit } fischen ▶ unter Verletzung fremden Fischereirechts/fremden Fischereiausübungsrechts	Nr. 2: ▶ Tatobjekt: dem Fischereirecht unterliegende Sache ▶ Tathandlungen: • Sich zueignen/ einem Dritten zueignen } wie bei § 246 ⇨ S. 73 • Beschädigen • Zerstören } wie bei § 303 ⇨ S. 74 ▶ unter Verletzung fremden Fischereirechts/fremden Fischereiausübungsrechts
	subjektiver Tatbestand	
	Vorsatz	

Rechtswidrigkeit	allgemeine Grundsätze

Schuld	allgemeine Grundsätze

Verfolgbarkeit	Strafantrag unter den Voraussetzungen des § 294 erforderlich (§ 248 a nach umstrittener Ansicht nicht analog anwendbar)

Pfandkehr, § 289

Tatbestand

objektiver Tatbestand

I Nr. 1:	I Nr. 2:
▶ Täter: Eigentümer des Tatobjekts	▶ Täter: jeder Nichteigentümer des Tatobjekts
▶ Tatobjekt:	▶ Tatobjekt:
– bewegliche Sache	– fremde bewegliche Sache
– belastet mit bestimmtem Recht des Tatopfers, nämlich:	– belastet mit bestimmtem Recht des Tatopfers, nämlich:

Nutznießungsrechte/Pfandrechte, insbes. Vertragspfandrechte, gesetzliche Pfandrechte, nach str. Ansicht auch Pfändungspfandrecht, sofern der Gerichtsvollzieher die gepfändete Sache an sich genommen hat/Gebrauchs-/Zurückbehaltungsrechte

▶ Tathandlung: Wegnahme = Fortschaffung der Sache aus dem besitzähnlichen, rechtlich fundierten Machtbereich des Rechtsinhabers, der diesem die faktische Zugriffsmöglichkeit auf die Sache gewährt

subjektiver Tatbestand

▶ Vorsatz	▶ Vorsatz und Handeln zugunsten des Eigentümers
▶ rechtswidrige Absicht	▶ rechtswidrige Absicht

Rechtswidrigkeit

allgemeine Grundsätze

Schuld

allgemeine Grundsätze

Verfolgbarkeit

Strafantrag erforderlich, § 289 III

B. Delikte	2. Straftaten gg. eigentumsähnl. Vermögenspositionen
gegen	2.1 Diebstahlsverwandte Delikte
Eigentum	2.1.4 Unbefugter Fahrzeuggebrauch
und	
Vermögen	

Unbefugter Fahrzeuggebrauch, § 248 b

Tatbestand	objektiver Tatbestand
	▶ Tatobjekt: Kraftfahrzeug, Legaldef. § 248 b IV / Fahrrad
	▶ Tathandlung: In Gebrauch nehmen; wegen Dauerdeliktscharakters auch bei zeitlicher Überschreitung einer Gebrauchsgestattung
	▶ entgegenstehender (erkennbarer oder mutmaßlicher) Wille des (Gebrauchs-)Berechtigten
	subjektiver Tatbestand
	Vorsatz, insbesondere auch in Bezug auf Nichtvorliegen des Einverständnisses

Rechts-widrigkeit	allgemeine Grundsätze

Schuld	allgemeine Grundsätze

Verfolgbarkeit	Strafantrag erforderlich, § 248 b III

Formelle Subsidiarität gegenüber schwereren Delikten, auch bei unterschiedlicher Schutzrichtung (z.B. § 242 am Fahrzeug); aber Umkehrung der Subsidiarität bei mitverbrauchten Betriebsstoffen: § 242 hieran durch Gebrauch des Fahrzeugs tritt deshalb hinter § 248 b zurück.

B. Delikte gegen Eigentum und Vermögen	2. **Straftaten gg. eigentumsähnl. Vermögenspositionen** 2.2 **Sachbeschädigungsverwandte Delikte** 2.2.1 **Datenveränderung**

Datenveränderung, § 303 a I n.F.
(geändert durch 41. StRÄndG v. 07.08.2007, BGBl. I, 1786 ff., in Kraft seit 08.08.2007)

Tatbestand	objektiver Tatbestand

	▸ Tatobjekt: Daten (mit Begriffsbegrenzung des § 202 a II)
	▸ Tathandlungen:
	  • Löschen
	  • Unterdrücken
	  • Unbrauchbarmachen
	  • Verändern
	▸ Rechtswidrigkeit, nach h.M. unrechtskonstituierendes Tatbestandsmerkmal (= Verletzung des eigentümerähnlichen Verfügungsrechts eines anderen über die Daten)

	subjektiver Tatbestand
	Vorsatz

Rechts-widrigkeit	allgemeine Grundsätze

Schuld	allgemeine Grundsätze

Verfolgbarkeit	Strafantrag oder Bejahung besonderen öffentlichen Verfolgungsinteresses, § 303 c

Vorbereitung der Datenveränderung, § 303 a II n.F.
(neu eingeführt durch 41. StRÄndG v. 07.08.2007, BGBl. I, 1786 ff., in Kraft seit 08.08.2007)
Prüfung wie § 202 c (⇨ S. 54); anstelle der dort genannten eine Vorbereitungstat nach § 303 a I

Computersabotage, § 303 b I n.F. (= Qualifikation zu § 303 a)
(neu gefasst durch 41. StrÄndG v. 07.08.2007, BGBl. I 1786 ff.; in Kraft seit 08.08.2007)

Tatbestand

objektiver Tatbestand

▶ Tatobjekt: Datenverarbeitung, die für einen anderen von wesentlicher Bedeutung ist

▶ Tathandlungen und -mittel:

Nr. 1:	Nr. 2:	Nr. 3:
Tat nach § 303 a I	Daten eingeben/übermitteln	Datenverarbeitungsanlage/Datenträger • zerstören • beschädigen • unbrauchbar machen • beseitigen • verändern

▶ Taterfolg: erhebliche Störung des Tatobjekts

subjektiver Tatbestand

Vorsatz	▶ Vorsatz ▶ Absicht, einem anderen (durch die Tat) Nachteil zuzufügen	Vorsatz

Rechts-widrigkeit

allgemeine Grundsätze

Schuld

allgemeine Grundsätze

Verfolgbarkeit

Strafantrag oder Bejahung bes. öffentl. Verfolgungsinteresses, § 303 c n.F.

Schwere Computersabotage, § 303 b II, IV n.F. (Qualifikation des § 303 b I n.F.)

Prüfung wie § 303 b; anstelle des dort genannten Tatobjekts: Datenverarbeitung, die für einen fremden Betrieb/fremdes Unternehmen/Behörde von wesentlicher Bedeutung ist.

Besonders schwerer Fall mit Regelbeispielskatalog in § 303 b IV 2 n.F.:
• Nr. 1: Herbeiführung eines Vermögensverlustes großen Ausmaßes
• Nr. 2: gewerbsmäßiges/bandenmäßiges Handeln
• Nr. 3: – Beeinträchtigung der Versorgung der Bevölkerung mit lebenswichtigen Gütern/Dienstleistungen
        – Beeinträchtigung der Sicherheit der Bundesrepublik Deutschland

Vorbereitung der Computersabotage, § 303 b V n.F.

Prüfung wie § 202 c (⇨ S. 54); anstelle der dort genannten eine Vorbereitungstat nach § 303 b I

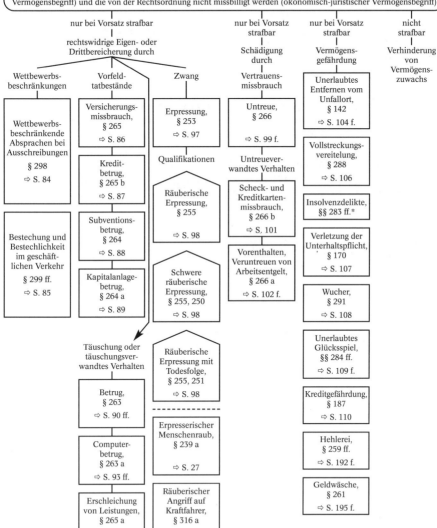

Vermögen =
Summe aller geldwerten Güter eines Rechtsträgers, die zum Wirtschaftsverkehr gehören (rein ökonomischer Vermögensbegriff) und die von der Rechtsordnung nicht missbilligt werden (ökonomisch-juristischer Vermögensbegriff)

nur bei Vorsatz strafbar
rechtswidrige Eigen- oder Drittbereicherung durch

Wettbewerbs-beschränkungen

Wettbewerbs-beschränkende Absprachen bei Ausschreibungen
§ 298
⇨ S. 84

Bestechung und Bestechlichkeit im geschäft-lichen Verkehr
§ 299 ff.
⇨ S. 85

Vorfeld-tatbestände

Versicherungs-missbrauch,
§ 265
⇨ S. 86

Kredit-betrug,
§ 265 b
⇨ S. 87

Subventions-betrug,
§ 264
⇨ S. 88

Kapitalanlage-betrug,
§ 264 a
⇨ S. 89

Täuschung oder täuschungsver-wandtes Verhalten

Betrug,
§ 263
⇨ S. 90 ff.

Computer-betrug,
§ 263 a
⇨ S. 93 ff.

Erschleichung von Leistungen,
§ 265 a
⇨ S. 96

Zwang

Erpressung,
§ 253
⇨ S. 97

Qualifikationen

Räuberische Erpressung,
§ 255
⇨ S. 98

Schwere räuberische Erpressung,
§ 255, 250
⇨ S. 98

Räuberische Erpressung mit Todesfolge,
§ 255, 251
⇨ S. 98

- - - - - - - - - - - - -

Erpresserischer Menschenraub,
§ 239 a
⇨ S. 27

Räuberischer Angriff auf Kraftfahrer,
§ 316 a
⇨ S. 72

nur bei Vorsatz strafbar
Schädigung durch

Vertrauens-missbrauch

Untreue,
§ 266
⇨ S. 99 f.

Untreuever-wandtes Verhalten

Scheck- und Kreditkarten-missbrauch,
§ 266 b
⇨ S. 101

Vorenthalten, Veruntreuen von Arbeitsentgelt,
§ 266 a
⇨ S. 102 f.

nur bei Vorsatz strafbar
Vermögens-gefährdung

Unerlaubtes Entfernen vom Unfallort,
§ 142
⇨ S. 104 f.

Vollstreckungs-vereitelung,
§ 288
⇨ S. 106

Insolvenzdelikte,
§§ 283 ff.*

Verletzung der Unterhaltspflicht,
§ 170
⇨ S. 107

Wucher,
§ 291
⇨ S. 108

Unerlaubtes Glücksspiel,
§§ 284 ff.
⇨ S. 109 f.

Kreditgefährdung,
§ 187
⇨ S. 110

Hehlerei,
§ 259 ff.
⇨ S. 192 f.

Geldwäsche,
§ 261
⇨ S. 195 f.

nicht strafbar

Verhinderung von Vermögens-zuwachs

*kein Einzelschema vorgesehen

B. Delikte gegen Eigentum und Vermögen	3. Straftaten gegen das Vermögen als Ganzes 3.2 Wettbewerbsbeschränkungen 3.2.1 Wettbewerbsbeschränkende Absprachen bei Ausschreibungen

Wettbewerbsbeschränkende Absprachen bei Ausschreibungen, § 298

Tatbestand	**objektiver Tatbestand**
	▶ Tatsituation:
	• gem. I Ausschreibung über Waren/gewerbliche Leistungen
	• gleichgestellt gem. II: Teilnahmewettbewerb mit freihändiger Auftragsvergabe
	▶ Abgabe eines Angebots
	▶ wettbewerbswidriges Vorverhalten: rechtswidrige horizontale Absprache zwischen miteinander im Wettbewerb stehenden Unternehmen (§ 1 GWB) mit dem Ziel, Veranstalter zur Annahme eines bestimmten Angebots zu veranlassen
	▶ Beruhen des Angebots auf der Absprache
	subjektiver Tatbestand
	Vorsatz
Rechts-widrigkeit	allgemeine Grundsätze
Schuld	allgemeine Grundsätze
Strafaufhebung	tätige Reue unter den Voraussetzungen des § 298 III

Bestechung und Bestechlichkeit im geschäftlichen Verkehr, §§ 299, 300, 301

	§ 299 I, Bestechlichkeit	§ 299 II, Bestechung
Tatbestand	**objektiver Tatbestand** ▸ Täter: Angestellter oder Beauftragter eines geschäftlichen Betriebes ▸ Vorteil für sich/einen Dritten ▸ Tathandlungen: • Fordern • Sich versprechen lassen • Annehmen ▸ Bezugsverhalten (auch für Handlungen im ausländischen Wettbewerb, Abs. 3): – Bezug von Waren/gewerblichen Leistungen – Wettbewerbsverhältnis zu anderen Anbietern – unlautere Bevorzugung eines anderen ▸ Gegenleistungsverhältnis zwischen Vorteil und Bezugsverhalten **subjektiver Tatbestand** Vorsatz	**objektiver Tatbestand** ▸ Täter: jedermann ▸ Vorteilsempfänger ▸ Vorteil für den Vorteilsempfänger/einen Dritten ▸ Tathandlungen: • Anbieten • Versprechen • Gewähren ▸ Bezugsverhalten (auch für Handlungen im ausländischen Wettbewerb, Abs. 3): – Bezug von Waren/gewerblichen Leistungen – Wettbewerbsverhältnis zu anderen Anbietern – unlautere Bevorzugung des Täters ▸ Gegenleistungsverhältnis zwischen Vorteil und Bezugsverhalten **subjektiver Tatbestand** Vorsatz
R.widrigkeit	allgemeine Grundsätze	
Schuld	allgemeine Grundsätze	
Unselbstständige benannte Straferschwerungen	Besonders schwerer Fall mit Regelbeispielskatalog, § 300 S. 2: • Nr. 1: Tat bezieht sich objektiv und subjektiv auf Vorteil großen Ausmaßes • Nr. 2: nur subjektiv: gewerbsmäßiges Handeln oder objektiv und subjektiv: Täter handelt als Mitglied einer Bande, die sich zur fortgesetzten Begehung des § 299 verbunden hat	
Verfolgbarkeit	Verfolgungsvoraussetzung: ▸ Strafantrag gem. § 301 I; mit Erweiterung der Antragsbefugnis gem. § 301 II i.V.m. § 8 III Nr. 1, 2 und 4 UWG ▸ Bejahung besonderen öffentlichen Verfolgungsinteresses	

Versicherungsmissbrauch, § 265

Tatbestand	**objektiver Tatbestand**

	▸ Tatobjekt:
	  – (bewegliche/unbewegliche) Sache
	  – (förmlich bestehender) Versicherungsvertrag
	  – (mit-)versicherte Risiken:
	    • Untergang
	    • Beschädigung
	    • Brauchbarkeit
	    • Verlust
	    • Diebstahl
	▸ Tathandlungen:
	  • 1. Mod.: Beschädigen
	  • 2. Mod.: Zerstören
	  • 3. Mod.: in der Brauchbarkeit beeinträchtigen
	  • 4. Mod.: beiseite schaffen ⎫ betrifft insbesondere
	  • 5. Mod.: einem anderen überlassen ⎭ Autoverschiebereien

	subjektiver Tatbestand

	▸ Vorsatz
	▸ Absicht (= zielgerichteter Wille)
	  – sich/einem Dritten Leistungen aus der Inanspruchnahme der Versicherung zu verschaffen,
	  – die das durch die Tathandlung betroffene Risiko abdeckt
	  (auch dann, wenn dem Versicherungsnehmer Anspruch auf die Versicherungssumme tatsächlich bzw. nach Tätervorstellung zusteht)

Rechtswidrigkeit	allgemeine Grundsätze
Schuld	allgemeine Grundsätze

⎡ Formelle Subsidiarität gegenüber Betrug, nach der Rspr. auch bei nur prozessualem ⎤
⎣ Tatzusammenhang; beachte vor allem § 263 I i.V.m. III 2 Nr. 5 ⎦

B. Delikte gegen Eigentum und Vermögen	3. Straftaten gegen das Vermögen als Ganzes 3.3 Vorfeldtatbestände zu Bereicherungsdelikten 3.3.2 Kreditbetrug

Kreditbetrug, § 265 b

Tatbestand	**objektiver Tatbestand** ▸ Tatopfer: Betrieb/Unternehmen (i.S.v. § 265 b III Nr. 1) als Kreditgeber ▸ begünstigte Kreditnehmer: Betrieb/Unternehmen (i.S.v. § 265 b III Nr. 1), auch wenn diese nur vorgetäuscht sind ▸ Zusammenhang mit einem Kreditantrag (i.S.v. § 265 b III Nr. 2) ▸ Tathandlungen: I Nr. 1: • a) Vorlage unrichtiger/unvollständiger Unterlagen über wirtschaftliche Verhältnisse • b) schriftliche unrichtige/unvollständige Angaben, für den Kreditnehmer vorteilhaft und für die Entscheidung über den Kreditantrag erheblich I Nr. 2: – bei Vorlage der Unterlagen/der Angaben – Unterlassen der Mitteilung von Verschlechterungen der in den Unterlagen/Angaben dargestellten wirtschaftl. Verhältnisse – Entscheidungserheblichkeit für den Kreditantrag **subjektiver Tatbestand** Vorsatz
Rechtswidrigkeit	allgemeine Grundsätze
Schuld	allgemeine Grundsätze
Strafaufhebung	tätige Reue unter den Voraussetzungen des § 265 b II

Subventionsbetrug, § 264

	objektiver Tatbestand

Tatbestand	Tatmodalitäten:
	I Nr. 1: ▶ Tatadressat: Subventionsgeber (unter Berücksichtigung des § 264 VII als Legaldefinition der Subvention)
	       ▶ Tatbezug: subventionserhebl. Tatsache (i.S.v. § 264 VIII) für Täter/ Dritten
	       ▶ Tathandlung: unrichtige, unvollständige Angaben, die für den Täter/ Dritten vorteilhaft sind
	I Nr. 2: ▶ Tatobjekt: Gegenstand/Geldleistung, deren Verwendung durch Rechtsvorschriften/durch Subventionsgeber im Hinblick auf Subvention beschränkt
	       ▶ Tathandlung: Verwenden entgegen der Verwendungsbeschränkung
	I Nr. 3: ▶ Täter: Mitteilungspflichtiger nach Subventionsvergabevorschr.
	       ▶ Tathandlung: Unterlassen von Mitteilungen über subventionserhebl. Tatsachen (i.S.v. § 264 VIII), die dem Subventionsgeber unbekannt sind
	I Nr. 4: ▶ Tatmittel: durch unrichtige/unvollständige Angaben erlangte Bescheinigung (einer nicht in das Subventionsverfahren eingeschalteten zuständigen Stelle) über Subventionsberechtigung/über subventionserhebliche Tatsache
	       ▶ Tathandlg: Gebrauchen (wie b. § 267 ⇨ S. 112) in einem Subventionsverfahren

	subjektiver Tatbestand
	Vorsatz

R.widrigkeit	allgemeine Grundsätze

Schuld	allgemeine Grundsätze

Unselbstständige benannte Straferschwerungen	**Besonders schwerer Fall mit Regelbeispielskatalog, § 264 II 2:**
	• Nr. 1: Erlangung einer nicht gerechtfertigten Subvention großen Ausmaßes (ab 50.000 Euro) für den Täter/Dritten
	     unter Verwendung nachgemachter/verfälschter Belege oder
	     aus grobem Eigennutz
	• Nr. 2: Missbrauch von Befugnissen/der Stellung als Amtsträger
	• Nr. 3: Ausnutzen der Mithilfe eines i.S.d. Nr. 2 handelnden Amtsträgers

Strafaufhebung	tätige Reue bei nicht erschwertem Subventionsbetrug unter den Voraussetzungen des § 264 V

Banden- und gewerbsmäßiger Subventionsbetrug, § 264 III i.V.m. § 263 V (vorsatzbedürftige Qualifikation)
Als Strafschärfung zusätzl. im obj. Tatbestand: Tatbegehung durch Mitglied einer Bande, die sich zur fortgesetzten Begehung von Straftaten nach den §§ 263–264 oder §§ 267–269 verbunden hat. Im subj. Tatbestand zusätzl. Vorsatz bzgl. der bandenmäßigen Begehung u. Gewerbsmäßigkeit prüfen.

Leichtfertiger Subventionsbetrug, § 264 IV i.V.m. I Nr. 1–3
Aufbau wie § 264 I: statt Vorsatz Leichtfertigkeit prüfen; tätige Reue gilt auch hier, § 264 V

B. Delikte gegen Eigentum und Vermögen	3. Straftaten gegen das Vermögen als Ganzes 3.3 Vorfeldtatbestände zu Bereicherungsdelikten 3.3.4 Kapitalanlagebetrug

Kapitalanlagebetrug, § 264 a

objektiver Tatbestand

Tatbestand

▶ Tatsituation:

I Nr. 2:	I Nr. 2:
Zusammenhang mit Vertrieb von Wertpapieren/Bezugsrechten/Anteilen, die eine Beteiligung an dem Ergebnis eines Unternehmens (gleichgestellt nach II: Anteile an einem Vermögen, das ein Unternehmen im eigenen Namen für fremde Rechnung verwaltet) gewähren sollen	Zusammenhang mit einem Angebot, die Einlage auf Anteile i.S.d. Nr. 1 zu erhöhen

▶ Tatobjekte: Prospekte/Darstellungen/Übersichten über den Vermögensgegenstand

▶ Adressat der Tat: größerer Kreis von Personen

▶ Tathandlungen:

- unrichtige vorteilhafte Angaben machen über die für die Entscheidung über den Erwerb/die Erhöhung erheblichen Umstände
- Verschweigen nachteiliger Tatsachen über die für die Entscheidung über den Erwerb/die Erhöhung erheblichen Umstände

subjektiver Tatbestand

Vorsatz

Rechtswidrigkeit

allgemeine Grundsätze

Schuld

allgemeine Grundsätze

Strafaufhebung

tätige Reue unter den Voraussetzungen des § 264 a III

B. Delikte gegen Eigentum und Vermögen	3. Straftaten gegen das Vermögen als Ganzes 3.4 Bereicherungsdelikte mit Täuschungselementen 3.4.1 Betrug; zugleich Vernetzung mit anderen Straftatbeständen

Betrug, § 263

Prüfungsschema	Deliktsmangel:	weiterprüfen:

Tatbestand

obj. Tatbestand

▶ Täuschungshandlung = jede intellektuelle Einwirkung auf das Vorstellungsbild e. anderen durch ausdrückl. o. schlüssige Behauptung unwahrer Tatsachen o. durch garantenpflichtwidrige Nichtbeseitigung eines Irrtums

→ Einwirken auf Automaten
§ 263 a ⇨ S. 93 ff.;
§ 265 a ⇨ S. 96;
§ 266 b ⇨ S. 101;
§ 242 ⇨ S. 59 ff.;
§ 246 ⇨ S. 73

→ Täuschung als notwendiger Bestandteil eines Spezialtatbestandes
§ 352; § 353 I; §§ 370, 371 AO

→ Äußerung unselbstständiger Bestandteil einer Scheindrohung
§ 249 ⇨ S. 66 f.;
§§ 253, 255 ⇨ S. 97 f.

│
dadurch
↓

▶ Irrtum (= jede Fehlvorstellung über die Tatsachen, die Gegenstand der Täuschung waren)

→ bloße Unkenntnis der Wahrheit (ignorantia facti)
§ 246 ⇨ S. 73;
§ 265 a ⇨ S. 96;
§ 266 ⇨ S. 99 f.;
§ 266 a ⇨ S. 102 f.;
§ 266 b ⇨ S. 101

│
dadurch
↓

▶ Vermögensverfügung (= jedes Tun, Dulden, Unterlassen des Getäuschten, das bei seinem o. einem ihm nahe stehenden Vermögen zu einer Vermögensminderung oder einer konkreten Vermögensgefährdung geführt hat und das bei Gewahrsamsverschiebungen von Verfügungsbewusstsein getragen war)

→ Abwehr einer Geldstrafe/Geldbuße/eines Verwarnungsgeldes durch Täuschung
§ 258 ⇨ S. 197 f.

→ Getäuschter steht in keiner Nähebeziehung zum betroffenen Vermögen.
§§ 242, 25 I, 2. Alt.

→ Vermögensminderung wird erst durch neuen deliktischen Zwischenschritt ausgelöst.
§ 242 ⇨ S. 59 ff.
§ 263 a ⇨ S. 93

→ Verfügender hat bei erschlichener Gewahrsamsverschiebung kein (konkretes, nur durch Täuschung hervorgerufenes) Verfügungsbewusstsein.
§ 242 ⇨ S. 59 ff.

│
dadurch
↓

Betrug, § 263 (Fortsetzung)

Prüfungsschema	Deliktsmangel:	weiterprüfen:

Tatbestand

obj. Tatbestand

▶ Vermögensschaden (= Vergleich der Vermögenslage vor und nach der Verfügung ergibt, dass die Vermögensminderung nicht unmittelbar durch ein nach objektiv-individuellen Kriterien vermögenswertes Äquivalent ausgeglichen wurde)

Getäuschter hat infolge seiner Verfügung gutgläubig Rechtsposition eines Dritten (Eigentum, Forderungsinhaberschaft) erlangt oder zunichte gemacht. ➤ erneuter (Dreiecks-)Betrug gegenüber dem unmittelbar Getäuschten und zulasten des von der Gutglaubensverfügung Betroffenen

subj. Tatbestand

▶ Vorsatz

▶ Bereicherungsabsicht
– zu eigenen Gunsten/zugunsten Dritter
– Stoffgleichheit

Täter erkennt erst nachträglich, dass er täuschungsbedingt vermögensschädigende Verfügung veranlasst hat. ➤ §§ 263, 13

Täter hat lediglich Schädigungswillen. ➤ ggf. §§ 266 ⇨ S. 99 f.

▶ Rechtswidrigkeit der erstrebten Bereicherung
– objektiv
– Vorsatz

Täter hat objektiv Anspruch auf Vermögensvorteil, weiß das aber nicht. ➤ untauglicher Versuch

R.widrigkeit allgemeine Grundsätze

Schuld allgemeine Grundsätze

Unselbstständige benannte Straferschwerungen

Besonders schwerer Fall mit Regelbeispielskatalog, § 263 III 2:

Nr. 1: • objektiv und subjektiv: Tatbegehung durch Mitglied einer Bande, die sich zur fortgesetzten Begehung (= mehrere selbstständige Handlungen) von Urkundenfälschung oder Betrug verbunden hat

• nur subjektiv: gewerbsmäßiges Handeln

Betrug, § 263 (Fortsetzung)

	Nr. 2: • objektiv und subjektiv: Vermögensverlust großen Ausmaßes (ab 50.000 €/ein Gefährdungsschaden reicht hier nicht aus) herbeigeführt; rechtlich selbstständige Hdlg. ausreichend im Gegensatz zu 2. Alt. • nur subjektiv: – fortgesetzte Begehung von Betrug (= unbestimmte, im Einzelnen noch ungewisse Vielzahl von Betrugshandlungen geplant) – dadurch große Anzahl von Menschen in die Gefahr des Verlustes von Vermögenswerten zu bringen – Absicht i.S.v. zielgerichtetem Willen
Unselbstständige benannte Straferschwerungen	Nr. 3: objektiv und subjektiv: andere (natürliche) Person in wirtschaftliche Not gebracht
	Nr. 4: objektiv und subjektiv: Befugnisse/Stellung als Amtsträger missbraucht

	Nr. 5: ▶ objektiv und subjektiv:
	– Vorbereitungshandlung eines Versicherungsbetrugs begangen
	  • Sache von bedeutendem Wert in Brand gesetzt/ durch Brandlegung ganz oder teilweise zerstört
	  • Schiff zum Sinken oder Stranden gebracht
	– Vortäuschen eines Versicherungsfalls
	▶ nur subjektiv: Finalzusammenhang zwischen Vorbereitungshandlung und Versicherungsbetrug

Ausschlussklausel für Bagatellbetrug i.S.d. § 263 IV i.V.m. § 248 a
⇨ S. 61

Verfolgbarkeit	▶ geringwertiger Betrug: Strafantrag oder Bejahung besonderen öffentlichen Verfolgungsinteresses, § 263 IV i.V.m. § 248 a ⇨ S. 61 ▶ Betrug zum Nachteil von Haus- und Familienangehörigen: immer Strafantrag erforderlich, §§ 263 IV, 247 ⇨ S. 61

Banden- und gewerbsmäßiger Betrug, § 263 V (vorsatzbedürftige Qualifkation)

Als Strafschärfung zusätzlich im objektiven Tatbestand: Tatbegehung durch Mitglied einer Bande, die sich zur fortgesetzten Begehung von Straftaten nach den §§ 263–264 oder §§ 267–269 verbunden hat.

Im subjektiven Tatbestand zusätzlich Vorsatz bzgl. der bandenmäßigen Begehung und Gewerbsmäßigkeit prüfen.

B. Delikte gegen Eigentum und Vermögen	**3. Straftaten gegen das Vermögen als Ganzes** **3.4 Bereicherungsdelikte mit Täuschungselementen** **3.4.2 Computerbetrug**

Computerbetrug, § 263 a I, II

<table>
<tr><td rowspan="6">Tatbestand</td><td>objektiver Tatbestand</td></tr>
<tr><td>

▶ Tathandlungen:
- I 1. Mod.: unrichtige Programmgestaltung
- I 2. Mod.: Verwendung unrichtiger/unvollständiger Daten
- I 3. Mod.: Verwendung von Daten, unbefugt (nach h.m. Betrugsäquivalenz erforderlich)

$\left[\text{Hauptfälle: EC-Geldautomatenmissbrauch}\right]$

- I 4. Mod.: sonst unbefugte Einwirkung auf den Ablauf

$\left[\begin{array}{l}\text{Hauptfall: systematisches Leerspielen computergesteuerter}\\\text{Geldspielautomaten}\end{array}\right]$

▶ dadurch (= Kausalzusammenhang)
▶ Ergebnis eines Datenverarbeitungsvorgangs (Daten = codierte Informationen in einer im Wege automatisierter Verarbeitung nutzbaren Darstellungsform) beeinflusst
▶ dadurch (= Kausalzusammenhang)
▶ Vermögenschaden beim Systembetreiber oder einem Dritten

</td></tr>
<tr><td>subjektiver Tatbestand</td></tr>
<tr><td>

▶ Vorsatz
▶ Bereicherungsabsicht
  – zu eigenen Gunsten oder zugunsten Dritter
  – Stoffgleichheit
▶ Rechtswidrigkeit der erstrebten Bereicherung
  – objektiv
  – Vorsatz

</td></tr>
</table>

R.widrigkeit	allgemeine Grundsätze
Schuld	allgemeine Grundsätze

Unselbstständige benannte Straferschwerungen	Besonders schwerer Fall mit Regelbeispielskatalog, § 263 a II i.V.m. § 263 III 2: Nr. 1: • objektiv und subjektiv: Tatbegehung durch Mitglied einer Bande, die sich zur fortgesetzten Begehung (= mehrere selbstständige Handlungen) von Urkundenfälschung oder Betrug verbunden hat • nur subjektiv: gewerbsmäßiges Handeln

93

Computerbetrug, § 263 a (Fortsetzung)

Unselbstständige benannte Straferschwerungen	**Nr. 2:** • objektiv und subjektiv: Vermögensverlust großen Ausmaßes (ab 50.000 €) herbeigeführt
	
	• nur subjektiv:
	  – fortgesetzte Begehung von Betrug (= unbestimmte, im Einzelnen noch ungewisse Vielzahl von Betrugshandlungen) geplant
	  – dadurch große Anzahl von Menschen in die Gefahr des Verlustes von Vermögenswerten zu bringen
	  – Absicht i.S.v. zielgerichtetem Willen
	
	Nr. 3: objektiv und subjektiv: andere (natürliche) Person in wirtschaftliche Not gebracht
	
	Nr. 4: objektiv und subjektiv: Befugnisse/Stellung als Amtsträger missbraucht
	
	Nr. 5: objektiv und subjektiv:
	▶ Vorbereitungshandlung eines Versicherungsbetrugs begangen
	  • Sache von bedeutendem Wert in Brand gesetzt/ durch Brandlegung ganz oder teilweise zerstört
	  • Schiff zum Sinken oder Stranden gebracht
	▶ Vortäuschen eines Versicherungsfalls
	nur subjektiv: Finalzusammenhang zwischen Vorbereitungshandlung und Versicherungsbetrug

> Ausschlussklausel für Bagatelltat, § 263 a II i.V.m. § 263 IV i.V.m. § 248 a ⇨ S. 61

Verfolgbarkeit	▶ geringwertiger Betrug: Strafantrag oder Bejahung besonderen öffentlichen Verfolgungsinteresses, § 263 a II i.V.m. § 263 IV i.V.m. § 248 a ⇨ S. 61 ▶ Betrug zum Nachteil von Haus- und Familienangehörigen: immer Strafantrag erforderlich, § 263 a II i.V.m. §§ 263 IV, 247 ⇨ S. 61

Banden- und gewerbsmäßiger Computerbetrug, § 263 a II i.V.m. § 263 V
(vorsatzbedürftige Qualifkation)

Als Strafschärfung zusätzlich im objektiven Tatbestand: Tatbegehung durch Mitglied einer Bande, die sich zur fortgesetzten Begehung von Straftaten nach den §§ 263–264 oder §§ 267–269 verbunden hat; im subjektiven Tatbestand zusätzlich Vorsatz bzgl. der bandenmäßigen Begehung und Gewerbsmäßigkeit prüfen.

B. Delikte gegen Eigentum und Vermögen	**3. Straftaten gegen das Vermögen als Ganzes** **3.4 Bereicherungsdelikte mit Täuschungselementen** **3.4.2 Computerbetrug** (Fortsetzung)

Vorbereitung eines Computerbetruges, § 263 a III, IV

<table>
<tr>
<td rowspan="3">Tatbestand</td>
<td>objektiver Tatbestand

▶ Tatobjekt:
Computerprogramm, dessen Zweck die Begehung einer Tat nach § 263 a I ist
▶ Tathandlungen
  • Herstellen
  • Verschaffen (sich oder einem anderen)
  • Feilhalten
  • Verwahren
  • Überlassen (einem anderen)
▶ als Vorbereitung einer Straftat nach § 263 a I</td>
</tr>
<tr>
<td>subjektiver Tatbestand

Vorsatz</td>
</tr>
</table>

Rechts-widrigkeit	allgemeine Grundsätze

Schuld	allgemeine Grundsätze

Absehen von Strafe	§ 263 a IV: Tätige Reue unter den Voraussetzungen des § 149 II, III

B. Delikte gegen Eigentum und Vermögen	3. Straftaten gegen das Vermögen als Ganzes
	3.4 Bereicherungsdelikte mit Täuschungselementen
	3.4.3 Leistungserschleichung

Erschleichen von Leistungen, § 265 a

	objektiver Tatbestand
Tatbestand	▸ Tatbezug:
	• I 1. Mod.: (unkörperliche) Leistung eines Automaten (nach h.M. nur Leistungs-, keine Warenautomaten)
	• I 2. Mod.: Leistung eines öffentlichen Zwecken dienenden Tele-kommunikationsnetzes
	• I 3. Mod.: Beförderung durch ein Verkehrsmittel
	• I 4. Mod.: Zutritt zu einer Veranstaltung/Einrichtung
	▸ Tathandlung: Erschleichen = unbefugte Inanspruchnahme der Leistung bei gleichzeitigem Anschein der Ordnungsgemäßheit oder bei Umgehung von Sicherungsvorkehrungen
	subjektiver Tatbestand
	▸ Vorsatz
	▸ Absicht, Entgelt nicht (oder nicht voll) zu entrichten

Rechts-widrigkeit	allgemeine Grundsätze

Schuld	allgemeine Grundsätze

Verfolgbarkeit	▸ geringwertige Leistungserschleichung: Strafantrag oder Bejahung öffentlichen Verfolgungsinteresses erforderlich, § 265 a III i.V.m. § 248 a ⇨ S. 61
	▸ Leistungserschleichung zum Nachteil von Haus- und Familien-angehörigen, § 265 a III i.V.m. § 247 ⇨ S. 61

Formelle Subsidiarität gegenüber schwereren Delikten, auch bei unterschiedlicher Schutz-richtung (z.B. §§ 242, 263, 263 a)

Erpressung, § 253

Tatbestand

objektiver Tatbestand

▶ Tathandlungen:

- Gewalt (wie bei § 240 ⇨ S. 19)
- Drohung mit empfindlichem Übel (wie bei § 240 ⇨ S. 19)

▶ dadurch (= Kausal- bzw. Motivationszusammenhang)

▶ Tun/Dulden/Unterlassen des Tatopfers

= nach Lit. Vermögensverfügung in Parallele zum Betrug, d.h. aus Sicht des Genötigten notwendiger Mitwirkungsakt, der bei dem Vermögen des Genötigten oder einem diesem nahe stehenden Vermögen zu einer unmittelbaren Vermögensminderung geführt hat

= nach Rspr. wie bei § 240, also auch Duldung der Wegnahme; Einwirkung auf Drittvermögen aber nur tatbestandsmäßig, wenn Genötigter dazu in Nähebeziehung steht

▶ dadurch unmittelbar (= Kausalzusammenhang)

▶ Vermögensnachteil (wie Vermögensschaden bei § 263 ⇨ S. 91)

subjektiver Tatbestand

▶ Vorsatz

▶ Bereicherungsabsicht

- zu eigenen Gunsten/zugunsten Dritter

- Stoffgleichheit

▶ Rechtswidrigkeit der erstrebten Bereicherung

- objektiv

- Vorsatz

wie bei § 263 ⇨ S. 91

Rechtswidrigkeit

Verwerflichkeit der Mittel-Zweck-Relation, § 253 II (wie bei § 240 ⇨ S. 19)

Schuld

allgemeine Grundsätze

Unselbstständige benannte Straferschwerungen

Besonders schwerer Fall mit Regelbeispielskatalog, § 253 IV 2:

- nur subjektiv: Gewerbsmäßigkeit
- objektiv und subjektiv: Tatbegehung als Mitglied einer Bande, die sich zur fortgesetzten Begehung (selbstständiger Handlungen) einer Erpressung verbunden hat

B. Delikte gegen Eigentum und Vermögen	**3. Straftaten gegen das Vermögen als Ganzes** **3.5 Bereicherungsdelikte mit Zwangskomponente** **3.5.2 Erpressungsqualifikationen**

Räuberische Erpressung, §§ 253, 255 (vorsatzbedürftige Qualifikation zu § 253)

<table>
<tr><td rowspan="2">Tatbestand</td><td colspan="2">objektiver Tatbestand</td></tr>
<tr><td colspan="2">
▸ Tathandlung:
   • (Personen-)Gewalt
   • Drohung mit gegenwärtiger Gefahr für Leib/Leben   } wie bei § 249 ⇨ S. 66
▸ dadurch (= Kausal- bzw. Motivationszusammenhang)
▸ Tun/Dulden/Unterlassen (wie bei § 253 ⇨ S. 97)
▸ dadurch unmittelbar (= Kausalzusammenhang)
▸ Vermögensnachteil (wie Vermögensschaden bei § 263 ⇨ S. 91)
</td></tr>
</table>

objektiver Tatbestand

▸ Tathandlung:
- (Personen-)Gewalt
- Drohung mit gegenwärtiger Gefahr für Leib/Leben $\Big\}$ wie bei § 249 ⇨ S. 66

▸ dadurch (= Kausal- bzw. Motivationszusammenhang)
▸ Tun/Dulden/Unterlassen (wie bei § 253 ⇨ S. 97)
▸ dadurch unmittelbar (= Kausalzusammenhang)
▸ Vermögensnachteil (wie Vermögensschaden bei § 263 ⇨ S. 91)

subjektiver Tatbestand

▸ Vorsatz
▸ Bereicherungsabsicht
  – zu eigenen Gunsten/zugunsten Dritter
  – Stoffgleichheit
▸ Rechtswidrigkeit der erstrebten Bereicherung $\Bigg\}$ wie bei § 263 ⇨ S. 91
  – objektiv
  – Vorsatz

Rechts-widrigkeit allgemeine Grundsätze

Schuld allgemeine Grundsätze

Schwere/besonders schwere räuberische Erpressung, §§ 253, 255, 250
(vorsatzbedürftige Qualifikationen)
Aufbau wie schwerer/besonders schwerer Raub (⇨ S. 68 f.); statt des dort vorgesehenen Raubes als Grunddelikt räuberische Erpressung prüfen

Räuberische Erpressung mit Todesfolge, §§ 253, 255, 251
(Erfolgsqualifikation ⇨ allg. S. 203)
Aufbau wie Raub mit Todesfolge (⇨ S. 70); statt des dort vorgesehenen Raubes als Grunddelikt räuberische Erpressung prüfen

B. Delikte gegen Eigentum und Vermögen	3. Straftaten gegen das Vermögen als Ganzes 3.6 Vermögensschädigungsdelikte 3.6.1 Untreue

Untreue, § 266

<table>
<tr><td rowspan="4" valign="top">Tatbestand</td><td colspan="2" align="center">objektiver Tatbestand</td></tr>
<tr>
<td valign="top">speziell: Missbrauchs-
tatbestand, § 266 I 1. Alt.:</td>
<td valign="top">allgemein: Treubruchs-
tatbestand, § 266 I 2. Alt.:</td>
</tr>
<tr>
<td valign="top">

▶ Täter:
- Verfügungs- oder Verpflich-
tungsbefugnis über fremdes
Vermögen kraft
  - Gesetzes
  - behördlichen Auftrags
  - Rechtsgeschäfts
- und Vermögensbetreuungs-
pflicht, nach h.M. inhalts-
gleich mit der 2. Alt.

▶ Tathandlung: Missbrauch
= Handeln im Rahmen des
rechtlichen Könnens im
Außenverhältnis bei Über-
schreitung der Grenzen im
Innenverhältnis
</td>
<td valign="top">

▶ Täter: Vermögensbetreuungs-
pflichtiger
- Entstehung kraft
  - Gesetzes
  - behördlichen Auftrags
  - Rechtsgeschäfts
  - tatsächlichen Treuever-
hältnisses
- durch Fremdnützigkeit typi-
siert
- und ferner von gewisser Be-
deutung i.S.v. Selbstständig-
keit, Bewegungsfreiheit

▶ Tathandlung: Verletzung einer
spezifischen Treuepflicht
(nicht: allg. Schuldnerpflicht)
</td>
</tr>
<tr>
<td colspan="2" valign="top">

▶ dadurch Vermögensnachteil (wie Vermögensschaden bei § 263
⇨ S. 91) beim zu betreuenden Vermögen

subjektiver Tatbestand

Vorsatz
</td>
</tr>
</table>

Rechts-widrigkeit	allgemeine Grundsätze

Schuld	allgemeine Grundsätze

Unselbst-ständige benannte Straf-erschwerungen	Besonders schwerer Fall mit Regelbeispielskatalog, § 266 II i.V.m. § 263 III 2: Nr. 1: • objektiv und subjektiv: Tatbegehung durch Mitglied einer Bande, die sich zur fortgesetzten Begehung selbstständiger Urkundenfälschungen oder Untreuen verbunden hat • nur subjektiv: gewerbsmäßiges Handeln

Untreue, § 266 (Fortsetzung)

<table>
<tr>
<td rowspan="5">Unselbst-
ständige
benannte
Straf-
erschwerungen</td>
<td>Nr. 2:</td>
<td>

• objektiv und subjektiv: Vermögensverlust großen Ausmaßes (ab 50.000 €) herbeigeführt

• nur subjektiv:
  - fortgesetzte Begehung von Betrug/Untreue (= unbestimmte, im Einzelnen noch ungewisse Vielzahl von Handlungen geplant)
  - dadurch große Anzahl von Menschen in die Gefahr des Verlustes von Vermögenswerten zu bringen
  - Absicht i.S.v. zielgerichtetem Willen

</td>
</tr>
<tr>
<td>Nr. 3:</td>
<td>objektiv und subjektiv: andere (natürliche) Person in wirtschaftliche Not gebracht</td>
</tr>
<tr>
<td>Nr. 4:</td>
<td>objektiv und subjektiv: Befugnisse/Stellung als Amtsträger missbraucht</td>
</tr>
<tr>
<td>Nr. 5:</td>
<td>

▸ objektiv und subjektiv:
  - Vorbereitungshandlung eines Versicherungsbetrugs begangen
    • Sache von bedeutendem Wert in Brand gesetzt/ durch Brandlegung ganz oder teilweise zerstört
    • Schiff zum Sinken oder Stranden gebracht
  - Vortäuschen eines Versicherungsfalls

▸ nur subjektiv: Finalzusammenhang zwischen Vorbereitungshandlung und Versicherungsbetrug

</td>
</tr>
</table>

Ausschluss eines besonders schweren Falles gemäß §§ 266 II, 243 II
▸ (einheitliche) Tat i.S.d. §§ 266, 243 I 1, 2 Nr. 1–6
▸ obj. und subj. Geringwertigkeitsbezug
  (= Verkehrswert unter 25 €)

Verfolgbarkeit	▸ geringwertige Untreue: Strafantrag oder Bejahung besonderen öffentlichen Verfolgungsinteresses, § 266 II i.V.m. § 248 a ⇨ S. 61 ▸ Untreue zum Nachteil von Haus- und Familienangehörigen: immer Strafantrag erforderlich, § 266 II i.V.m. § 247 ⇨ S. 61

Missbrauch von Scheck- und Kreditkarten, § 266 b

objektiver Tatbestand

Tatbestand

Scheckkartenmissbrauch, § 266 b I 1. Alt.:	Kreditkartenmissbrauch, § 266 b I 2. Alt.:
▶ Täter:	▶ Täter:
– Täter muss Inhaber einer (Euro-)Scheckkarte sein	– Täter muss Inhaber einer Kreditkarte mit Garantiezusage (im sog. Drei-Partner-System) sein
– Möglichkeit zur Benutzung muss unmittelbar vom ausstellenden Kreditinstitut durch Überlassung der Karte eingeräumt sein	– Möglichkeit zur Benutzung muss unmittelbar vom ausstellenden Kreditkartenunternehmen durch Überlassung eingeräumt sein
▶ Tathandlung: Missbrauch (wie bei § 266 ⇨ S. 99 f.) durch Verwendung der Karte im unbaren Zahlungsverkehr mit ec-Garantie gegenüber Dritten; nach umstr. Ansicht auch durch Verwendung der Magnetkartenfunktion im garantierten POS-System Nach Auslaufen des EC-Systems am 31.12.2001 gilt diese Modalität jedenfalls noch für die „Altfälle"; ob darüber hinaus die Verwendung einer – weiterhin mit ec-Symbol versehbaren – Maestro-System-Karte im garantierten Zahlungsverfahren dem Tatbestand unterfällt, ist zweifelhaft und noch ungeklärt. Nach der Differenzierung in Abs. 4 des § 152 b handelt es sich bei diesen Karten nämlich nicht um Euroscheckkarten, sondern vielmehr um sonstige Zahlungskarten mit Garantiefunktion, sodass der Wortlaut des § 266 b I 1. Alt. gegen eine Einbeziehung spräche.	▶ Tathandlung: Missbrauch (wie bei § 266 ⇨ S. 99) durch wirksame Begründung einer Zahlungsverpflichtung zwischen Kartenaussteller u. dem die Karte akzeptierenden Vertragsunternehmer, obwohl Vermögensverhältnisse des Karteninhabers Zahlungsausgleich im Abrechnungszeitpunkt ausschließen

▶ dadurch Vermögensnachteil (wie Vermögensschaden bei § 263 ⇨ S. 91) beim Kartenaussteller

subjektiver Tatbestand

Vorsatz

R.widrigkeit

allgemeine Grundsätze

Schuld

allgemeine Grundsätze

Verfolgbarkeit

geringwertiger Scheck-/Kreditkartenmissbrauch: Strafantrag oder Bejahung besonderen öffentlichen Verfolgungsinteresses, § 266 b II i.V.m. § 248 a ⇨ S. 61

Vorenthalten und Veruntreuen von Arbeitsentgelt, § 266 a

Tatbestand

objektiver Tatbestand

▶ Täter:
- Arbeitgeber (im faktischen Sinn)
- für den Arbeitgeber gemäß § 14 verantwortlich Handelnde
- nach V gleichgestellte Personen: Auftraggeber eines Heimarbeiters oder Hausgewerbetreibenden oder eine diesen gleichgestellte Person/Zwischenmeister (vgl. § 12 SGB IV)

Abs. 1 (Vorenthalten von Arbeitnehmeranteilen):
▶ Tatobjekte: Tatsächlich geschuldete Gesamtsozialversicherungsbeiträge i.S.d. § 28 d SGB IV des Arbeitnehmers (Beiträge für Renten-, Kranken-, Arbeitslosen- u. Pflegeversicherung sowie Beiträge zur Arbeitsförderung), für deren Zahlung ggü. der Einzugsstelle allein der Arbeitgeber haftet (vgl. § 28 e SGB IV)
▶ Tathandlung: Vorenthalten = Nichtzahlung der Arbeitnehmeranteile bei Fälligkeit, unabhängig davon, ob der Arbeitgeber Arbeitsentgelt (Lohn) gezahlt hat

Abs. 2 (Vorenthalten von Arbeitgeberanteilen):
▶ Tatobjekte: Tatsächlich geschuldete Sozialversicherungsbeiträge, die von Arbeitgeber zu tragen sind (auch solche, die er allein schuldet, z.b. Unfallversicherung i.S.d. § 150 I 1 SGB VII)
  ⎡ aber ausdrücklicher Anwendungsausschluss für die Fälle geringfügiger ⎤
  ⎢ Beschäftigung in Privathaushalten gem. § 111 I 2 SGB IV und § 209 I 2 ⎥
  ⎣ SGB VII ⎦
▶ Tathandlung:
- Nr. 1: unrichtige/unvollständige Angaben über sozialversicherungsrechtlich erhebliche Tatsachen ggü. der für den Einzug der Beiträge zuständigen Stelle
- Nr. 2: Pflichtwidriges In-Unkenntnis-Lassen der für den Einzug der Beiträge zuständigen Stelle über sozialversicherungsrechtlich erhebliche Tatsachen
▶ dadurch Vorenthalten (= Nichtzahlung der Arbeitgeberbeiträge bei Fälligkeit), unabhängig davon, ob der Arbeitgeber Arbeitsentgelt (Lohn) gezahlt hat

Abs. 3 (Nichtabführen von Entgeltteilen):
▶ Tatobjekte: Teile des Arbeitsentgelts, die der Arbeitgeber für den Arbeitnehmer abzuführen hat und die nicht unter Abs. 1 fallen und nicht als Lohnsteuer einbehalten werden (z.B. Arbeitnehmer-Sparzulage)
▶ Tathandlung:
- einbehalten
- und nicht zahlen = Nichtabführen an den Gläubiger bei Fälligkeit
- und nicht unverzügliche Unterrichtung des Arbeitnehmers über die Nichtzahlung

subjektiver Tatbestand

Vorsatz

Vorenthalten und Veruntreuen von Arbeitsentgelt, § 266 a (Fortsetzung)

Rechts-widrigkeit	allgemeine Grundsätze

Schuld	allgemeine Grundsätze

	Besonders schwerer Fall des Abs. 1 mit Regelbeispielskatalog, § 266 a IV
Unselbst-ständige benannte Straf-erschwerungen	Nr. 1: – objektiv und subjektiv: Vorenthalten von Beiträgen in großem Ausmaß – nur subjektiv: Handeln aus grobem Eigennutz Nr. 2: objektiv und subjektiv: Fortgesetztes Vorenthalten von Beiträgen unter Verwendung nachgemachter oder verfälschter Belege Nr. 3: objektiv und subjektiv: Ausnutzen der Mithilfe eines Amtsträgers, der seine Befugnisse oder seine Stellung missbraucht

fakultatives Absehen von Strafe	VI 1: Offenbarung der Höhe und Gründe der Nichtzahlung ggü. der Einzugsstelle bei Fälligkeit oder unverzüglich danach und Darlegung der ernsthaften Zahlungsbemühungen

obligatorisches Absehen von Strafe	VI 2: Voraussetzungen des VI 1 und zusätzlich fristgemäße Nachzahlung

Unerlaubtes Entfernen vom Unfallort, § 142 I (Unfallflucht)

Tatbestand	objektiver Tatbestand

objektiver Tatbestand

▪ Tatsituation: jedes plötzliche Ereignis im Straßenverkehr, das einen nicht ganz unerheblichen, beweissicherungsbedürftigen Personen- oder Sachschaden zur Folge hat und das mit den typischen Gefahren des Straßenverkehrs im inneren Zusammenhang steht

▪ Täter: Unfallbeteiligter (i.S.v. § 142 V)

▪ Tathandlung: (räumliches) Sichentfernen vom Unfallort unter Verletzung nachstehender Pflichten:

bei Anwesenheit feststellungsbereiter Personen § 142 I Nr. 1:	bei Nichtanwesenheit feststellungsbereiter Personen § 142 I Nr. 2:
unter Verletzung der Feststellungsduldungspflicht hinsichtlich der Person, des Fahrzeugs und der Art der Beteiligung durch ▶ angemessen lange Anwesenheit am Unfallort ▶ Angabe der Tatsache der Unfallbeteiligung	unter Verletzung der Wartepflicht für eine dem Grad des Feststellungsbedürfnisses und der Zumutbarkeit angemessene Zeit

subjektiver Tatbestand

Vorsatz, insbes. Wahrnehmung des Unfallereignisses

Rechtswidrigkeit

allgemeine Grundsätze

Schuld

allgemeine Grundsätze

Benannte obligatorische Strafmilderung/ fakultatives Absehen von Strafe

IV, tätige Reue bei „Parkunfällen"

▶ Unfall außerhalb des fließenden Verkehrs

▶ ausschließlich nicht bedeutender Sachschaden (also unter 1.300 € Schadenssumme)

▶ nachträgliche Ermöglichung nach III, also mit Wahlrecht, ob gegenüber dem Berechtigten oder der Polizei, innerhalb von 24 Stunden nach dem Unfall

▶ Freiwilligkeit

Unerlaubtes Entfernen vom Unfallort, § 142 II
(Nichtermöglichung nachträglicher Feststellungen der Unfallbeteiligung)

Tatbestand

objektiver Tatbestand

▸ Täter: Unfallbeteiligter (i.S.v. § 142 V)
▸ Tatsituation:
  – in der Vergangenheit liegender Unfall im Straßenverkehr,
  – bei dem sich der Täter vom Unfallort entfernt hatte, ohne nach
    § 142 I strafbar zu sein (Exklusivität zwischen § 142 I/II)
    II Nr. 1: weil er sich nach Ablauf der Wartefrist i.S.v. I Nr. 2 entfernt hatte
    II Nr. 2: weil er sich (willentlich) entfernt hatte:
    • berechtigt (= gerechtfertigt)
    • entschuldigt (= wegen Eingreifens von Schuldausschließungsgründen außer trunkenheitsbedingter Schuldunfähigkeit, str.)
      ⚠ Nach BVerfG keine Gleichstellung mehr zwischen berechtigtem/entschuldigtem und unvorsätzlichem Sichentfernen
    • nach h.M. auch bei Erlaubnistatbestandsirrtum
▸ Tathandlung: Verletzung der Nachholungspflicht durch
  – nicht unverzügliches Handeln,
  – das die Mindestfeststellungen i.S.v. § 142 II 1 erfüllt
▸ Trotz formaler Ermöglichung der Feststellungen Tatbestand erfüllt bei absichtlicher Vereitelung der Feststellungen, § 142 III 2

subjektiver Tatbestand

Vorsatz, insbes. Wahrnehmung des Unfallereignisses

Rechtswidrigkeit

allgemeine Grundsätze

Schuld

allgemeine Grundsätze

Benannte obligatorische Strafmilderung/ fakultatives Absehen von Strafe

IV, tätige Reue bei „Parkunfällen"
▸ Unfall außerhalb des fließenden Verkehrs
▸ ausschließlich nicht bedeutender Sachschaden (also unter 1.300 € Schadenssumme)
▸ nachträgliche Ermöglichung nach III, also mit Wahlrecht, ob gegenüber dem Berechtigten oder der Polizei, innerhalb von 24 Stunden nach dem Unfall
▸ Freiwilligkeit

Vereitelung der Zwangsvollstreckung, § 288

Tatbestand	**objektiver Tatbestand**
	▸ Täter: Vollstreckungsschuldner (einschl. Personenkreis aus § 14)
	▸ Tatsituation: drohende Zwangsvollstreckung
	▸ [ungeschriebenes Tatbestandsmerkmal:] materiellrechtlich begründeter und durchsetzbarer Anspruch vermögensrechtlicher Natur
	▸ Tatobjekte: Bestandteile des Tätervermögens = alle körperlichen und unkörperlichen Gegenstände, in die der Gläubiger die Vollstreckung betreiben darf
	▸ Tathandlungen:
	• Veräußern
	• Beseiteschaffen
	subjektiver Tatbestand
	▸ Vorsatz
	▸ Absicht (dolus directus I oder II), die Befriedigung des Gläubigers zu vereiteln

Rechtswidrigkeit	allgemeine Grundsätze

Schuld	allgemeine Grundsätze

Verfolgbarkeit	Strafantrag erforderlich, § 288 II

Verletzung der Unterhaltspflicht, § 170 I

Tatbestand	**objektiver Tatbestand**
	▸ Täter: Schuldner (oder dessen gesetzlicher Vertreter, § 14 I Nr. 3) einer gesetzlichen Unterhaltspflicht
	▸ [ungeschriebenes Tatbestandsmerkmal:] Leistungsfähigkeit
	▸ Tathandlung: Sichentziehen der Unterhaltspflicht = Nichtgewährung des vollen (gesetzlichen) Unterhalts/Herbeiführung der eigenen Leistungsunfähigkeit
	▸ Taterfolg: Gefährdung des Lebensbedarfs d. Berechtigten/hypothetische Gefährdung, wenn Hilfe Dritter nicht vorliegen würde
	subjektiver Tatbestand
	Vorsatz
Rechts-widrigkeit	allgemeine Grundsätze
Schuld	allgemeine Grundsätze

Verletzung der Unterhaltspflicht gegenüber einer Schwangeren, § 170 II
(vorsatzbedürftige Qualifikation)

Tatbestand	**objektiver Tatbestand**
	▸ Täter: Schuldner (oder dessen gesetzlicher Vertreter, § 14 I Nr. 3) einer gesetzlichen Unterhaltspflicht gegenüber einer Schwangeren
	▸ [ungeschriebenes Tatbestandsmerkmal:] Leistungsfähigkeit
	▸ Tathandlung: Vorenthaltung des Unterhalts in verwerflicher Weise
	▸ Taterfolg:
	– Bewirken des Schwangerschaftsabbruchs
	– durch die Vorenthaltung des Unterhalts
	subjektiver Tatbestand
	Vorsatz
Rechts-widrigkeit	allgemeine Grundsätze
Schuld	allgemeine Grundsätze

Wucher, § 291

	objektiver Tatbestand

Tatbestand	▶ Bezugsvorgang: gegenseitiges Rechtsgeschäft
	  – Geschäftsgegenstand
	    • I Nr. 1: Vermietung von Wohnraum oder damit verbundenen Nebenleistungen
	    • I Nr. 2: Gewährung eines Kredits
	    • I Nr. 3: sonstige Leistung
	    • I Nr. 4: Vermittlung einer der Leistungen i.S.v. I Nr. 1–3

– Gegenleistung in auffälligem Missverhältnis zur Leistung (i.S.d. Nr. 1–3)/der Vermittlung (i.S.d. Nr. 4) vom Standpunkt des Leistenden

Additionsklausel, § 291 I 2: Bei einheitlichem Geschäftsvorgang, an dem verschiedene Personen als Nebentäter selbstständig mitwirken, ergibt erst die Summe aller Leistungen und Gegenleistungen ein auffälliges Missverhältnis

▶ Tathandlung: Vermögensvorteil sich/Drittem versprechen/gewähren lassen

▶ dadurch Ausbeutung
  • der Zwangslage
  • der Unerfahrenheit
  • des Mangels an Urteilsvermögen
  • erheblicher Willensschwäche

▶ Tathandlung: übermäßigen Vermögensvorteil sich/Drittem versprechen/gewähren lassen

▶ dadurch Ausnutzung
  • der Zwangslage
  • der Schwäche

	subjektiver Tatbestand
	Vorsatz

Rechtswidrigkeit	allgemeine Grundsätze

Schuld	allgemeine Grundsätze

Unselbstständige benannte Straferschwerungen	**Besonders schwerer Fall mit Regelbeispielskatalog, § 291 II 2:**
	Nr. 1: objektiv und subjektiv: durch die Tat Schuldner in wirtschaftliche Not gebracht
	Nr. 2: nur subjektiv: Gewerbsmäßigkeit
	Nr. 3: objektiv und subjektiv: Sichversprechenlassen wucherischer Vermögensvorteile durch Wechsel

Unerlaubte Veranstaltung eines Glücksspiels, § 284 I

Tatbestand	**objektiver Tatbestand**
	▸ Tatgegenstand: Glücksspiel, öffentl. (mit Erweiterung § 284 II) ▸ Tathandlungen: Veranstalten/Halten/Bereitstellen von Einrichtungen ▸ Nichtvorliegen einer behördlichen Erlaubnis
	subjektiver Tatbestand
	Vorsatz

Rechts-widrigkeit	allgemeine Grundsätze

Schuld	allgemeine Grundsätze

Schweres unerlaubtes Glückspiel, § 284 III (vorsatzbedürftige Qualifikation)
Aufbau wie § 284 I; qualifizierende Umstände:
▸ Nr. 1: nur im subjektiven Tatbestand: Gewerbsmäßigkeit
▸ Nr. 2: im objektiven Tatbestand Tatbegehung als Mitglied einer Bande, die sich zur fortge-setzten Begehung solcher Taten verbunden hat; im subjektiven Tatbestand Vorsatz bzgl. der qualifizierenden Umstände

Werben für unerlaubtes Glücksspiel, § 284 IV
Aufbau wie § 284 I; anstelle der dort genannten Tathandlungen im objektiven Tatbestand: Werben; im subjektiven Tatbestand: Vorsatz hierzu

Beteiligung am unerlaubten Glücksspiel, § 285

Tatbestand	**objektiver Tatbestand**
	▸ Tatbezug: Glücksspiel, öffentlich, ohne behördl. Erlaubnis (i.S.v. § 284) ▸ Tathandlung: Sichbeteiligen = selbst spielen (nicht nur zum Schein)
	subjektiver Tatbestand
	Vorsatz

Rechts-widrigkeit	allgemeine Grundsätze

Schuld	allgemeine Grundsätze

B. Delikte gegen Eigentum und Vermögen	3. Straftaten gegen das Vermögen als Ganzes 3.7 Vermögensgefährdungsdelikte 3.7.6 Unerlaubte Lotterie und Ausspielung 3.7.7 Kreditgefährdung

Unerlaubte Veranstaltung einer Lotterie oder einer Ausspielung, § 287 I

<table>
<tr><td rowspan="2">Tatbestand</td><td colspan="2">objektiver Tatbestand</td></tr>
<tr><td colspan="2">

▸ Tatgegenstand:
  • Lotterie, öffentlich
  • Ausspielungen beweglicher/unbeweglicher Sachen
▸ Tathandlung: Veranstalten, insbesondere:

• Abschluss von Spielverträgen anbieten • auf den Abschluss von Spielverträgen gerichtete Angebote annehmen	⎱ ⎰ erfasst vor allem Handlungen ausländischer Veranstalter ohne Spieleinrichtungen im Inland

⚠ Bloßes Auffordern oder Sicherbieten zur Vermittlung bleibt straflos.

▸ Nichtvorliegen einer behördlichen Genehmigung

</td></tr>
<tr><td colspan="2">subjektiver Tatbestand</td></tr>
<tr><td colspan="2">Vorsatz</td></tr>
</table>

Rechts-widrigkeit	allgemeine Grundsätze

Schuld	allgemeine Grundsätze

Werben für unerlaubte Lotterien und Ausspielungen, § 287 II

Aufbau wie § 287 I; anstelle der dort genannten Tathandlungen im objektiven Tatbestand: Werben; im subjektiven Tatbestand: Vorsatz hierzu

Kreditgefährdung, § 187, 1. Halbs.

Aufbau wie Verleumdung ⇨ S. 42; im objektiven Tatbestand statt der dort vorausgesetzten Eignung zur Herabwürdigung die Eignung zur Kreditgefährdung prüfen; im subjektiven Tatbestand Vorsatz in Bezug auf die Eignung zur Kreditgefährdung prüfen.

Öffentliche Kreditgefährdung, § 187, 2. Halbs. (Qualifikation)

Aufbau wie öffentliche Verleumdung ⇨ S. 42; statt der dort vorausgesetzten Verleumdung die Kreditgefährdung als Grunddelikt prüfen.

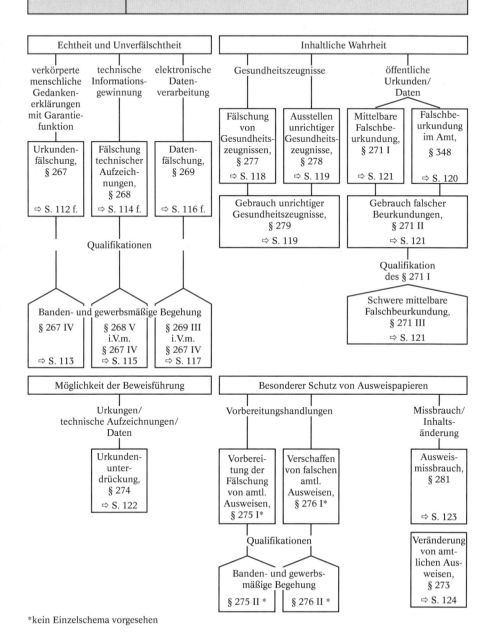

Echtheit und Unverfälschtheit

Inhaltliche Wahrheit

verkörperte menschliche Gedankenerklärungen mit Garantiefunktion

technische Informationsgewinnung

elektronische Datenverarbeitung

Gesundheitszeugnisse

öffentliche Urkunden/ Daten

Urkundenfälschung, § 267

⇨ S. 112 f.

Fälschung technischer Aufzeichnungen, § 268

⇨ S. 114 f.

Datenfälschung, § 269

⇨ S. 116 f.

Fälschung von Gesundheitszeugnissen, § 277

⇨ S. 118

Ausstellen unrichtiger Gesundheitszeugnisse, § 278

⇨ S. 119

Mittelbare Falschbeurkundung, § 271 I

⇨ S. 121

Falschbeurkundung im Amt, § 348

⇨ S. 120

Gebrauch unrichtiger Gesundheitszeugnisse, § 279

⇨ S. 119

Gebrauch falscher Beurkundungen, § 271 II

⇨ S. 121

Qualifikationen

Qualifikation des § 271 I

Banden- und gewerbsmäßige Begehung

§ 267 IV

⇨ S. 113

§ 268 V i.V.m. § 267 IV

⇨ S. 115

§ 269 III i.V.m. § 267 IV

⇨ S. 117

Schwere mittelbare Falschbeurkundung, § 271 III

⇨ S. 121

Möglichkeit der Beweisführung

Besonderer Schutz von Ausweispapieren

Urkungen/ technische Aufzeichnungen/ Daten

Vorbereitungshandlungen

Missbrauch/ Inhaltsänderung

Urkundenunterdrückung, § 274

⇨ S. 122

Vorbereitung der Fälschung von amtl. Ausweisen, § 275 I*

Verschaffen von falschen amtl. Ausweisen, § 276 I*

Ausweismissbrauch, § 281

⇨ S. 123

Qualifikationen

Veränderung von amtlichen Ausweisen, § 273

⇨ S. 124

Banden- und gewerbsmäßige Begehung

§ 275 II *

§ 276 II *

*kein Einzelschema vorgesehen

111

Urkundenfälschung, § 267

| Prüfungsschema | Deliktsmangel: | weiterprüfen: |

Tatbestand

objekt. Tatbestand

▸ Tatprodukt (bei der 1. Mod.), Tatobjekt (bei der 2. u. 3. Mod.)

Urkunde =
- verkörperte menschl. Gedankenerklärung; auch verkürzte oder wortvertretendes Symbol (h.M.)
– Beweisbestimmung u. -eignung für den Rechtsverkehr für e. außerh. d. Erklärung liegende Tatsache
– Aussteller erkennbar

▸ unecht (bei d. 1./ 3. Mod.) = Identitätstäuschung ü. wahren Erklärungsgaranten

▸ Tathandlungen:
  • 1. Mod.: Herstellen
  • 2. Mod.: Verfälschen
  • 3. Mod.: Gebrauchen

- - - - - - - - - - -

subj. Tatbestand

▸ Vorsatz
▸ Täuschungswille im Rechtsverkehr (mit Gleichstellungsklausel des § 270)

Manipulation bezieht sich auf Augenscheinsobjekt. → Sachbeschädigung, § 303 ⇨ S. 74 / Verwahrungsbruch, § 133 ⇨ S. 171

Tathandlung bezieht sich auf maschinell erstellte Information, ohne dass sich diese ein Mensch als eigene Erklärung zu Eigen gemacht hat. → Fälschung technischer Aufzeichnungen, § 268 ⇨ S. 114 f.

Bezugsobjekt ist als elektronische Information nur auf einem Bildschirm wahrnehmbar. → Datenfälschung, § 269 ⇨ S. 116 f.

Tatobjekt ist bloße Fotokopie und rück auch nicht zur Scheinurkunde auf → urkundsrechtlich nicht strafbar

Verkörperte Erklärung ist lediglich Kennzeichen. → Spezialtatbestände, z.B. § 22 StVG

Tatobjekt ist lediglich Entwurf oder Aussteller ist anonym. → urkundsrechtlich nicht strafbar

Urkunde enthält nur schriftliche Lüge. → §§ 271, 348 ⇨ S. 121 f. / §§ 277, 279 ⇨ S. 118 f.

= Schaffung aller Urkundsvoraussetzungen in Bezug auf das Tatobjekt, auch durch nachträgliche Beweisbestimmung

= Veränderung der Beweisrichtung

= dem zu Täuschenden so zugänglich machen, dass Kenntnisnahme möglich ist

Urkunde unter falschem Namen dient nur zur Täuschung im gesellschaftlichen Bereich. → ggf. Verleumdung/Beleidigung, §§ 185 ff. ⇨ S. 42 ff.

Rechtswidrigkeit

allgemeine Grundsätze

Schuld

allgemeine Grundsätze

Urkundenfälschung, § 267 (Fortsetzung)

Unselbstständige benannte Straferschwerungen	Besonders schwerer Fall mit Regelbeispielskatalog, § 267 III 2:
	Nr. 1: ▸ objektiv und subjektiv: Tatbegehung durch Mitglied einer Bande, die sich zur fortgesetzten Begehung (= mehrere selbstständige Handlungen) von Betrug oder Urkundenfälschung verbunden hat ▸ nur subjektiv: gewerbsmäßiges Handeln
	Nr. 2: objektiv und subjektiv: Vermögensverlust großen Ausmaßes herbeigeführt (ab ca. 50.000 €)
	Nr. 3: objektiv und subjektiv: ▸ große Anzahl von unechten/verfälschten Urkunden ▸ dadurch Sicherheit des Rechtsverkehrs erheblich gefährdet
	Nr. 4: objektiv und subjektiv: Befugnisse/Stellung als Amtsträger missbraucht

Manipulationsvarianten (I 1, 2. Mod.) und Gebrauchnahme (I, 3. Mod.) verschmelzen zu einer einzigen, zweiaktigen Tat, wenn der Täter schon bei der Manipulation den späteren Gebrauch geplant hatte, sodass letztes nur eine Absichtsverwirklichung darstellt.

Bei Verwirklichung mehrerer Regelbeispiele nur eine Tat.

Banden- und gewerbsmäßige Urkundenfälschung, § 267 IV (vorsatzbedürftige Qualifikation)

Als Strafschärfung zusätzlich im objektiven Tatbestand: Tatbegehung durch Mitglied einer Bande, die sich zur fortgesetzten Begehung von Straftaten nach den §§ 263–264 oder §§ 267–269 verbunden hat; im subjektiven Tatbestand zusätzlich Vorsatz bzgl. der bandenmäßigen Begehung und Gewerbsmäßigkeit prüfen.

Fälschung technischer Aufzeichnungen, § 268

	objektiver Tatbestand		
Tatbestand	Herstellungsmod., § 268 I Nr. 1, 1. Alt.	Verfälschungsmod., § 268 I Nr. 1, 2. Alt.	Gebrauchsmod., § 268 I Nr. 2
	▶ Tatprodukt:	▶ Tatobjekt:	▶ Tatobjekt:

technische Aufzeichnung, legaldefiniert in § 268 II:

▶ Darstellung von Daten-/Mess-/Rechenwerten/Zuständen/Geschehensabläufen (jeweils auf einem vom Gerät abtrennbaren Stück)

▶ durch ein technisches Gerät ganz/zum Teil selbstständig (= i.S.d. Schaffung neuer Informationen) bewirkt

▶ Gegenstand der Aufzeichnung erkennbar (nicht notwendig unmittelbar visuell wahrnehmbar wie bei § 267)

▶ Beweisbestimmung und -eignung (wie bei § 267 ⇨ S. 112)

	▶ unecht	▶ echt	▶ unecht/verfälscht
	▶ Tathandlung: • Herstellen • gleichgestellt gem. § 268 III: durch störende Einwirkung auf den Aufzeichnungsvorgang Ergebnis der Aufzeichnung beeinflussen	▶ Tathandlung: Verfälschen (= nachträgliche Veränderung des Inhalts)	▶ Tathandlung: Gebrauchen (wie bei § 267 I 3. Mod. ⇨ S. 112)

subjektiver Tatbestand

▶ Vorsatz

▶ Täuschungswille im Rechtsverkehr (mit Gleichstellungsklausel des § 270)

Rechts-widrigkeit	allgemeine Grundsätze

Schuld	allgemeine Grundsätze

Fälschung technischer Aufzeichnungen, § 268 (Fortsetzung)

	Besonders schwerer Fall mit Regelbeispielskatalog, § 268 V i.V.m. § 267 III 2:
Unselbstständige benannte Straferschwerungen	Nr. 1: ▸ objektiv und subjektiv: Tatbegehung durch Mitglied einer Bande, die sich zur fortgesetzten Begehung (= mehrere selbstständige Handlungen) von Betrug oder Urkundenfälschung (bzw. Fälschung techn. Aufzeichnungen) verbunden hat ▸ nur subjektiv: gewerbsmäßiges Handeln Nr. 2: objektiv und subjektiv: Vermögensverlust großen Ausmaßes herbeigeführt (ab ca. 50.000 €) Nr. 3: objektiv und subjektiv: ▸ große Anzahl von unechten/verfälschten Urkunden/techn. Aufzeichnungen ▸ dadurch Sicherheit des Rechtsverkehrs erheblich gefährdet Nr. 4: objektiv und subjektiv: Befugnisse/Stellung als Amtsträger missbraucht

Banden- und gewerbsmäßige Fälschung tech. Aufzeichnungen, § 268 V i.V.m. § 267 IV (vorsatzbedürftige Qualifikation)

Als Strafschärfung zusätzlich im objektiven Tatbestand: Tatbegehung durch Mitglied einer Bande, die sich zur fortgesetzten Begehung von Straftaten nach den §§ 263–264 oder §§ 267–269 verbunden hat; im subjektiven Tatbestand zusätzlich Vorsatz bzgl. der bandenmäßigen Begehung und Gewerbsmäßigkeit prüfen.

C. Delikte gegen kollektive Rechtsgüter	1. Straftaten gegen die Sicherheit des Beweisverkehrs 1.4 Datenfälschung

Datenfälschung, § 269

<table>
<tr><td rowspan="2">Tatbestand</td><td colspan="3" align="center">objektiver Tatbestand</td></tr>
<tr><td>Herstellungsmod., § 269 I 1. Mod.</td><td>Verfälschungsmod., § 269 I 2. Mod.</td><td>Gebrauchsmod., § 269 I 3. Mod.</td></tr>
</table>

▸ Tatprodukt:	▸ Tatobjekt:	▸ Tatobjekt:

Daten, beweiserheblich:

- ▸ alle (auch noch nicht gespeicherten) Informationen, die Gegenstand eines Datenverarbeitungsvorgangs sind
- ▸ die Daten müssen dazu bestimmt sein, bei einer Verarbeitung im Rechtsverkehr als Beweisdaten für rechtserhebliche Tatsachen benutzt zu werden

▸ Tathandlung: – Speichern, – sodass bei (visueller) Wahrnehmung e. unechte Urkunde vorläge ⚠ Ausgrenzung der bloßen „Datenlüge"	▸ Tathandlung: – Verändern, – sodass bei (visueller) Wahrnehmung eine verfälschte Urkunde vorläge	▸ falsch gespeicherte (i.S.d. 1. Mod.)/ veränderte (i.S.d. 2. Mod.) Daten ▸ Tathandlung: Gebrauchen

subjektiver Tatbestand

- ▸ Vorsatz
- ▸ Täuschungswille im Rechtsverkehr (mit Gleichstellungsklausel des § 270)

Rechtswidrigkeit	allgemeine Grundsätze

Schuld	allgemeine Grundsätze

Datenfälschung, § 269 (Fortsetzung)

	Besonders schwerer Fall mit Regelbeispielskatalog, § 269 III i.V.m. § 267 III 2:
Unselbst-ständige benannte Straf-erschwerungen	Nr. 1: ▸ objektiv und subjektiv: Tatbegehung durch Mitglied einer Bande, die sich zur fortgesetzten Begehung (= mehrere selbstständige Handlungen) von Betrug oder Urkundenfälschung bzw. Datenfälschung verbunden hat ▸ nur subjektiv: gewerbsmäßiges Handeln
	Nr. 2: objektiv und subjektiv: Vermögensverlust großen Ausmaßes herbeigeführt (ab ca. 50.000 €)
	Nr. 3: objektiv und subjektiv: ▸ große Anzahl von unechten/verfälschten Urkunden/Daten ▸ dadurch Sicherheit des Rechtsverkehrs erheblich gefährdet
	Nr. 4: objektiv und subjektiv: Befugnisse/Stellung als Amtsträger missbraucht

Banden- und gewerbsmäßige Datenfälschung, § 269 III i.V.m. § 267 IV
(vorsatzbedürftige Qualifikation)

Als Strafschärfung zusätzlich im objektiven Tatbestand: Tatbegehung durch Mitglied einer Bande, die sich zur fortgesetzten Begehung von Straftaten nach den §§ 263–264 oder §§ 267–269 verbunden hat; im subjektiven Tatbestand zusätzlich Vorsatz bzgl. der bandenmäßigen Begehung und Gewerbsmäßigkeit prüfen.

C. Delikte gegen kollektive Rechtsgüter	**1.** **Straftaten gegen die Sicherheit des Beweisverkehrs** **1.5** **Fälschung von Gesundheitszeugnissen;** **Ausstellen unrichtiger Gesundheitszeugnisse;** **Gebrauch unrichtiger Gesundheitszeugnisse**

Fälschung von Gesundheitszeugnissen, § 277

Tatbestand	objektiver Tatbestand	
	Herstellungsmodalität, § 277, 1. Alt.	Verfälschungsmodalität, § 277, 2. Alt.
	▶ Tatprodukt:	▶ Tatobjekt:
	Gesundheitszeugnis = Bescheinigung über frühere Krankheiten, gegenw. Gesundheitszustand, zukünftige Gesundheitsaussichten	
	▶ Tathandlung 1. Akt: Ausstellen • unter dem richtigen Namen, aber einer dem Täter nicht zustehenden Bezeichnung als Arzt/als andere approbierte Medizinalperson • unberechtigt unter dem Namen eines Arztes/einer anderen approbierten Medizinalperson	▶ von einem Arzt oder einer anderen approbierten Medizinalperson ausgestellt ▶ echt ▶ Tathandlung 1. Akt: Verfälschen (wie bei § 267 ⇨ S. 112)
	zweiaktiges Delikt	
	▶ Tathandlung 2. Akt: Gebrauch (wie bei § 267 ⇨ S. 112)	
	subjektiver Tatbestand	
	▶ Vorsatz ▶ Täuschungswille in Bezug auf Behörde/Versicherungsgesellschaft	

Rechtswidrigkeit	allgemeine Grundsätze

Schuld	allgemeine Grundsätze

Ausstellen unrichtiger Gesundheitszeugnisse, § 278

<table>
<tr><td rowspan="2">Tatbestand</td><td align="center">objektiver Tatbestand</td></tr>
<tr><td>

▸ Täter: Arzt/andere approbierte Medizinalperson
▸ Tatprodukt:
  – Gesundheitszeugnis (wie in § 277 ⇨ S. 118)
  – Zweckbestimmung zum Gebrauch bei einer Behörde/Versicherungsgesellschaft
  – inhaltlich unrichtig
▸ Tathandlung: Ausstellen

</td></tr>
<tr><td align="center">subjektiver Tatbestand</td></tr>
<tr><td>

▸ Vorsatz
▸ wider besseres Wissen bezüglich der inhaltlichen Unrichtigkeit

</td></tr>
</table>

Rechts-widrigkeit	allgemeine Grundsätze
Schuld	allgemeine Grundsätze

Gebrauch unrichtiger Gesundheitszeugnisse, § 279

<table>
<tr><td rowspan="2">Tatbestand</td><td align="center">objektiver Tatbestand</td></tr>
<tr><td>

▸ Tatobjekt:
  – Gesundheitszeugnis (wie in § 277 ⇨ S. 118)
  – objektiv falsch (i.S.v. § 277)/objektiv unrichtig (i.S.v. § 278)
    [nicht notwendig aus einer strafbaren Tat gem. §§ 277/278]
▸ Tathandlung: Gebrauchen (wie bei § 267 ⇨ S. 112)

</td></tr>
<tr><td align="center">subjektiver Tatbestand</td></tr>
<tr><td>

▸ Vorsatz
▸ Täuschungswille in Bezug auf Behörde/Versicherungsgesellschaft

</td></tr>
</table>

Rechts-widrigkeit	allgemeine Grundsätze
Schuld	allgemeine Grundsätze

C. Delikte gegen kollektive Rechtsgüter	1. 1.6	Straftaten gegen die Sicherheit des Beweisverkehrs Falschbeurkundung im Amt; mittelbare Falschbeurkundung; Gebrauch falscher Beurkundungen

Falschbeurkundung im Amt, § 348

Tatbestand	**objektiver Tatbestand**
	▶ Täter: Amtsträger (i.S.v. § 11 I Nr. 2; § 48 I, II WStG), zur Aufnahme öffentl. Urkunden befugt
	▶ Tatprodukte/Tatobjekte:
	• öffentliche Urkunde i.S.v. § 415 ZPO mit Beweiskraft für/gegen jedermann
	• öffentliche Bücher/Register/Dateien
	▶ Taterfolg und Tathandlung:
	• Falschbeurkundung/Falscheintragung/Falscheingabe
	– im Amt = – sachliche/örtliche Zuständigkeit des Täters – Fixierung einer inhaltlich unwahren Tatsache mit Rechtserheblichkeit in der öffentlichen Urkunde (etc.) – **erhöhte Beweiskraft der öffentlichen Urkunde (etc.) muss sich gerade auf die unwahre Tatsache beziehen**
	subjektiver Tatbestand
	Vorsatz
Rechtswidrigkeit	allgemeine Grundsätze
Schuld	allgemeine Grundsätze

C. Delikte gegen kollektive Rechtsgüter	1. Straftaten gegen die Sicherheit des Beweisverkehrs 1.6 Falschbeurkundung im Amt; mittelbare Falschbeurkundung; Gebrauch falscher Beurkundungen (Fortsetzung)

Mittelbare Falschbeurkundung, § 271

<table>
<tr><td rowspan="2">Tatbestand</td><td colspan="2" align="center">objektiver Tatbestand</td></tr>
<tr>
<td>Herstellungsmodalität,
§ 271 I

▸ Tatprodukt:</td>
<td>Gebrauchsmodalität,
§ 271 II

▸ Tatprodukt:</td>
</tr>
<tr>
<td colspan="2">
– öffentliche Urkunde i.S.v. § 415 ZPO mit Beweiskraft für und gegen jedermann/öffentliche Bücher/Register/Dateien
– mit Falschbeurkundung/Falscheintragung/Falscheingabe
– im Amt (= wie bei § 348, nicht notwendig mit Vorsatz der Beurkundungsperson)
</td>
</tr>
<tr>
<td>▸ Tathandlung:
Bewirken = zurechenbare Verursachung der Beurkundung, die nicht als Teilnahme zu erfassen ist</td>
<td>▸ Tathandlung:
Gebrauch (wie bei § 267 I 3. Mod. ⇨ S. 112)</td>
</tr>
<tr>
<td colspan="2" align="center">subjektiver Tatbestand</td>
</tr>
<tr>
<td>▸ Vorsatz (nach h.M. Irrtum über die Gut-/Bösgläubigkeit des Beurkundenden unschädlich)</td>
<td>▸ Täuschungswille im Rechtsverkehr (mit Gleichstellungsklausel des § 270)</td>
</tr>
</table>

Rechtswidrigkeit	allgemeine Grundsätze

Schuld	allgemeine Grundsätze

Schwere mittelbare Falschbeurkundung, § 271 III

(vorsatzbedürftige/rein subjektive Qualifikation)

Aufbau wie § 271 I/II; qualifizierende Umstände:

• im objektiven und subjektiven Tatbestand: Handeln gegen Entgelt (§ 11 I Nr. 9);

• nur im subjektiven Tatbestand: Absicht, sich/einen Dritten zu bereichern, oder Absicht, eine andere Person zu schädigen

Urkundenunterdrückung, § 274

<table>
<tr><td rowspan="1"></td><td colspan="1">objektiver Tatbestand</td></tr>
</table>

Tatbestand

objektiver Tatbestand

I Nr. 1:

▶ Tatobjekte:
- Urkunde i.s.v. § 267 (⇨ S. 112)/techn. Aufzeichnung i.s.v. § 268 (⇨ S. 114)
- [ungeschriebenes Tatbestandsmerkmal:] echt
- nicht/nicht ausschließlich dem Täter gehörend (= kein alleiniges Beweisführungsrecht des Täters)

▶ Tathandlungen:
- Vernichten = Zerstören $\Big\}$ wie bei § 303 (⇨ S. 74)
- Beschädigen
- Unterdrücken = zumind. zeitweil. Vorenthalten der Urkunde als Beweismittel

I Nr. 2:

▶ Tatobjekte:
- beweiserhebliche Daten i.s.v. § 269 (⇨ S. 116), aber mit Beschränkung auf bereits gespeich. bzw. übermittelte Daten
- echt
- nicht/nicht ausschließlich in der Verfügungsbefugnis des Täters

▶ Tathandlungen:
- Löschen
- Unterdrücken $\Big\}$ wie bei § 303 a (⇨ S. 81)
- Unbrauchbarmachen
- Verändern

I Nr. 3:

▶ Tatobjekte:
- speziell: Grenzstein
- anderes zur Bezeichnung einer Grenze/eines Wasserstandes bestimmtes (künstliches oder natürliches) Merkmal

▶ Tathandlungen: Wegnehmen/Vernichten/Unkenntlichmachen/Verrücken/fälschlich Setzen

subjektiver Tatbestand

▶ Vorsatz

▶ Absicht (dolus directus I oder II), einem anderen (⚠ nicht: dem Staat in Bezug auf Bußgeld-, Verwarnungsgeld- oder Strafansprüche) durch die Beweisverkürzung einen beliebigen Nachteil zuzufügen

R.widrigkeit — allgemeine Grundsätze

Schuld — allgemeine Grundsätze

Ausweismissbrauch, § 281

	objektiver Tatbestand	
Tatbestand	I 1, 1. Alt.: ▶ Tatobjekte:	I 1, 2. Alt.: ▶ Tatobjekte:
	– amtliche Ausweise (mit Gleichstellungsklausel des § 281 II = ausschließlich oder neben anderen Zwecken zur Ermöglichung des Identitätsnachweises ausgestellte amtliche Urkunden, insbesondere Pässe, Dienst- und Studentenausweise, auch Führerscheine	
	– echt [= ungeschriebenes Abgrenzungsmerkmal zu § 267 I, 3. Mod.] – für einen anderen (als den Täter) ausgestellt ▶ Tathandlung: Gebrauchen (wie bei § 267 ⇨ S. 112)	– echt – für einen anderen als den Übernehmer ausgestellt ▶ Tathandlung: Überlassen
	subjektiver Tatbestand	
	▶ Vorsatz ▶ Täuschungswille im Rechtsverkehr (mit Gleichstellungsklausel des § 270)	
Rechts- widrigkeit	allgemeine Grundsätze	
Schuld	allgemeine Grundsätze	

123

Verändern von amtlichen Ausweisen, § 273

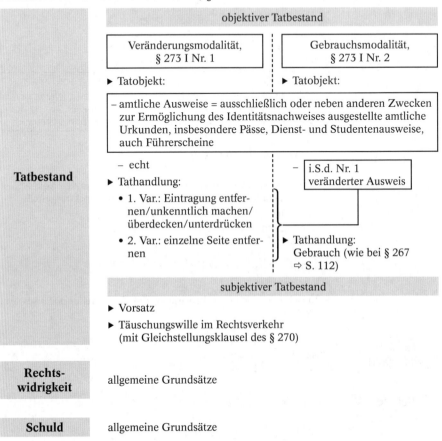

objektiver Tatbestand

Veränderungsmodalität, § 273 I Nr. 1	Gebrauchsmodalität, § 273 I Nr. 2
▶ Tatobjekt:	▶ Tatobjekt:

– amtliche Ausweise = ausschließlich oder neben anderen Zwecken zur Ermöglichung des Identitätsnachweises ausgestellte amtliche Urkunden, insbesondere Pässe, Dienst- und Studentenausweise, auch Führerscheine

Tatbestand

– echt
▶ Tathandlung:
- 1. Var.: Eintragung entfernen/unkenntlich machen/überdecken/unterdrücken
- 2. Var.: einzelne Seite entfernen

– i.S.d. Nr. 1 veränderter Ausweis

▶ Tathandlung:
Gebrauch (wie bei § 267 ⇨ S. 112)

subjektiver Tatbestand

▶ Vorsatz
▶ Täuschungswille im Rechtsverkehr (mit Gleichstellungsklausel des § 270)

Rechtswidrigkeit   allgemeine Grundsätze

Schuld   allgemeine Grundsätze

⌈ Formelle Subsidiarität gegenüber § 267/§ 274 ⌉

zu anderen Urkundsdelikten	zu anderen Tatbeständen
§ 267	mit § 268 Tateinheit möglich, soweit der Aussteller die technische Aufzeichnung zugleich als eigene Gedankenerklärung autorisiert	Tateinheit, häufig sogar Verklammerung zur Tateinheit von Delikten, die durch dieselbe Handlung mit der Manipulation und deren ausschließendem absichtsgemäßen Gebrauch verwirklich werden

mit § 269 wegen tb-licher Exklusivität von Urkunde und Daten (–)

wird von § 277, 1. Alt., 2. Fall und 2. Alt. als gesetzeskonkurrierend verdrängt (Spezialität)

mit §§ 271, 348 hinsichtlich derselben Gedankenerklärung nicht möglich	wird in Bezug auf Geld und Wertzeichen von den §§ 146 ff., auch § 152 a, b als gesetzeskonkurrierend verdrängt (Spezialität)
verdrängt § 274 I Nr. 1 als gesetzeskonkurrierend, soweit die Manipulation als typische Begleittat die Verrichtung, Beschädigung oder Unterdrückung einer vorher existent echten Urkunde zur Folge hatte (Konsumtion)	verdrängt § 303 als gesetzeskonkurrierend, soweit die Manipulation als typische Begleittat die Beschädigung, Zerstörung oder Veränderung des Erscheinungsbildes des Urkundenkörpers zur Folge hatte (Konsumtion)

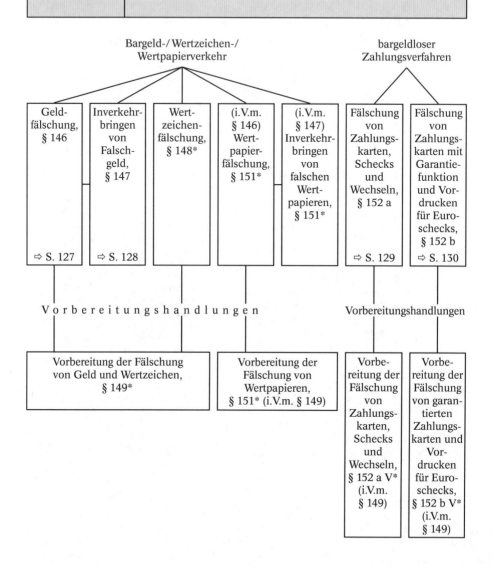

Bargeld-/ Wertzeichen-/ Wertpapierverkehr

bargeldloser Zahlungsverfahren

Geld-fälschung, § 146	Inverkehr-bringen von Falsch-geld, § 147	Wert-zeichen-fälschung, § 148*	(i.V.m. § 146) Wert-papier-fälschung, § 151*	(i.V.m. § 147) Inverkehr-bringen von falschen Wert-papieren, § 151*	Fälschung von Zahlungs-karten, Schecks und Wechseln, § 152 a	Fälschung von Zahlungs-karten mit Garantie-funktion und Vor-drucken für Euro-schecks, § 152 b
⇨ S. 127	⇨ S. 128				⇨ S. 129	⇨ S. 130

V o r b e r e i t u n g s h a n d l u n g e n

Vorbereitungshandlungen

Vorbereitung der Fälschung von Geld und Wertzeichen, § 149*	Vorbereitung der Fälschung von Wertpapieren, § 151* (i.V.m. § 149)	Vorbe-reitung der Fälschung von Zahlungs-karten, Schecks und Wechseln, § 152 a V* (i.V.m. § 149)	Vorbe-reitung der Fälschung von garan-tierten Zahlungs-karten und Vor-drucken für Euro-schecks, § 152 b V* (i.V.m. § 149)

*kein Einzelschema vorgesehen

126

C. Delikte gegen kollektive Rechtsgüter	2. Straftaten gegen den Geld- und Wertzeichenverkehr 2.2 Geldfälschung

Geldfälschung, § 146 I

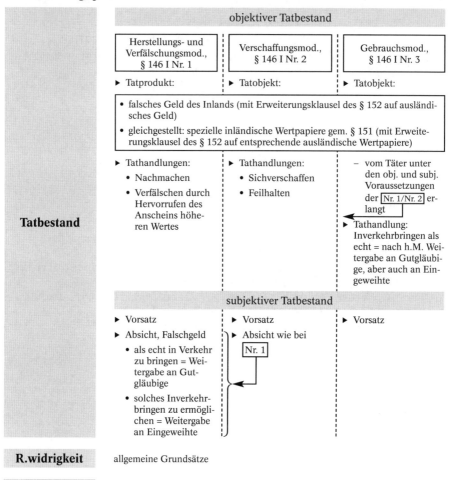

<table>
<tr><td></td><td colspan="3" align="center">objektiver Tatbestand</td></tr>
<tr><td rowspan="8">Tatbestand</td><td>Herstellungs- und Verfälschungsmod., § 146 I Nr. 1

▶ Tatprodukt:</td><td>Verschaffungsmod., § 146 I Nr. 2

▶ Tatobjekt:</td><td>Gebrauchsmod., § 146 I Nr. 3

▶ Tatobjekt:</td></tr>
<tr><td colspan="3">• falsches Geld des Inlands (mit Erweiterungsklausel des § 152 auf ausländisches Geld)
• gleichgestellt: spezielle inländische Wertpapiere gem. § 151 (mit Erweiterungsklausel des § 152 auf entsprechende ausländische Wertpapiere)</td></tr>
<tr><td>▶ Tathandlungen:
• Nachmachen
• Verfälschen durch Hervorrufen des Anscheins höheren Wertes</td><td>▶ Tathandlungen:
• Sichverschaffen
• Feilhalten</td><td>– vom Täter unter den obj. und subj. Voraussetzungen der Nr. 1/Nr. 2 erlangt
▶ Tathandlung: Inverkehrbringen als echt = nach h.M. Weitergabe an Gutgläubige, aber auch an Eingeweihte</td></tr>
<tr><td colspan="3" align="center">subjektiver Tatbestand</td></tr>
<tr><td>▶ Vorsatz
▶ Absicht, Falschgeld
• als echt in Verkehr zu bringen = Weitergabe an Gutgläubige
• solches Inverkehrbringen zu ermöglichen = Weitergabe an Eingeweihte</td><td>▶ Vorsatz
▶ Absicht wie bei Nr. 1</td><td>▶ Vorsatz</td></tr>
</table>

R.widrigkeit	allgemeine Grundsätze
Schuld	allgemeine Grundsätze

Banden- oder gewerbsmäßige Geldfälschung, § 146 II
(vorsatzbedürftige/rein subjektive Qualifikation)

Aufbau wie bei § 146 I; qualifizierende Umstände:

• im objektiven und subjektiven Tatbestand: Tatbegehung durch Mitglied einer Bande, die sich zur fortgesetzten Begehung einer Geldfälschung (= mehrere selbstständige Handlungen) verbunden hat
• nur im subjektiven Tatbestand: Gewerbsmäßigkeit

C. Delikte	2.	Straftaten gegen den Geld- und Wertzeichenverkehr
gegen	2.3	Inverkehrbringen von Falschgeld
kollektive		
Rechtsgüter		

Inverkehrbringen von Falschgeld, § 147

	objektiver Tatbestand
Tatbestand	▸ Tatobjekt: falsches Geld etc. (wie bei § 146 ⇨ S. 127)
	▸ Tathandlung: Inverkehrbringen als echt = nach h.M. Weitergabe an Gutgläubige, aber auch an Eingeweihte
	subjektiver Tatbestand
	▸ Vorsatz

Rechts-widrigkeit	allgemeine Grundsätze

Schuld	allgemeine Grundsätze

Klarstellung „abgesehen von den Fällen des § 146" verdeutlicht Subsidiarität des § 147; selbstständige Strafbarkeit hieraus in folgenden Fällen:

⇨ Täter hat objektiven Tatbestand des § 146 I Nr. 2 erfüllt, aber beim Sichverschaffen keinen Vorsatz bezüglich Falschgeldeigenschaft besessen;

⇨ Täter hat objektiven Tatbestand des § 146 I Nr. 1/2 vorsätzlich erfüllt, aber Absicht des Inverkehrbringens erst später gefasst;

⇨ Täter hat § 146 I Nr. 1/2 nicht schuldhaft begangen.

C. Delikte gegen kollektive Rechtsgüter	2. Straftaten gegen den Geld- und Wertzeichenverkehr 2.4 Fälschung von Zahlungskarten, Schecks und Wechseln

Fälschung von Zahlungskarten, Schecks und Wechseln, § 152 a I, IV

<table>
<tr><td rowspan="9">Tatbestand</td><td colspan="2" align="center">objektiver Tatbestand</td></tr>
<tr>
<td align="center">Herstellungs- und Verfälschungs-
mod., § 152 a I Nr. 1</td>
<td align="center">Gebrauchs- und Überlassungs-
mod., § 152 a I Nr. 2</td>
</tr>
<tr>
<td>▶ Tatprodukt:</td>
<td>▶ Tatobjekt:</td>
</tr>
<tr>
<td colspan="2">
• inländische/ausländische Zahlungskarten (Def. in IV), die
  IV Nr. 1: von einem Kredit-/Finanzdienstleistungsinstitut (i.S.d. § 1 I, I a KWG) herausgegeben wurden und
  IV Nr. 2: durch Ausgestaltung/Codierung besonders gegen Nachahmung gesichert sind.
Hinweis: Erfasst werden nur Zahlungskarten ohne Garantiefunktion, z.B. Kunden- oder Bankkarten im „Zwei-Partner-System"; für Karten mit Garantiefunktion ist der speziellere § 152 b ⇨ S. 130 einschlägig.
• Schecks (str., ob auch Scheckvordrucke erfasst werden)
• Wechsel
[auch wenn sich Tat nur auf jeweils ein Stück bezieht]
</td>
</tr>
<tr>
<td>▶ Tathandlung:</td>
<td>▶ Tathandlung:</td>
</tr>
<tr>
<td>
• Nachmachen (wie bei § 146 ⇨ S. 127)
• Verfälschen (wie bei §§ 267–269 ⇨ S. 112 ff.; auch wenn die Verfälschung nur auf elektronischen Zahlungsverkehr gerichtet ist)
</td>
<td>
• Sichverschaffen/einem anderen verschaffen
• Feilhalten
• einem anderen überlassen
• Gebrauchen (wie bei § 146 ⇨ S. 127)
</td>
</tr>
<tr><td colspan="2" align="center">subjektiver Tatbestand</td></tr>
<tr>
<td colspan="2">
▶ Vorsatz
▶ Absicht
  • eigener Täuschung im Rechtsverkehr
  • Täuschung im Rechtsverkehr zu ermöglichen = durch Weitergabe an Eingeweihte } mit Gleichstellungsklausel des § 270
</td>
</tr>
</table>

Rechtswidrigkeit	allgemeine Grundsätze

Schuld	allgemeine Grundsätze

Banden- oder gewerbsmäßige Fälschung von Zahlungskarten, Schecks und Wechseln, § 152 a III
(vorsatzbedürftige/rein subjektive Qualifikation)
Aufbau wie bei § 152 a I; qualifizierende Umstände:
• im obj. und subj. Tatbestand: Tatbegehung durch Mitglied einer Bande, die sich zur fortgesetzten Begehung (= mehrere selbstständige Handlungen) von Straftaten nach § 152 a I verbunden hat;
• nur im subjektiven Tatbestand: Gewerbsmäßigkeit

Vorbereitung der Fälschung von Zahlungskarten, Schecks und Wechseln, § 152 a V:
in den entsprechenden Fällen des § 149

C. Delikte gegen kollektive Rechtsgüter	2. Straftaten gegen den Geld- und Wertzeichenverkehr 2.5 Fälschung von Zahlungskarten mit Garantiefunktion und Vordrucken für Euroschecks

Fälschung von Zahlungskarten mit Garantiefunktion und Vordrucken für Euroschecks, § 152 b I, IV

	objektiver Tatbestand	
Tatbestand	Herstellungs- und Verfälschungsmod., § 152 b I Nr. 1	Gebrauchs- und Überlassungsmod., § 152 b I Nr. 2
	▸ Tatprodukt:	▸ Tatobjekt:
	• inländische/ausländische Zahlungskarten mit Garantiefunktion (Def. in IV): Kreditkarten/Euroscheckkarten (die durch das Maestro-System eine Garantiefunktion besitzen)/sonstige Karten, die – ermöglichen, den Aussteller im Zahlungsverkehr zu einer garantierten Zahlung zu veranlassen, und – durch Ausgestaltung/Codierung besonders gegen Nachahmung gesichert sind • Vordrucke für Euroschecks (betrifft wegen Auslaufens des EC-Systems zum 31.12.2001 nur noch Altfälle) [auch wenn sich Tat nur auf jeweils ein Stück bezieht]	
	▸ Tathandlung: • Nachmachen (wie bei § 146 ⇨ S. 127) • Verfälschen (wie bei §§ 267–269 ⇨ S. 112 ff.; auch wenn die Verfälschung nur auf elektronischen Zahlungsverkehr gerichtet ist)	▸ Tathandlung: • Sichverschaffen/einem anderen verschaffen • Feilhalten • einem anderen überlassen • Gebrauchen (wie bei § 146 ⇨ S. 127)

	subjektiver Tatbestand
	▸ Vorsatz ▸ Absicht • eigener Täuschung im Rechtsverkehr • Täuschung im Rechtsverkehr zu ermöglichen = durch Weitergabe an Eingeweihte } mit Gleichstellungsklausel des § 270

Rechtswidrigkeit	allgemeine Grundsätze

Schuld	allgemeine Grundsätze

Banden- oder gewerbsmäßige Fälschung von Zahlungskarten mit Garantiefunktion und Vordrucken für Euroschecks, § 152 b II (vorsatzbedürftige/rein subjektive Qualifikation)
Aufbau wie bei § 152 b I; qualifizierende Umstände:
• im obj. und subj. Tatbestand: Tatbegehung durch Mitglied einer Bande, die sich zur fortgesetzten Begehung (= mehrere selbstständige Handlungen) von Straftaten nach § 152 b I verbunden hat;
• nur im subjektiven Tatbestand: Gewerbsmäßigkeit

Vorbereitung der Fälschung von Zahlungskarten mit Garantiefunktion und Vordrucken für Euroschecks, § 152 b V: in den entsprechenden Fällen des § 149

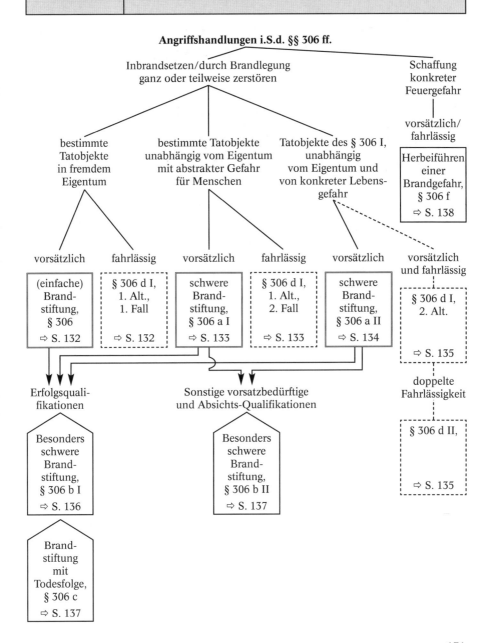

C. Delikte gegen kollektive Rechtsgüter	3. Straftaten zum Schutz vor Feuergefahren 3.2 Vorsätzliche und fahrlässige (einfache) Brandstiftung

Brandstiftung, § 306 (qual. Sachbeschädigungs- u. abstraktes Gefährdungsdelikt)

<table>
<tr><td rowspan="4">Tatbestand</td><td colspan="2" align="center">objektiver Tatbestand</td></tr>
<tr><td colspan="2">

▸ Tatobjekte:
  – Katalog des I:
  • Nr. 1: Gebäude/Hütten
  • Nr. 2: Betriebsstätten/technische Einrichtungen, speziell Maschinen
  • Nr. 3: Warenlager/-vorräte
  • Nr. 4: Kraft-/Schienen-/Luft-/Wasserfahrzeuge
  • Nr. 5: Wälder/Heiden/Moore
  • Nr. 6: Anlagen oder Erzeugnisse der Land-/Ernährungs-/ Forstwirtschaft
  – fremdes Eigentum des Objekts
  – teleologischer Ausschluss solcher Objekte, die nur unerheblichen Wert verkörpern und von denen im Brandfall keinerlei Gemeingefahr ausgeht (str.)
▸ Tathandlungen:

</td></tr>
<tr><td colspan="2">

• I 1. Alt.: Inbrandsetzen = Sache bzw. deren wesentliche Bestandteile derart vom Feuer erfassen lassen, dass sie auch ohne den Zündstoff selbstständig weiterbrennen können
• I 2. Alt.: durch Brandlegung ganz oder teilweise zerstören = jede durch typische Gefahren des Versuchs der Brandstiftung bewirkte Unbrauchbarmachung der ganzen Sache oder ihrer funktionell selbstständigen Teile, d.h. Zerstörung nicht nur durch helle Flamme, sondern auch durch Explosion, Verpuffung, Schwelbrand

</td></tr>
<tr><td colspan="2" align="center">subjektiver Tatbestand</td></tr>
</table>

Vorsatz

Rechts-widrigkeit	⚠ Einwilligung des Eigentümers ist Rechtfertigungsgrund

Schuld	allgemeine Grundsätze

Fakultative Straf-milderung/ Absehen von Strafe	Tätige Reue, § 306 e I, III ▸ vollendete Brandstiftung (bei Versuch § 24) ▸ noch kein erheblicher Schaden entstanden ▸ Täter muss Löschung des Brandes bewirkt haben (bei fehlender Kausalität des Täters für das Löschen genügen ernsthafte Löschbemühungen des Täters, III) ▸ Freiwilligkeit

Fahrlässige einfache Brandstiftung, § 306 d I 1. Mod., 1. Fall i.V.m. § 306 I

Aufbau wie § 306; die objektive Fahrlässigkeit und in der Schuld die subjektive Fahrlässigkeit prüfen; beides bezogen auf die Tathandlung des § 306 I; tätige Reue gemäß § 306 e II, III (persönlicher Strafaufhebungsgrund)

Schwere Brandstiftung, § 306 a I (abstrakt-gefährliches Vorsatzdelikt)

Tatbestand

objektiver Tatbestand

Nr. 1:	Nr. 2:	Nr. 3:
▶ Tatobjekte:	▶ Tatobjekte: (unabhängig von den Eigentumsverhältnissen)	▶ Tatobjekte:
– Räumlichkeit, die der Wohnung von Menschen dient, speziell: Gebäude/Schiff/Hütte – im Tatzeitpunkt noch nicht durch den/die Bewohner entwidmet – bei einräumigen Objekten abstrakte Gefahr für Menschen nicht durch Überschaubarkeit und Größe absolut ausgeschlossen	– der Religionsausübung dienendes Gebäude, speziell: Kirche	– Räumlichkeit – zeitweise zum Aufenthalt von Menschen dienend
▶ Tathandlungen:	▶ Tathandlungen:	▶ Tathandlungen:

- I 1. Alt.: Inbrandsetzen = Sache bzw. deren wesentliche Bestandteile derart vom Feuer erfassen lassen, dass sie auch ohne den Zündstoff selbstständig weiterbrennen können

- I 2. Alt.: durch Brandlegung ganz oder teilweise zerstören = jede durch typische Gefahren des Versuchs der Brandstiftung bewirkte Unbrauchbarmachung der ganzen Sache oder ihrer funktionell selbstständigen Teile, d.h. Zerstörung nicht nur durch helle Flamme, sondern auch durch Explosion, Verpuffung, Schwelbrand

> ▶ Ausbruch des Brandes/ Eintritt der Zerstörung zu einer Zeit, während der sich üblicherweise Menschen in den Räumlichkeiten aufhalten

subjektiver Tatbestand

Vorsatz (nicht bzgl. der Gefährdung von Menschen erforderl.; dann ggf. § 306 b II Nr. 1!)

R.widrigkeit

allg. Grundsätze

⚠ Einwilligung des Eigentümers des Tatobjekts wirkt nicht rechtfertigend, da gemeingefährliches Delikt

Schuld

allgemeine Grundsätze

Fakultative Strafmilderung/ Absehen von Strafe

Tätige Reue, § 306 e I, III

▶ vollendete Brandstiftung (bei Versuch § 24)

▶ noch kein erheblicher Schaden entstanden

▶ Täter muss Löschung des Brandes bewirkt haben (bei fehlender Kausalität des Täters für das Löschen genügen ernsthafte Löschbemühungen des Täters, III)

▶ Freiwilligkeit

Fahrlässige schwere Brandstiftung, § 306 d I 1. Mod., 2. Fall i.V.m. § 306 a I

Aufbau wie § 306 a; objektive Fahrlässigkeit und in der Schuld subjektive Fahrlässigkeit prüfen; beides bezogen auf die Tathandlung des § 306 a I; tätige Reue gemäß § 306 e II, III (persönlicher Strafaufhebungsgrund)

Schwere Brandstiftung, § 306 a II
(konkretes Gefährdungs- und Vorsatzdelikt mit Individualschutzcharakter)

Tatbestand	**objektiver Tatbestand**
	
	▸ Tatobjekte:
	
	  – unabhängig von Eigentumsverhältnissen, also auch tätereigene/herrenlose Objekte oder bei Handeln mit Einwilligung des Eigentümers des Tatobjekts
	  – Katalog des § 306 a II i.V.m. § 306 I:
	  • Nr. 1: Gebäude/Hütten
	  • Nr. 2: Betriebsstätten/technische Einrichtungen, speziell Maschinen
	  • Nr. 3: Warenlager/-vorräte
	  • Nr. 4: Kraft-/Schienen-/Luft-/Wasserfahrzeuge
	  • Nr. 5: Wälder/Heiden/Moore
	  • Nr. 6: Anlagen oder Erzeugnisse der Land-/Ernährungs-/Forstwirtschaft
	
	▸ Tathandlungen:
	
	  • 1. Alt.: Inbrandsetzen = Sache bzw. deren wesentliche Bestandteile derart vom Feuer erfassen lassen, dass sie auch ohne den Zündstoff selbstständig weiterbrennen können
	  • 2. Alt.: durch Brandlegung ganz oder teilweise zerstören = jede durch typische Gefahren des Versuchs der Brandstiftung bewirkte Unbrauchbarmachung der ganzen Sache oder ihrer funktionell selbstständigen Teile, d.h. Zerstörung nicht nur durch helle Flamme, sondern auch durch Explosion, Verpuffung, Schwelbrand
	
	▸ Eintritt einer konkreten Gefahr der Gesundheitsschädigung eines anderen = vom Täter verschiedenen Menschen
	▸ spezifischer Risikozusammenhang zwischen Tathandlung und konkreter Gefährdung
	
	subjektiver Tatbestand
	
	Vorsatz sowohl in Bezug auf die Tathandlung als auch auf den Eintritt der konkreten Gefahr

Rechts-widrigkeit	allg. Grundsätze ⚠ Einwilligung des Gefährdeten in die Gefährdung wirkt nach h.M. rechtfertigend, da Individualschutzdelikt
Schuld	allgemeine Grundsätze
Fakultative Straf-milderung/ Absehen von Strafe	Tätige Reue, § 306 e I, III ▸ vollendete Brandstiftung (bei Versuch § 24) ▸ noch kein erheblicher Schaden entstanden ▸ Täter muss Löschung des Brandes bewirkt haben (bei fehlender Kausalität des Täters für das Löschen genügen ernsthafte Löschbemühungen des Täters, III) ▸ Freiwilligkeit

Vorsätzlich-fahrlässige (konkret gefährliche) schwere Brandstiftung, § 306 d I 2. Mod. i.V.m. § 306 a II

Aufbau wie § 306 a II; Vorsatz nur auf Tathandlung des § 306 a II beziehen; Eintritt der konkreten Gefährdung und objektive Fahrlässigkeit bzgl. Gefährdung ermitteln; in der Schuld subjektive Vorhersehbarkeit bzgl. Gefährdung prüfen; gemäß § 306 e II, III tätige Reue (persönlicher Strafaufhebungsgrund)

Fahrlässige (konkret gefährliche) schwere Brandstiftung, § 306 d II i.V.m. § 306 a II

Aufbau grds. wie § 306 a II; objektive Fahrlässigkeit bzgl. Tathandlung des § 306 a II und Gefahreintritt; objektive Vorhersehbarkeit der Gefährdung prüfen; in der Schuld subjektive Fahrlässigkeit und subjektive Vorhersehbarkeit der Gefährdung prüfen; bzgl. Tathandlungen des § 306 a II und gemäß § 306 e II, III tätige Reue (persönlicher Strafaufhebungsgrund)

Besonders schwere Brandstiftung, § 306 b I (Erfolgsqualifikation zu §§ 306, 306 a)

Tatbestand	▸ objektiver und subjektiver Tatbestand • einer Tat nach § 306 I (⇨ S. 132) • oder einer Tat nach § 306 a I (⇨ S. 133) • oder einer Tat nach § 306 a II (⇨ S. 134) ▸ Eintritt der schweren Folge: • schwere Gesundheitsschädigung eines vom Täter verschiedenen, anderen Menschen • (einfache) Gesundheitsschädigung einer großen Zahl von Menschen (Rspr.: schon 14 Personen genügen) ▸ Kausalzusammenhang zwischen Grunddelikt nach § 306/§ 306 a und schwerer Folge ▸ objektiv (wenigstens, § 18) einfache Fahrlässigkeit hinsichtlich der schweren Folge, d.h. auch Vorsatz ▸ tatbestandsspezifischer Gefahrzusammenhang zwischen Brandstiftung und schwerer Folge
Rechtswidrigkeit	allg. Grundsätze ⚠ Einwilligungen wirken nicht rechtfertigend, da gemeingefährliches Delikt
Schuld	▸ allg. Grundsätze ▸ subj. wenigstens Fahrlässigkeitsschuld bzgl. der schweren Folge; entfällt bei Vorsatz bzgl. der schweren Folge
Fakultative Strafmilderung/ Absehen von Strafe	Tätige Reue, § 306 e I, III ▸ vollendete Brandstiftung (bei Versuch § 24) ▸ noch kein erheblicher Schaden entstanden ▸ Täter muss Löschung des Brandes bewirkt haben (bei fehlender Kausalität des Täters für das Löschen genügen ernsthafte Löschbemühungen des Täters, III) ▸ Freiwilligkeit

Besonders schwere Brandstiftung, § 306 b II Nr. 1
(vorsatzbedürftige Gefährdungsqualifikation zu § 306 a I)

Aufbau grds. wie § 306 b I (Tatobjekt kann über § 306 a II auch ein solches i.s.d. § 306 I sein); anstelle der in § 306 b I genannten Gefährdungen muss ein anderer Mensch in die konkrete Gefahr des Todes gebracht worden sein; Vorsatz bzgl. der konkreten Todesgefahr; tätige Reue gemäß § 306 e I, III (fakultatives Absehen von Strafe/Strafmilderung)

Besonders schwere Brandstiftung, § 306 b II Nr. 2
(Absichtsqualifikation zu § 306 a)

Aufbau grds. wie § 306 a I/II; im subjektiven Tatbestand nach dem Vorsatz die qualifizierende Absicht prüfen, nämlich: Absicht, eine andere Straftat zu ermöglichen (insbes. Brandversicherungsbetrug)/zu verdecken (wie bei § 211); tätige Reue gemäß § 306 e I, III (fakultatives Absehen von Strafe/Strafmilderung)

Besonders schwere Brandstiftung, § 306 b II Nr. 3
(vorsatzbedürftige Qualifikation zu § 306 a)

Aufbau grds. wie § 306 a I/II; im objektiven Tatbestand als zusätzlicher qualifizierender Umstand: das Löschen des Brandes verhindern/erschweren; im subjektiven Tatbestand Vorsatz bezüglich der qualifizierenden Umstände; tätige Reue gemäß § 306 e I, III (fakultatives Absehen von Strafe/Strafmilderung)

Brandstiftung mit Todesfolge, § 306 c (Erfolgsqualifikation zu §§ 306–306 b ⇨ allg. S. 203)

Als Grunddelikt § 306/§ 306 a I prüfen. Erfolgsqualifizierend wirkt der Tod eines anderen Menschen; diesbezüglich im objektiven Tatbestand wenigstens objektiv leichtfertiges Handeln des Täters erforderlich; in der Schuld wenigstens subjektive Leichtfertigkeit prüfen.

(Vorsätzliche) Herbeiführung einer Brandgefahr, § 306 f I, II

objektiver Tatbestand

Tatbestand

§ 306 f I

▸ Tatobjekte:
- Katalog des I
  - Nr. 1: feuergefährdete Betriebe/ Anlagen
  - Nr. 2: Anlagen/Betriebe der Ernährungswirtschaft, in denen sich deren Erzeugnisse befinden
  - Nr. 3: Wälder/Heiden/Moore
  - Nr. 4: bestellte Felder/leicht entzündliche Erzeugnisse der Landwirtschaft, die auf Feldern lagern
- in fremdem Eigentum

▸ Taterfolg: konkrete Brandgefahr
▸ Tathandlung:

§ 306 f II

▸ Tatobjekte:

Katalog des I

- unabängig von Eigentumsverhältnissen am Tatobjekt

▸ Taterfolg: konkrete Brandgefahr
▸ Tathandlung:

jede zurechenbare Verursachung, speziell durch: Rauchen/offenes Feuer/ Licht/Wegwerfen brennender o. glimmender Gegenstände

▸ Eintritt einer konkreten Gefahr
  - für Leib/Leben eines anderen Menschen
  - für fremde Sachen von bedeutendem Wert (1.300 €)
▸ spezifischer Risikozusammenhang zwischen Tathandlung und weiterer Gefährdung

subjektiver Tatbestand

▸ Vorsatz

▸ Vorsatz, auch bezüglich der weitergehenden Gefährdung

R.widrigkeit

▸ Einwilligung möglich

▸ allg. Grundsätze

Schuld

▸ allgemeine Grundsätze

▸ allgemeine Grundsätze

(Fahrlässige) Herbeiführung der Brandgefahr, § 306 f I i.V.m. III 1. Alt.

Aufbau wie § 306 f I; objektive Fahrlässigkeit und in der Schuld subjektive Fahrlässigkeit prüfen; beides bezogen auf die jeweilige Tathandlung

(Vorsätzlich-fahrlässige) Herbeiführung der Brandgefahr, § 306 f II i.V.m. III 2. Alt.

Aufbau wie § 306 f II; Vorsatz aber nur auf die Herbeiführung der Brandgefahr (durch Rauchen, offenes Feuer ...) beziehen und vor der Gefährdung prüfen. Danach Eintritt des weiteren Gefährdungserfolgs (Leibes-/Lebensgefahr ...) und objektive Vorhersehbarkeit diesbezüglich prüfen. In der Schuld zusätzlich subjektive Vorhersehbarkeit bezüglich der weitergehenden Gefährdung prüfen.

	zu anderen Brandstiftungsdelikten	**zu anderen Tatbeständen**
§ 306	wird von § 306 a I Nr. 1 als gesetzeskonkurrierend verdrängt (Konsumtion) wird von § 306 b, c als gesetzeskonkurrierend verdrängt zu § 306 a II und § 306 d I, 2. Alt. Tateinheit	verdrängt als gesetzeskonkurrierend §§ 305, 306 am Tatobjekt des § 306 (Spezialität) sonst (insbes. §§ 304, 305 a, 265) Tateinheit
§ 306 a I	zu § 306 a II Tateinheit wird von §§ 306 b I, II Nr. 1, 306 c als gesetzeskonkurrierend verdrängt	zu §§ 223 ff. Tateinheit
§ 306 b I	zu § 306 b II Tateinheit möglich	
§ 306 c	verdrängt als gesetzeskonkurrierend die §§ 306–306 b I, II Nr. 1, 222 zu § 306 b II Nr. 2, 3 Tateinheit	zu §§ 212, 211 Tateinheit

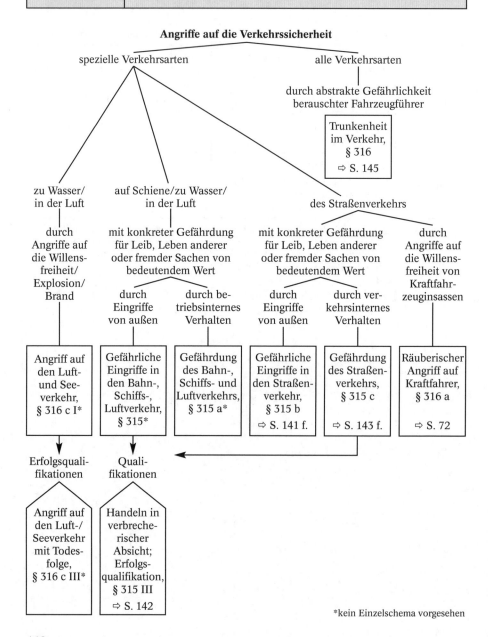

Angriffe auf die Verkehrssicherheit

spezielle Verkehrsarten — alle Verkehrsarten

durch abstrakte Gefährlichkeit berauschter Fahrzeugführer

Trunkenheit im Verkehr, § 316
⇨ S. 145

zu Wasser/ in der Luft — auf Schiene/zu Wasser/ in der Luft — des Straßenverkehrs

durch Angriffe auf die Willensfreiheit/ Explosion/ Brand

mit konkreter Gefährdung für Leib, Leben anderer oder fremder Sachen von bedeutendem Wert
- durch Eingriffe von außen
- durch betriebsinternes Verhalten

mit konkreter Gefährdung für Leib, Leben anderer oder fremder Sachen von bedeutendem Wert
- durch Eingriffe von außen
- durch verkehrsinternes Verhalten

durch Angriffe auf die Willensfreiheit von Kraftfahrzeuginsassen

| Angriff auf den Luft- und See- verkehr, § 316 c I* | Gefährliche Eingriffe in den Bahn-, Schiffs-, Luftverkehr, § 315* | Gefährdung des Bahn-, Schiffs- und Luftverkehrs, § 315 a* | Gefährliche Eingriffe in den Straßen- verkehr, § 315 b ⇨ S. 141 f. | Gefährdung des Straßen- verkehrs, § 315 c ⇨ S. 143 f. | Räuberischer Angriff auf Kraftfahrer, § 316 a ⇨ S. 72 |

Erfolgsqualifikationen — Qualifikationen

| Angriff auf den Luft-/ Seeverkehr mit Todes- folge, § 316 c III* | Handeln in verbreche- rischer Absicht; Erfolgs- qualifikation, § 315 III ⇨ S. 142 |

*kein Einzelschema vorgesehen

Gefährl. Eingriff in den Straßenverkehr, § 315 b I (konkretes Gefährdungsdelikt)

Tatbestand

objektiver Tatbestand

- Tathandlungen:
  - Eingriff = von außen in den Verkehr hineinwirkende Handlung; nicht dagegen verkehrsinterne Verhaltensweisen; Rückausnahme, also Eingriffscharakter zu bejahen, wenn:
    - -- grobe Einwirkung von einigem Gewicht auf den Verkehrsablauf; Fahrzeug als Waffe eingesetzt, oder um damit – äußerlich verkehrsgerecht – einen Unfall zu provozieren!
    - -- subj.: Bewusstsein d. Zweckentfremdg., verkehrsfeindl. Absicht und – zumindest bedingter – Schädigungsvorsatz
  - Tatmodalitäten:
    - Nr. 1: Anlagen/Fahrzeuge zerstören/beschädigen (wie bei § 303 ⇨ S. 74)/beseitigen
    - Nr. 2: Hindernisse bereiten (auch durch Unterlassen!)
    - Nr. 3: Vornehmen eines ähnlichen, ebenso gefährlichen Eingriffs (wie Nr. 1/2)
- dadurch
- Beeinträchtigung der Sicherheit des Straßenverkehrs (mit Erweiterungsklausel des § 315 d) (= Auswirkung des Eingriffs im faktisch öffentlichen Verkehrsraum)
- dadurch
- Eintritt einer konkreten Gefährdung = unfallträchtige Situation
  - für Leib/Leben eines anderen, der nicht Tatbeteiligter ist
  - für eine (täter-)fremde Sache von bedeutendem Wert = ab ca. 1.300 €, nicht aber das vom Täter geführte Fahrzeug, selbst wenn es in fremdem Eigentum steht

[„dreistufiger" Tatbestand, der nach der Rspr. aber keine zeitlich abgestufte Reihenfolge voraussetzt (d.h. abstrakte und konkrete Gefährdung können zeitlich zusammenfallen)]

- spezifischer Risikozusammenhang zwischen Tathandlung und konkreter Gefährdung

subjektiver Tatbestand

Vorsatz sowohl in Bezug auf die Tathandlung als auch auf den Eintritt der konkreten Gefahr

R.widrigkeit

allgemeine Grundsätze

Schuld

allgemeine Grundsätze

Fakultative Strafmilderung/ Absehen von Strafe

Tätige Reue, § 320 II Nr. 2
- vollendeter gefährlicher Eingriff in den Straßenverkehr
- noch kein erheblicher Schaden
- Täter muss Gefahr abgewendet haben (bei fehlender Kausalität des Täters f. die Gefahrabwendung genügt ernsthaftes Bemühen d. Täters, IV)
- Freiwilligkeit

(Vorsätzlich-fahrlässiger) **Eingriff in den Straßenverkehr, § 315 b I i.V.m. IV**

Aufbau wie § 315 b I; Regeln zum verkehrsfeindlichen Eingriff in dieser Deliktsvariante nicht anwendbar (weil Schädigungsvorsatz fehlt); Vorsatz nur auf die Tathandlung beziehen und unmittelbar nach der Tathandlung prüfen. Danach Eintritt der konkr. Gefährdung und anschließend obj. Sorgfaltspflichtverletzung bei obj. Voraussehbarkeit der Gefährdung ermitteln. In der Schuld zusätzl. subj. Sorgfaltsverstoß bei subj. Voraussehbarkeit der Gefährdung prüfen. Gemäß § 320 II Nr. 2, IV tätige Reue (fakultative Strafmilderung/Absehen von Strafe)

(Fahrlässiger) **Eingriff in den Straßenverkehr, § 315 b I i.V.m. V**

Aufbau wie § 315 b I; Regeln zum verkehrsfeindlichen Eingriff in dieser Deliktsvariante nicht anwendbar (weil Schädigungsvorsatz fehlt); anstelle des dort vorausgesetzten subjektiven Tatbestandes die objektive Sorgfaltspflichtverletzung der Tathandlung bei objektiver Voraussehbarkeit des Gefährdungserfolgs prüfen. In der Schuld anstelle der Vorsatzschuld subjektiven Sorgfaltsverstoß bezüglich der Tathandlung bei subjektiver Voraussehbarkeit des Gefährdungserfolgs prüfen. Gemäß § 320 III Nr. 1 b, IV tätige Reue (persönlicher Strafaufhebungsgrund)

Gefährlicher Eingriff in den Straßenverkehr in verbrecherischer Absicht, § 315 b I i.V.m. III i.V.m. § 315 III Nr. 1 (Absichtsqualifikation)

Aufbau wie § 315 b I. Im subj. Tatbestand nach dem Vorsatz qualifizierende Absicht prüfen, nämlich:

▶ Nr. 1 a: einen Unglücksfall (wie bei § 323 c ⇨ S. 147) herbeizuführen

▶ Nr. 1 b: eine andere Straftat zu ermöglichen/zu verdecken (wie bei § 211 ⇨ S. 4)

Gemäß § 320 II Nr. 2, IV tätige Reue (fakultative Strafmilderung/Absehen von Strafe)

Gefährlicher Eingriff in den Straßenverkehr mit schwerer Folge, § 315 b I i.V.m. III i.V.m. § 315 III Nr. 2 (Erfolgsqualifikation; allg. ⇨ S. 203)

Als Grunddelikt § 315 b I prüfen; erfolgsqualifizierende Umstände als spezifische Tatfolge:

• Eintritt schwerer Gesundheitsschädigung eines anderen

• Eintritt (einfacher) Gesundheitsschädigung einer großen Zahl von Menschen

Diesbezüglich genügt objektiv und subjektiv einfache Fahrlässigkeit, § 18.

Gefährdung des Straßenverkehrs, § 315 c I
(eigenhändiges konkretes Gefährdungsdelikt)

Tatbestand

objektiver Tatbestand

▸ Tathandlungen:

– Tatausführung i. Straßenverkehr (mit Erweiterungsklausel d. § 315 d)
  = im faktisch öffentlichen Verkehrsraum

– Tatmodalitäten:

Nr. 1 a: – Fahrzeug führen (= Bewegung des Fahrzeugs unter Beherrschung seiner technischen Funktionen)

– absolute Fahruntüchtigkeit infolge Alkohols/and. berauschender Mittel (= bei Kraftfahrzeugen 1,1 ‰ BAK; bei Fahrrädern 1,6 ‰ BAK)/relative Fahruntüchtigkeit (= Alkoholisierung ab 0,3 ‰ BAK und alkoholbedingter Fahrfehler)
    } es genügt entspr. Alkoholmenge im Körper, auch wenn die BAK noch nicht im Tatzeitpunkt, sondern erst später erreicht wurde

Nr. 1 b: – Fahrzeug führen (wie Nr. 1 a)

– Fahruntüchtigkeit infolge geistiger/körperlicher Mängel

- -

Nr. 2 a: – Nichtbeachten der Vorfahrt (§§ 8, 9, 18 StVO)

– grob verkehrswidrig = objektiv besonders schwerer Verstoß

– rücksichtslos = aus Eigensucht/Gleichgültigkeit

Nr. 2 b: – falsch überholen/sonst bei Überholvorgängen falsch fahren (§ 5 StVO)

– grob verkehrswidrig und rücksichtslos (s. Nr. 2 a)

Nr. 2 c: – an Fußgängerüberwegen falsch fahren (§§ 26, 41 III 1 StVO)

– grob verkehrswidrig und rücksichtslos (s. Nr. 2 a)

Nr. 2 d: – an unübersichtl. Stellen/an Straßenkreuzungen/Straßeneinmündungen/Bahnübergängen

– zu schnell fahren (§ 3 StVO)

– grob verkehrswidrig und rücksichtslos (s. Nr. 2 a)

Nr. 2 e: – an unübersichtlichen Stellen

– gegen Rechtsfahrgebot verstoßen (§ 2 StVO)

– grob verkehrswidrig und rücksichtslos (s. Nr. 2 a)

Nr. 2 f: – auf Autobahnen/Kraftfahrstraßen

– Unternehmen (§ 11 I Nr. 6), zu wenden/rückwärts zu fahren (§ 18 VII StVO)/entgegen der Fahrtrichtung zu fahren (= „Geisterfahrer" i.S.d. § 2 I 1 StVO)

– grob verkehrswidrig und rücksichtslos (s. Nr. 2 a)

Nr. 2 g: – Unterlassen von auf ausreichende Entfernung sichtbarer Kenntlichmachung haltender/liegen gebliebener Fahrzeuge

– Erforderlichkeit der Kenntlichmachung zur Sicherung des Verkehrs

– grob verkehrswidrig und rücksichtslos (s. Nr. 2 a)

Gefährdung des Straßenverkehrs, § 315 c I (Fortsetzung)

Tatbestand

- ▶ dadurch
- ▶ Eintritt einer konkreten Gefährdung (wie bei § 315 b ⇨ S. 142)
- ▶ spezifischer Risikozusammenhang zwischen Tathandlung und konkr. Gefährdung

> Bei Trunkenheitsfahrt für tatunbeteiligte Beifahrer und mitgeführte Sachen von bedeutendem Wert auch schon dann konkrete Gefährdung zu bejahen, wenn der Fahrer infolge des Grades seiner Alkoholisierung zu kontrollierter Betätigung der wesentlichen technischen Einrichtungen nicht in der Lage war.

subjektiver Tatbestand

Vorsatz sowohl in Bezug auf die Tathandlung als auch den Eintritt der konkreten Gefahr

Rechts-widrigkeit

allg. Grundsätze

⚠ Einwilligung des tatunbeteiligten Beifahrers wirkt nicht rechtfertigend, da gemeingefährliches Delikt

Schuld

allgemeine Grundsätze

(Vorsätzlich-fahrlässige) Gefährdung des Straßenverkehrs, § 315 c I i.V.m. III Nr. 1
(eigenhändiges konkretes Gefährdungsdelikt)

Aufbau wie § 315 c I; Vorsatz aber nur auf die Tathandlung beziehen und unmittelbar nach der Tathandlung prüfen. Danach Eintritt der konkreten Gefährdung und anschließend objektive Sorgfaltspflichtverletzung bei objektiver Voraussehbarkeit der Gefährdung ermitteln. In der Schuld zusätzlich subjektiven Sorgfaltsverstoß bei subjektiver Voraussehbarkeit der Gefährdung prüfen.

(Fahrlässige) Gefährdung des Straßenverkehrs, § 315 c I i.V.m. III Nr. 2
(eigenhändiges konkretes Gefährdungsdelikt)

Aufbau wie § 315 c I; anstelle des dort vorausgesetzten subjektiven Tatbestandes die objektive Sorgfaltspflichtverletzung bei der Tathandlung bei objektiver Voraussehbarkeit der Gefährdung ermitteln. In der Schuld anstelle der Vorsatzschuld subjektiven Sorgfaltsverstoß bezüglich der Tathandlung bei subjektiver Voraussehbarkeit der Gefährdung prüfen.

Trunkenheit im Verkehr, § 316 I (eigenhändiges abstraktes Gefährdungsdelikt)

Tatbestand	**objektiver Tatbestand**
	▸ Tatausführung im Bahn-/Schiffs-/Luft-/Straßenverkehr
	▸ Tathandlung:
	  – Fahrzeug führen ⎱ wie bei § 315 c I
	  – absolute/relative Fahruntüchtigkeit ⎰ Nr. 1 a (⇨ S. 143)
	
	subjektiver Tatbestand
	Vorsatz

Rechtswidrigkeit	allgemeine Grundsätze
Schuld	allgemeine Grundsätze

⎡ Formelle Subsidiarität des § 316 gegenüber § 315 a / § 315 c   ⎤

Fahrlässige Trunkenheit im Verkehr, § 316 II (eigenhändiges abstraktes Gefährdungsdelikt)

Aufbau wie § 316 I; anstelle des dort vorausgesetzten subjektiven Tatbestandes objektive Sorgfaltspflichtverletzung ermitteln; in der Schuld anstelle der Vorsatzschuld subjektiven Sorgfaltsverstoß bezüglich der Tathandlung prüfen.

C. Delikte gegen kollektive Rechtsgüter	5. Schutztatbestand vor gefährlichen Rauschtätern – Vollrausch

Vollrausch, § 323 a (eigenhändiges Delikt) s. auch ⇨ S. 223 f.

Tatbestand	objektiver Tatbestand
	▸ Rausch = Zustand akuter Intoxikation durch Alkohol oder andere Rauschmittel, der nach h.M. so stark sein muss, dass sicher verminderte Schuldfähigkeit, möglicherweise sogar Schuldunfähigkeit gegeben ist
	▸ Tathandlung: Sich-in-den-Rausch-Versetzen
	subjektiver Tatbestand
	▸ Vorsatz
	▸ Erkennbarkeit der generellen Gefahr, dass es durch den Rausch zu Rechtsverletzungen kommen kann

objektive Strafbarkeitsbedingung

Rauschtat = Verhalten, das den objektiven und subjektiven Tatbestand einer vollendeten/ versuchten Straftat verwirklicht, rechtswidrig ist und schuldhaft gewesen wäre, wenn der Täter nicht, zumindest nicht ausschließbar, schuldunfähig gewesen wäre. Zwischen mehreren Rauschtaten brauchen keine Konkurrenzen gebildet zu werden.

Rechts- widrigkeit	des Sichberauschens, allg. Grundsätze

Schuld	des Sichberauschens, allg. Grundsätze

Verfolgbarkeit	Strafantrag erforderlich, wenn auch Rauschtat Antragsdelikt, § 323 a III

Die Gesetzesformulierung „und ihretwegen nicht bestraft werden kann" enthält Hinweis auf Subsidiarität des § 323 a hinsichtlich der Rauschtaten, die i.V.m. actio libera in causa strafbar sind (sofern diese noch anwendbar ist). Dies gilt aber nur, wenn actio libera in causa-Tat und Rauschtat in Unrecht und Vorwerfbarkeitsform identisch sind.

Fahrlässiger Vollrausch, § 323 a

Aufbau wie Vorsatztat; anstelle des subj. Tatbestandes obj. Sorgfaltswidrigkeit und Voraussehbarkeit des Rausches und der rauschbedingten Möglichkeit einer Straftatbegehung prüfen; in der Schuld anstelle der Vorsatzschuld subj. Sorgfaltswidrigkeit und Voraussehbarkeit des Rausches und der rauschbedingten Möglichkeit einer Straftatbegehung ermitteln.

Unterlassene Hilfeleistung, § 323 c (echtes Unterlassungsdelikt)

Tatbestand

objektiver Tatbestand

▸ Vorliegen einer bestimmten Gefahrensituation (bei obj. ex post-Betrachtung):
  • Unglücksfall = plötzliches Ereignis, das erhebliche Gefahren für Personen oder Sachen von bedeutendem Wert mit sich bringt oder zu bringen droht
  • gemeine Gefahr
  • gemeine Not
▸ Tathandlung:
  – Unterlassen von Hilfeleistung
  – Erforderlichkeit (bei objektiver ex ante-Betrachtung)
  – Zumutbarkeit nach den Umständen, insbes. unter Berücksichtigung kollid. Interessen

subjektiver Tatbestand

Vorsatz

R.widrigkeit

allgemeine Grundsätze

Schuld

allgemeine Grundsätze

Missbrauch von Notrufen und Beeinträchtigung von Unfallverhütungs- und Nothilfemitteln, § 145

Tatbestand

objektiver Tatbestand

• I Nr. 1:
  – Tatobjekte: Notrufe/Notzeichen
  – Tathandlung: Missbrauch
• I Nr. 2:
  Tathandlung: Täuschung über die Erforderlichkeit fremder Hilfe wegen eines Unglücksfalls/gemeiner Gefahr (wie bei § 323 c; z.B. bei Bombenattrappe)
• II Nr. 1:
  – Tatobjekte: Warn-/Verbotszeichen, die zur Verhütung von Unglücksfällen/gemeiner Gefahr dienen
  – Tathandlungen: Beseitigen/Unkenntlichmachen/in ihrem Sinn entstellen
• II Nr. 2:
  – Tatobjekte: zur Verhütung von Unglücksfällen oder gemeiner Gefahr dienende Schutzvorrichtungen/Rettungsgeräte oder andere Sachen, die zur Hilfeleistung bei Unglücksfällen oder gemeiner Gefahr dienen
  – Tathandlungen: Beseitigen/Verändern/Unbrauchbarmachen

subjektiver Tatbestand

Absicht (dolus directus I)/Wissentlichkeit (dolus directus II)

R.widrigkeit

allgemeine Grundsätze

Schuld

allgemeine Grundsätze

Formelle Subsidiarität gegenüber § 303/§ 304

147

Nichtanzeige geplanter Straftaten, § 138 I/II (echtes Unterlassungsdelikt) unter Berücksichtigung des § 139 (geändert durch 37. StRÄndG v. 11.02.2005, BGBl. I, S. 239 ff., in Kraft seit 19.02.2005)

Tatbestand	**objektiver Tatbestand**
	Tatmodalitäten I:
	▶ Tatbezug:
	– Katalogtat:
	• Nr. 1: § 80
	• Nr. 2: §§ 81–83 I
	• Nr. 3: §§ 94–96/97 a/100
	• Nr. 4: §§ 146/151/152/152 b I–III
	• Nr. 5: §§ 211/212/6–12 VölkerStGB
	• Nr. 6: §§ 232 III–V/233 III/234/234 a/239 a/239 b
	• Nr. 7: §§ 249–251/255
	• Nr. 8: §§ 306–306 c/307 I–III/308 I–IV/309 I–V/310/313/314/315 III/ 315 b III/316 a/316 c
	– Stadium der Bezugstat:
	• Vorhaben = ernstlicher Plan der Tatbegehung/Beteiligung
	• Ausführung = Versuchsbeginn bis Beendigung
	⚠ nicht bei untauglichem Versuch
	▶ Tathandlung: Nichtanzeige trotz Anzeigepflicht
	– Entstehen d. Anzeigepflicht: glaubh. Kenntniserlangung von der Bezugstat zu einer Zeit, zu der die Ausführung/der Erfolg noch abgewendet werden kann
	– persönliche Grenzen der Anzeigepflicht:
	• für den Bedrohten der Bezugstat
	• für an der Straftat/an deren Vorbereitung/Planung Beteiligte ggf. auch durch Unterlassen
	– pflichtwidriges Verhalten:
	-- Nichtanzeige
	-- gegenüber der Behörde/dem Bedrohten
	-- rechtzeitig = sodass Verhinderung der Straftat noch möglich wäre
	Tatmodalitäten II:
	▶ Tatbezug:
	– Straftat gem. § 129 a, auch i.V.m. § 129 b I 1/2
	– Stadium der Bezugstat: Vorhaben/Ausführung
	▶ Tathandlung: Nichtanzeige trotz Anzeigepflicht
	– Entstehen der Anzeigepflicht: glaubhafte Kenntniserlangung v. d. Bezugstat zu einer Zeit, zu welcher die Ausführung noch abgewendet werden kann = solange noch weiterer Schaden droht/rechtswidriger Zustand anhält
	– persönliche Grenzen der Anzeigepflicht für Tatbeteiligte (wie I)
	– pflichtwidriges Verhalten:
	-- Nichtanzeige
	-- gegenüber der Behörde
	-- unverzüglich = ohne schuldhaftes Zögern
	subjektiver Tatbestand
	Vorsatz

Nichtanzeige geplanter Straftaten, § 138 I/II
(Fortsetzung)

Rechts-widrigkeit	allg. Grundsätze; spezielle Rechtfertigungsgründe § 139 II, III 2:
	▸ II: keine Anzeigepflicht von Geistlichen = zu gottesdienstl. Verrichtungen bestellter Religionsdiener, wenn dieser Kenntnis von der Bezugstat durch Anvertrauung als Seelsorger erlangt hat
	▸ III: keine Anzeigepflicht von Rechtsanwälten/Verteidigern/Ärzten/ Psychotherapeuten, wenn diese:
	  – Kenntnis von einer Bezugstat nach § 138 durch Anvertrauung in beruflicher Eigenschaft erlangt haben
	
	> Rückausnahme, d.h. Anzeigepflicht besteht gleichwohl, wenn Bezugstat gemäß § 139 III 1:
	> • Nr. 1: § 211/§ 212
	> • Nr. 2: § 6 I Nr. 1/§ 7 I Nr. 1/§ 8 I Nr. 1 VölkerStGB
	> • Nr. 3: § 239 a I/§ 239 b I/§ 316 c I durch eine terroristische Vereinigung (§ 129 a, auch i.V.m. § 129 b I)
	
	  – ernsthafte Bemühung, Täter von der Tat abzuhalten/Erfolg abzuwenden

Schuld	allgemeine Grundsätze
Verfolgbarkeit	Ermächtigung gem. § 138 II 2 i.V.m. § 129 b I 3–5 bei einer Tat nach § 129 a i.V.m. § 129 b I 1, 2

Persönliche Straf-aufhebungs-gründe	▸ § 139 III 1: keine Anzeigepflicht zum Nachteil von Angehörigen i.S.v. § 11 I Nr. 1
	  – es darf sich nicht um Bezugstat gem. § 139 III 1 Nr. 1–3 handeln (s.o.)
	  – ernsthafte Bemühung, Täter von der Tat abzuhalten/Erfolg abzuwenden
	▸ § 139 IV: Abwendung der Ausführung/des Erfolgs anders als durch Anzeige
	Bei unterbliebener Ausführung/Ausbleiben des Erfolges ohne Zutun des Anzeigeverpflichteten genügt ernsthaftes Bemühen, Erfolg abzuwenden.

fakultatives Absehen von Strafe	anzeigepflichtige Tat ist nicht ins Versuchsstadium gelangt, § 139 I

Leichtfertige Nichtanzeige geplanter Straftaten, § 138 III

Aufbau wie § 138 I, II; anstelle des dort vorausgesetzten subjektiven Tatbestandes obj. Leichtfertigkeit und anstelle der Vorsatzschuld subjektive Leichtfertigkeit prüfen.

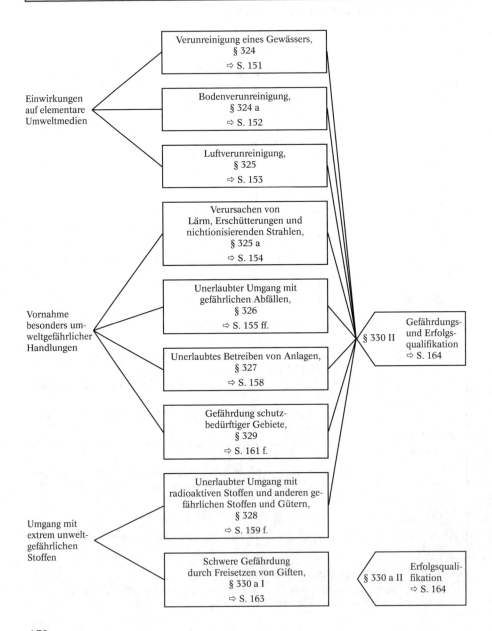

C. Delikte gegen kollektive Rechtsgüter	7. Straftaten gegen die Umwelt 7.2 Gewässerverunreinigung

Gewässerverunreinigung, § 324 I (unter Berücksichtigung von § 330 I)

Tatbestand	**objektiver Tatbestand** ▶ Tatobjekt: Gewässer (i.s.v. § 330 d Nr. 1) ▶ Taterfolg und Tathandlungen: • 1. Alt., speziell: Verunreinigen • 2. Alt., allg.: sonst. nachteil. Veränderung der Gewässereigenschaften = jede nicht völlig unbedeutende Verschlechterung der physikalischen, chemischen, biologischen oder thermischen Beschaffenheit des Tatobjekts im Vergleich zum vorherigen Zustand **subjektiver Tatbestand** Vorsatz
Rechts-widrigkeit	allgemeine Grundsätze (deklaratorische Funktion des Merkmals „unbefugt")
Schuld	allgemeine Grundsätze
Unselbst-ständige benannte Straf-erschwerungen	**Besonders schwerer Fall mit Regelbeispielskatalog, § 330 I 2:** ▶ Nr. 1: objektiv: – Gewässer/Boden/Schutzgebiet i.s.v. § 329 III – so stark beeinträchtigt, dass Beeinträchtigung nicht/nur mit außerordentlichem Aufwand/erst nach längerer Zeit zu beseitigen ist – Beeinträchtigung durch die Tat verursacht subjektiv: Schädigungsbewusstsein/Vorhersehbarkeit ▶ Nr. 2: objektiv: – Gefährdung der öffentlichen Wasserversorgung – durch die Tat verursacht subjektiv: Gefährdungsbewusstsein/Vorhersehbarkeit ▶ Nr. 3: objektiv: – nachhaltige Schädigung eines Bestandes von Tieren oder Pflanzen der vom Aussterben bedrohten Arten – durch die Tat subjektiv: Schädigungsbewusstsein/Vorhersehbarkeit ▶ Nr. 4: nur subjektiv: Handeln aus Gewinnsucht

Fahrlässige Gewässerverunreinigung, § 324 III

Aufbau wie § 324 I; anstelle des dort vorausgesetzten subj. Tatbestandes die obj. Elemente des fahrlässigen Begehungsdelikts (⇨ S. 202) und in der Schuld anstelle der Vorsatzschuld subj. Sorgfaltsverstoß bei subj. Voraussehbarkeit des Erfolges prüfen (⇨ S. 202). § 330 gilt nicht.

151

Bodenverunreinigung, § 324 a I

Tatbestand	**objektiver Tatbestand**
	▶ Tatobjekt: Boden
	▶ Tatmittel: Stoffe
	▶ Tathandlungen:
	– Einbringen/Eindringenlassen/Freisetzen
	– unter Verletzung verwaltungsrechtlicher Pflichten i.S.v. § 330 d Nr. 4
	▶ Taterfolg:
	• 1. Alt., speziell: Verunreinigungen
	• 2. Alt., allgemein: sonstige nachteilige Veränderungen
	▶ Erheblichkeit des Taterfolgs:
	• Nr. 1: Eignung zur Schädigung der Gesundheit eines anderen/ von Tieren/Pflanzen/anderen Sachen von bedeutendem Wert/eines Gewässers i.S.v. § 330 d Nr. 1
	• Nr. 2: Beeinträchtigung in bedeutendem Umfang (= quantitativ/qualitativ)
	subjektiver Tatbestand
	Vorsatz
Rechts-widrigkeit	allgemeine Grundsätze
Schuld	allgemeine Grundsätze
Unselbst-ständige benannte Straf-erschwerungen	besonders schwerer Fall mit Regelbeispielskatalog, § 330 I 2 (⇨ S. 151)

Fahrlässige Bodenverunreinigung, § 324 a III

Aufbau wie § 324 I; anstelle des dort vorausgesetzten subjektiven Tatbestandes die objektiven Elemente des fahrlässigen Begehungsdelikts (⇨ S. 202) und in der Schuld anstelle der Vorsatzschuld subjektiven Sorgfaltsverstoß bei subjektiver Voraussehbarkeit des Erfolges prüfen (⇨ S. 202). § 330 gilt nicht.

Luftverunreinigung, § 325 I, II

<table>
<tr><td rowspan="8">Tatbestand</td><td colspan="2" align="center">objektiver Tatbestand</td></tr>
<tr><td colspan="2">

▸ Tathandlung:

Betrieb einer Anlage, speziell einer Betriebsstätte/Maschine (vgl. § 4 BImSchG)

▸ Tatbestandsausschluss für Verkehrsfahrzeuge, § 325 V
</td></tr>
<tr><td align="center">Tatmodalität I:</td><td align="center">Tatmodalität II:</td></tr>
<tr><td>

▸ Taterfolg:
 – Verursachen von Veränderungen der Luft
 – unter Verletzung verwaltungsrechtlicher Pflichten (§ 330 d Nr. 4)

▸ Erheblichkeit des Taterfolgs:
 – Eignung zur Schädigung der Gesundheit eines anderen/ von Tieren/Pflanzen/anderen Sachen von bedeutendem Wert
 – außerhalb des zur Anlage gehörenden Bereichs
</td><td>

▸ Taterfolg:
 – Freisetzen von Schadstoffen (mit Einschränkung nach IV) in die Luft
 – außerh. des Betriebsgeländes
 – unter grober Verletzung verwaltungsrechtl. Pflichten i.S.v. § 330 d Nr. 4

▸ Erheblichkeit des Taterfolgs: bedeutender Umfang
</td></tr>
<tr><td colspan="2" align="center">subjektiver Tatbestand</td></tr>
<tr><td colspan="2">Vorsatz</td></tr>
</table>

Rechtswidrigkeit	allgemeine Grundsätze
Schuld	allgemeine Grundsätze
Unselbstständige benannte Straferschwerungen	besonders schwerer Fall mit Regelbeispielskatalog, § 330 I 2 (⇨ S. 151)

Fahrlässige Luftverunreinigung, § 325 III

Aufbau wie § 325 I oder II; anstelle des dort vorausgesetzten subjektiven Tatbestandes die objektiven Elemente des fahrlässigen Begehungsdelikts (⇨ S. 202) und in der Schuld anstelle der Vorsatzschuld subjektiven Sorgfaltsverstoß bei subjektiver Vorausehbarkeit des Erfolges prüfen (⇨ S. 202). § 330 gilt nicht.

Verursachen von Lärm, Erschütterungen und nichtionisierenden Strahlen, § 325 a I, II

	objektiver Tatbestand

	▸ Tatbezug:
	  – Betrieb e. Anlage, spez. einer Betriebsstätte/Maschine (wie bei § 325)
	  – Tatbestandsausschluss für Verkehrsfahrzeuge, § 325 a IV

	Tatmodalität I:	Tatmodalität II:

Tatbestand	▸ Tathandlung und Taterfolg:
	  – Verursachen von Lärm
	  – unter Verletzung verwaltungs-
	    rechtlicher Pflichten i.S.v. § 330 d
	    Nr. 4
	▸ Erheblichkeit des Taterfolgs:
	  – Eignung zur Schädigung der
	    Gesundheit eines anderen
	  – außerhalb des zur Anlage
	    gehörenden Bereichs
		▸ Tathandlung und Taterfolg:
		  – Verursachen einer konkr. Gefahr
		    f. d. Gesundheit e. anderen/
		    täterfremde od. herrenlose Tiere/
		    fremde Sachen v. bedeutend.
		    Wert
		  – unter Verletzung verwaltungs-
		    rechtl. Pflichten i.S.v. § 330 d
		    Nr. 4 mit best. Schutzzwecken,
		    nämlich:
		    • Schutz vor Lärm
		    • Schutz vor Erschütterungen
		    • Schutz vor nichtionisierenden
		      Strahlen

	subjektiver Tatbestand	
	Vorsatz	

R.widrigkeit	allgemeine Grundsätze
Schuld	allgemeine Grundsätze
Fakultative Strafmilderung/ Absehen von Strafe	Tätige Reue bei § 325 a II unter den Voraussetzungen des § 330 b
Unselbst- ständige benannte Straf- erschwerungen	besonders schwerer Fall mit Regelbeispielskatalog, § 330 I 2 (⇨ S. 151)

Fahrlässige Verursachung von Lärm, Erschütterungen und nichtionisierenden Strahlen, § 325 a I i.V.m. III Nr. 1 / § 325 a II i.V.m. III Nr. 2

Aufbau wie § 325 I oder II; anstelle des dort vorausges. subj. Tatbestandes die obj. Elemente des fahrl. Begehungsdelikts (⇨ S. 202) und in der Schuld anstelle der Vorsatzschuld subj. Sorgfaltsverstoß bei subj. Voraussehbarkeit des Erfolgs prüfen (⇨ S. 202); § 330 gilt nicht.

Tätige Reue bei § 325 a II i.V.m. III Nr. 2 unter den Voraussetzungen des § 330 b (persönlicher Strafaufhebungsgrund)

C. Delikte gegen kollektive Rechtsgüter	7. Straftaten gegen die Umwelt 7.6 Abfallbeseitigung

Unerlaubter Umgang mit gefährlichen Abfällen, § 326 I

	objektiver Tatbestand
Tatbestand	▶ Tatgegenstand: – Abfall = feste, flüssige oder in Behältern aufbewahrte gasförmige bewegliche Sachen, deren sich entweder ihr Besitzer entledigen will, sog. gewillkürter Abfall, oder deren geordnete Entsorgung zur Wahrung des Gemeinwohls, insbesondere zum Schutz der Umwelt geboten ist, sog. Zwangsabfall – Gefährlichkeit des Abfalls: • Nr. 1: Gifte/Seuchenerreger enthaltend/hervorzubringen geeignet • Nr. 2: für den Menschen Krebs erzeugend/Frucht schädigend/ Erbgut verändernd • Nr. 3: explosionsgefährlich/selbstentzündlich/nicht nur geringfügig radioaktiv • Nr. 4: nach Art/Beschaffenheit/Menge geeignet, a) nachhaltig Gewässer/Luft/Boden zu verunreinigen/ sonst nachteilig zu verändern, b) Bestand von Pflanzen/Tieren zu gefährden ▶ Tathandlungen: – Behandeln/Lagern/Ablagern/Ablassen/sonst Beseitigen – außerhalb einer für die Tathandlung zugelassenen Anlage/unter wesentl. Abweichung von einem vorgeschriebenen/zugelassenen Verfahren
	subjektiver Tatbestand
	Vorsatz
R.widrigkeit	allgemeine Grundsätze (deklaratorische Funktion des Merkmals „unbefugt")
Schuld	allgemeine Grundsätze
Straf-ausschluss	wenn schädliche Einwirkungen auf die Umwelt wegen der geringen Menge offensichtlich ausgeschlossen sind, § 326 VI
Fakultative Strafmilderung/ Absehen von Strafe	Tätige Reue unter den Voraussetzungen des § 330 b
Unselbst-ständige benannte Straf-erschwerungen	besonders schwerer Fall mit Regelbeispielskatalog, § 330 I 2 (⇨ S. 151)

Ungenehmigter Abfalltransport, § 326 II

<table>
<tr>
<td rowspan="3">Tatbestand</td>
<td>objektiver Tatbestand</td>
</tr>
<tr>
<td>

▶ Tatgegenstand: Abfall i.S.v. § 326 I ⇨ S. 155
▶ Tathandlungen:
  • Verbringen in den Geltungsbereich des StGB
  • Verbringen aus dem Geltungsbereich des StGB
  • Verbringen durch den Geltungsbereich des StGB
▶ Handeln entgegen einem Verbot/ohne die erforderliche Genehmigung (§ 330 d Nr. 4, 5)

</td>
</tr>
<tr>
<td>

subjektiver Tatbestand

Vorsatz

</td>
</tr>
</table>

Rechtswidrigkeit	allgemeine Grundsätze

Schuld	allgemeine Grundsätze

Strafausschluss	unter den Voraussetzungen des § 326 VI

Fakultative Strafmilderung/ Absehen von Strafe	Tätige Reue unter den Voraussetzungen des § 330 b

Unselbstständige benannte Straferschwerungen	besonders schwerer Fall mit Regelbeispielskatalog, § 330 I 2 (⇨ S. 151)

Nichtablieferung radioaktiver Abfälle, § 326 III (echtes Unterlassungsdelikt)

Tatbestand	objektiver Tatbestand
	▸ Tatgegenstand: – Abfall – radioaktiv ▸ Tathandlung: Nichtabliefern ▸ Verletzung verwaltungsrechtlicher Pflichten i.S.v. § 330 d Nr. 4
	subjektiver Tatbestand
	Vorsatz
Rechts-widrigkeit	allgemeine Grundsätze
Schuld	allgemeine Grundsätze
Straf-ausschluss	unter den Voraussetzungen des § 326 VI
Fakultative Straf-milderung/ Absehen von Strafe	Tätige Reue unter den Voraussetzungen des § 330 b
Unselbst-ständige benannte Straf-erschwerungen	besonders schwerer Fall mit Regelbeispielskatalog, § 330 I 2 (⇨ S. 151)

Fahrlässige Abfallbeseitigung, § 326 I/II/III i.V.m. V Nr. 1/2

Aufbau wie § 326 I/II/III; anstelle des jeweils dort vorausgesetzten subjektiven Tatbestandes objektive Sorgfaltswidrigkeit prüfen; in der Schuld anstelle der Vorsatzschuld subjektiven Sorgfaltsverstoß ermitteln; § 330 gilt nicht.
Strafaufhebung bei tätiger Reue unter den Voraussetzungen des § 330 b

Unerlaubtes Betreiben von Anlagen, § 327

	objektiver Tatbestand
Tatbestand	Tatmodalitäten I: ▸ Tathandlungen: Nr. 1: • kerntechnische Anlage i.S.v. § 330 d Nr. 2 betreiben • betriebsbereite/stillgelegte kerntechnische Anlage innehaben/ ganz/teilweise abbauen • Anlage im vorgenannten Sinn/ihren Betrieb wesentlich ändern Nr. 2: Betriebsstätte, in der Kernbrennstoffe verwendet werden/deren Lage wesentlich ändern ▸ Handeln ohne die erforderliche Genehmigung/entgegen einer vollziehbaren Untersagung (§ 330 d Nr. 4, 5) - Tatmodalitäten II: ▸ Tatgegenstände: Nr. 1: • genehmigungsbedürftige Anlage i.S.d. (§ 4) BImSchG • sonstige Anlage i.S.d. (§ 22, § 23) BImSchG, deren Betrieb zum Schutz vor Gefahren untersagt worden ist Nr. 2: genehmigungspflichtige/anzeigepflichtige Rohrleitungsanlage zum Befördern wassergefährdender Stoffe i.S.d. WHG Nr. 3: Abfallentsorgungsanlage i.S.d. Kreislaufwirtschafts- und Abfallgesetzes ▸ Tathandlung: Betreiben ▸ Handeln ohne die erforderliche Genehmigung/Planfeststellung/ entgegen vollziehbarer Untersagung (§ 330 d Nr. 5)
	subjektiver Tatbestand
	Vorsatz
R.widrigkeit	allgemeine Grundsätze
Schuld	allgemeine Grundsätze
Unselbstständige benannte Straferschwerungen	besonders schwerer Fall mit Regelbeispielskatalog, § 330 I 2 (⇨ S. 151)

Fahrlässiges unerlaubtes Betreiben von Anlagen, § 327 I/II i.V.m. III Nr. 1/2

Aufbau wie § 327 I/II; anstelle des jeweils dort vorausgesetzten subj. Tatbestandes obj. Sorgfaltswidrigkeit prüfen; in der Schuld anstelle der Vorsatzschuld subj. Sorgfaltsverstoß ermitteln; § 330 gilt nicht. Strafaufhebung bei tätiger Reue unter den Voraussetzungen des § 330 b

C. Delikte gegen kollektive Rechtsgüter	**7. Straftaten gegen die Umwelt** **7.8 Unerlaubter Umgang mit gefährlichen Stoffen**

Unerlaubter Umgang mit radioaktiven Stoffen, § 328 I, II

objektiver Tatbestand

Tatbestand

Tatmodalitäten I:

Nr. 1: – Tatgegenstände:
Kernbrennstoffe = spaltbares Material i.s.v. § 2 I Nr. 1 AtG
– Tathandlungen:
Aufbewahren/Befördern/Bearbeiten/Verarbeiten/sonst Verwenden/
Einführen/Ausführen
Nr. 2: – Tatgegenstände:
sonstige radioaktive Stoffe i.s.v. § 2 I Nr. 2 AtG, die nach Art/Beschaf-
fenheit/Menge geeignet, durch ionisierende Strahlen den Tod/schwere
Gesundheitsbeschädigung eines anderen herbeizuführen
– Tathandlungen:
grob pflichtwidriges Aufbewahren/Befördern/Bearbeiten/Verarbeiten/
sonst Verwenden/Einführen/Ausführen
▸ Handeln ohne die erforderliche Genehmigung/entgegen einer vollziehbaren
Untersagung (§ 330 d Nr. 4, 5)

- -

Tatmodalitäten II:

Nr. 1: – Tatgegenstände: Kernbrennstoffe mit Ablieferungspflicht d. Täters nach
AtG
– Tathandlung: nicht unverzüglich abliefern
Nr. 2: – Tatgegenstände:
• Kernbrennstoffe
• sonstige Stoffe i.S.d. I Nr. 2
– Tathandlungen:
Abgeben an Unberechtigte/Vermitteln der Abgabe an Unberechtigte
Nr. 3: – Verursachung einer nuklearen Explosion
Nr. 4: – Verleiten/Fördern eines anderen zu einer Handlung nach Nr. 3

subjektiver Tatbestand

Vorsatz

R.widrigkeit

allgemeine Grundsätze

Schuld

allgemeine Grundsätze

Fakultative Strafmilderung/ Absehen von Strafe

Tätige Reue unter den Voraussetzungen des § 330 b

Unselbst- ständige benannte Straf- erschwerungen

besonders schwerer Fall mit Regelbeispielskatalog, § 330 I 2 (⇨ S. 151)

159

Unerlaubter Umgang mit anderen gefährl. Stoffen und Gütern, § 328 III

Tatbestand	**objektiver Tatbestand**
	▸ Tatmodalitäten:
	Nr. 1:
	– Tatbezug: Betrieb einer Anlage, speziell einer Betriebsstätte/ techn. Einrichtung
	– Tatgegenstände: radioaktive Stoffe/Gefahrstoffe i.S.d. ChemikalienG
	– Tathandlungen: Lagern/Bearbeiten/Verarbeiten/sonst Verwenden
	Nr. 2:
	– Tatgegenstände: gefährl. Güter (mit Einschränkung des § 330 d Nr. 3)
	– Tathandlungen: Befördern/Versenden/Verpacken/Auspacken/Verladen/ Entladen/Entgegennehmen/anderen Überlassen
	▸ Handeln unter grober Verletzung verwaltungsrechtl. Pflichten i.S.v. § 330 d Nr. 4
	▸ konkrete Gefährdung der Gesundheit eines anderen/dem Täter nicht gehörender Tiere/fremder Sachen von bedeutendem Wert
	▸ Risikozusammenhang zwischen Tathandlung und konkreter Gefahr
	subjektiver Tatbestand
	Vorsatz
R.widrigkeit	allgemeine Grundsätze
Schuld	allgemeine Grundsätze
Fakultative Strafmilderung/ Absehen von Strafe	Tätige Reue unter den Voraussetzungen des § 330 b
Unselbst- ständige benannte Straf- erschwerungen	besonders schwerer Fall mit Regelbeispielskatalog, § 330 I 2 (⇨ S. 151)

Fahrlässiger unerlaubter Umgang mit gefährlichen Stoffen u. Gütern, § 328 I, II, III i.V.m. V

Aufbau wie § 328 I, II, III; anstelle des jeweils dort vorausgesetzten subjektiven Tatbestandes objektive Sorgfaltswidrigkeit (und bei § 328 III objektive Vorhersehbarkeit der konkreten Gefährdung) prüfen; in der Schuld anstelle der Vorsatzschuld subjektiven Sorgfaltsverstoß (und bei § 328 III subjektive Vorhersehbarkeit der konkreten Gefährdung) prüfen; § 330 gilt nicht. Strafaufhebung bei tätiger Reue unter den Voraussetzungen des § 330 b

Gefährdung schutzbedürftiger Gebiete, § 329 I, II, III

Tatbestand

objektiver Tatbestand

Tatmodalitäten I:

▸ Tatort: Gebiete nach § 49 I BImSchG/Smog-Gebiete nach § 49 II 1 BImSchG

▸ Tathandlung: Anlagen betreiben

▸ Tatbestandsausschluss für Verkehrsfahrzeuge, § 329 I 3

▸ Verbotswidrigkeit des Handelns:

- I 1: entgegen einer aufgrund BImSchG erlassenen RechtsVO

- I 2: entgegen vollziehbarer Anordnung, ergangen aufgrund Rechtsverordnung i.S.v. S. 1

Tatmodalitäten II:

▸ Tathandlungen:

Nr. 1:

betriebl. Anlagen (einschließl. solcher in öffentl. Unternehmen, II 2) zum Umgang mit wassergefährdenden Stoffen betreiben

Nr. 2:

- Rohrleitungsanlagen (einschließl. solcher in öffentl. Unternehmen, II 2) zum Befördern wassergefährdender Stoffe betreiben

- wassergefährdende Stoffe befördern

Nr. 3:

- im Rahmen eines Gewerbebetriebes

- Kies/Sand/Ton/andere feste Stoffe abbauen

▸ Verbotswidrigkeit des Handelns:

- entgegen einer zum Schutz eines Wasser-/Heilquellenschutzgebiets erlassenen Rechtsvorschrift

- entgegen vollziehbarer Untersagung, zumindest auch mit Schutzwirkung für Wasser-/Heilquellengebiete erlassen

---

Gefährdung schutzbedürftiger Gebiete, § 329 I, II, III (Fortsetzung)

Tatbestand	Tatmodalitäten III:
	▸ Tathandlungen:
	• Nr. 1: Bodenschätze/and. Bodenbestandteile abbauen/gewinnen
	• Nr. 2: Abgrabungen/Aufschüttungen vornehmen
	• Nr. 3: Gewässer i.S.v. § 330 d Nr. 1 schaffen/verändern/beseitigen
	• Nr. 4: Moore/Sümpfe/Brüche/sonst. Feuchtgebiete entwässern
	• Nr. 5: Wald roden
	• Nr. 6: Tiere i.S.e. nach BNatG besonders geschützten Art töten/fangen/nachstellen; Gelege ganz, teilweise zerstören/entfernen
	• Nr. 7: Pflanzen i.S.d. BNatG bes. geschützten Art beschädigen/entfernen
	• Nr. 8: Gebäude errichten
	▸ Verbotswidrigkeit des Handelns entgegen einer zum Schutz eines Naturschutzgebiets/einer als Naturschutzgebiet einstweilig sichergestellten Fläche/eines Nationalparks erlassenen Rechtsvorschrift oder vollziehbaren Untersagung
	▸ dadurch jeweiliger Schutzzweck (der Rechtsvorschrift/des Verbots) nicht unerheblich beeinträchtigt
	subjektiver Tatbestand
	Vorsatz
Rechts-widrigkeit	allgemeine Grundsätze
Schuld	allgemeine Grundsätze
Unselbst-ständige benannte Straf-erschwerungen	besonders schwerer Fall mit Regelbeispielskatalog, § 330 I 2 (⇨ S. 151)

Fahrlässige Gefährdung schutzbedürftiger Gebiete, § 329 I, II, III i.V.m. IV

Aufbau wie § 329 I, II, III; anstelle des jeweils dort vorausgesetzten subjektiven Tatbestandes objektive Sorgfaltswidrigkeit (und bei § 329 III Vorhersehbarkeit der nicht unerheblichen Beeinträchtigung) prüfen; in der Schuld anstelle der Vorsatzschuld subjektiven Sorgfaltsverstoß (und bei § 329 III subjektive Vorhersehbarkeit der nicht unerheblichen Beeinträchtigung) prüfen; § 330 gilt nicht.

Schwere Gefährdung durch Freisetzen von Giften, § 330 a I

	objektiver Tatbestand

Tatbestand	▸ Tatgegenstände:
	Stoffe, Gift enthaltend/hervorzubringen geeignet
	▸ Tathandlungen:
	  • 1. Alt.: Verbreiten
	  • 2. Alt.: Freisetzen
	▸ konkrete Gefahr
	  • des Todes/schwerer Gesundheitsschädigung eines anderen
	  • der Gesundheitsschädigung einer großen Zahl von Menschen
	▸ Risikozusammenhang zwischen Tathandlung und Gefährdung

	subjektiver Tatbestand
	Vorsatz
Rechts-widrigkeit	allgemeine Grundsätze
Schuld	allgemeine Grundsätze
Fakultative Straf-milderung/ Absehen von Strafe	Tätige Reue unter den Voraussetzungen des § 330 b

Vorsätzlich-fahrlässige schwere Gefährdung durch Freisetzen von Giften, § 330 a I i.V.m. IV

Aufbau wie § 330 a I; Vorsatz aber nur auf die Tathandlung beziehen; danach objektive Vorhersehbarkeit der konkreten Gefährdung; bei der Schuld zusätzlich subjektive Vorhersehbarkeit der konkreten Gefährdung prüfen; gemäß § 330 b I 1 tätige Reue (fakultative Strafmilderung/Absehen von Strafe)

Leichtfertige schwere Gefährdung durch Freisetzen von Giften, § 330 a I i.V.m. V

Aufbau wie § 330 a I; anstelle des dort vorausgesetzten subjektiven Tatbestandes objektive Leichtfertigkeit bezüglich der Tathandlung und objektive Vorhersehbarkeit der Gefährdung prüfen. In der Schuld anstelle der Vorsatzschuld subjektive Leichtfertigkeit bezüglich der Tathandlung und subjektive Vorhersehbarkeit bzgl. der Gefährdung ermitteln; gemäß § 330 b I 2 tätige Reue (persönlicher Strafaufhebungsgrund)

C. Delikte gegen kollektive Rechtsgüter	7. Straftaten gegen die Umwelt 7.10 Schwere Gefährdung durch Freisetzung von Giften; Umweltstraftaten mit schwerer Folge (Fortsetzung)

Schwere Gefährdung durch Freisetzen von Giften mit Todesfolge, §§ 330 a II
(Erfolgsqualifikation des § 330 a I; allg. ⇨ S . 203)

Als Grunddelikt § 330 a I prüfen; erfolgsqualifizierender Umstand ist der Tod eines anderen Menschen als tatspezifische Folge; diesbezüglich genügt objektiv und subjektiv einfache Fahrlässigkeit.

Gefährliche Umweltstraftat, § 330 II Nr. 1
(Vorsatzqualifikation)

Aufbau wie Vorsatztat nach §§ 324–329; als qualfizierenden Umstand jeweils im objektiven Tatbestand prüfen:

▶ konkrete Gefahr

- des Todes/einer schweren Gesundheitsschädigung für einen anderen Menschen
- einer (einfachen) Gesundheitsschädigung für eine große Zahl von Menschen

▶ spezifischer Gefahrzusammenhang zwischen Tathandlung und Gefährdung

Im subjektiven Tatbestand Vorsatz bezüglich der Gefährdung prüfen.

Umweltstraftat mit Todesfolge, § 330 II Nr. 2
(Erfolgsqualifikation; allg. ⇨ S. 203)

Als Grunddelikt Umweltstraftat nach §§ 324–329 prüfen; erfolgsqualifizierender Umstand ist der Tod eines anderen Menschen als tatspezifische Folge; diesbezüglich genügt objektiv und subjektiv einfache Fahrlässigkeit.

[Formelle Subsidiarität gegenüber § 330 a I–III]

Angriffsrichtungen

| Vollzugs-tätigkeit | hoheitliche Gewahrsams-, Verfügungsrechte | Autorität öffentlicher Ämter | Integrität der Amtsführung |

| Widerstand gegen Vollstreckungs-beamte, § 113 ⇨ S. 166 | Verwahrungs-bruch, § 133 I, II ⇨ S. 171 | Amts-anmaßung, § 132 ⇨ S. 172 | Bestechungs-delikte, §§ 331 ff. ⇨ S. 174 ff. | Vertrauens-bruch im aus-wärtigen Dienst, § 353 a* |

| Gefangenen-befreiung, § 120 ⇨ S. 167 | | Missbrauch von Titeln, Berufs-bezeichnungen, Abzeichen, § 132 a ⇨ S. 173 | Verleitung eines Untergebenen zu einer Straftat, § 357 ⇨ S. 182 | Verletzung des Dienst-geheimnisses/ einer bes. Geheim-haltungspflicht, § 353 b ⇨ S. 180 f. |

| Qualifikation | Qualifikation | | Gebühren-überhebung, § 352* | Verletzung des Post- oder Fernmelde-geheimnisses, § 206 ⇨ S. 50 f. |

| Gefangenen-befreiung im Amt, § 120 II ⇨ S. 167 | Verwahrungs-bruch im Amt, § 133 III ⇨ S. 171 | | | |

| Gefangenen-meuterei, § 121 ⇨ S. 168 | Verstrickungs-, Siegelbruch, § 136 ⇨ S. 169 f. | | Abgaben-überhebung, Leistungs-kürzung, § 353* | Verletzung des Steuer-geheimnisses, § 355* |

Verletzung amtlicher Bekannt-machungen, § 134*

*kein Einzelschema vorgesehen

165

C. Delikte gegen kollektive Rechtsgüter	**8. Straftaten zum Schutz der Verwaltung** **8.2 Delikte gegen die Vollstreckungstätigkeit** **8.2.1 Widerstand gegen Vollstreckungsbeamte**

Widerstand gegen Vollstreckungsbeamte, § 113

	objektiver Tatbestand
Tatbestand	▸ Tatopfer: – Amtsträger, § 11 I Nr. 2/Soldat der Bundeswehr – mit Vollstreckungsaufgaben für Verfügungen/Urteile/Beschlüsse ⎡ als Tatopfer den Amtsträgern gleichgestellt gem. § 114: ⎤ ⎜ • I 1. Mod.: Personen mit Rechten und Pflichten von Polizeibeamten ⎟ ⎜ • I 2. Mod.: Ermittlungspersonen der StA ohne Amtsträgereigenschaft ⎟ ⎣ • II: zur Unterstützung der Diensthandlung zugezogene Personen ⎦ ▸ Tatsituation: Opfer muss sich bei Vornahme einer Diensthandlung befunden haben = unmittelbar bevorstehende/bereits begonnene, aber noch nicht beendete konkrete Vollstreckungshandlung ▸ Tathandlungen: ‖ I 1. Alt.:‖ Widerstandleisten durch Gewalt/Drohung mit Gewalt ⠀⠀⠀⠀⠀⠀⠀⠀(deren Wirkung den Amtsträger treffen soll) ‖ I 2. Alt.:‖ tätlicher Angriff
	subjektiver Tatbestand
	Vorsatz

Vorsatzunabhängige Strafbarkeitsbedingung (arg. § 113 III 2, IV): **Rechtmäßigkeit der Diensthandlung, § 113 III 1 (⇨ S. 219)**

R.widrigkeit	des Widerstands, allg. Grundsätze
Schuld	▸ allg. Grundsätze ▸ Schuldausschluss gem. § 113 IV 2, 1. Halbs. bei irriger Annahme der Rechtswidrigkeit der Diensthandlung, wenn – Irrtum unvermeidbar – Unzumutbark. v. Rechtsbehelfen nach den dem Täter bekannten Umständen
Fakultative Strafmilderung/ Absehen von Strafe	**Spezialregelungen des** § 113 IV 1/IV 2, 2. Halbs. bei Vermeidbarkeit der irrigen Annahme der Rechtswidrigkeit der Diensthdlg./bei Zumutbarkeit von Rechtsbehelfen
Unselbstständige benannte Straferschwerungen	**Besonders schwerer Fall mit Regelbeispielskatalog des § 113 II 2:** • Nr. 1: objektiv: – Waffe (im technischen oder untechnischen Sinn) ⠀(⚠ Auch Kfz, mit dem der Täter auf Halt gebietenden Polizeibeamten zufährt) – Beisichführen durch Täter/Tatbeteiligten (wie bei § 244 ⇨ S. 63) subjektiv: Kenntnis der Merkmale des Regelbeispiels und Gebrauchswille • Nr. 2: objektiv: – Gewalttätigkeit des Täters – dad. Gefahr d. Todes/einer schweren Gesundheitsschädigung für d. Angegr. subjektiv: Gefährdungsbewusstsein zumindest i.S.v. dolus eventualis

Gefangenenbefreiung, § 120 I

Tatbestand

objektiver Tatbestand

▸ Tatbegünstigter: Gefangener = vom Täter verschiedene Person, der in Ausübung von Polizei- oder Strafgewalt aufgrund Haftrechts des Staates die persönliche Freiheit entzogen ist und die sich infolgedessen im Gewahrsam einer zuständigen Behörde oder eines Amtsträgers befindet

$\left[\begin{array}{l}\text{Gefangenen gleichgestellt gem. IV: auf behördliche Anordnung}\\ \text{in Anstalt Verwahrte}\end{array}\right]$

▸ Tathandlungen/Taterfolg:

- 1. Mod.: Befreien
- 2. Mod.: zum Entweichen verleiten $\left.\vphantom{\begin{array}{l}a\\b\end{array}}\right\}$ zur Täterschaft erhobene Beteiligung an der für den Gefangenen
- 3. Mod.: beim Entweichen fördern $}$ tatbestandslosen Selbstbefreiung

subjektiver Tatbestand

Vorsatz

Rechtswidrigkeit

allgemeine Grundsätze

Schuld

allgemeine Grundsätze

Gefangenenbefreiung im Amt, § 120 II (unechtes Amtsdelikt und Qualifikation)

Aufbau wie § 120 I; im objektiven Tatbestand vor der Tathandlung zusätzlich bestimmte Tätereigenschaften: Amtsträger (§ 11 I Nr. 2; § 48 I WStG) oder für den öffentlichen Dienst besonders Verpflichteter (§ 11 I Nr. 4) und Verpflichtung, das Entweichen des Gefangenen zu verhindern; im subjektiven Tatbestand zusätzlich Vorsatz bezüglich der qualifizierenden Umstände

Gefangenenmeuterei, § 121

Tatbestand	**objektiver Tatbestand**

	▸ Täter: Gefangene (wie bei § 120 ⇨ S. 167);
	[gleichgestellt gem. IV: in Sicherungsverwahrung Untergebrachte]
	▸ Tathandlungen:
	  – Zusammenrotten ⎤
	  – Begehung einer Meutereihandlung ⎤ — zweiaktiger
	  mit vereinten Kräften, nämlich: ⎦ Deliktscharakter
	
	  I Nr. 1: -- Nötigung i.S.v. § 240 oder tätlicher Angriff
	   -- gegenüber einem Anstaltsbeamten/einem anderen
	   Amtsträger/einem zur Beaufsichtigung, Betreuung,
	   Untersuchung der Täter Beauftragten
	  I Nr. 2: -- Ausbrechen
	   -- gewaltsam
	  I Nr. 3: -- einem der Mitbeteiligten/einem anderen Gefangenen
	   zum Ausbruch verhelfen
	   -- gewaltsam

	subjektiver Tatbestand
	Vorsatz
Rechts-widrigkeit	allgemeine Grundsätze
Schuld	allgemeine Grundsätze

Unselbst-ständige benannte Straf-erschwerungen	**Besonders schwerer Fall mit Regelbeispielen, § 121 III 2:**
	
	▸ Nr. 1: objektiv:
	  – Schusswaffe (einsatzbereit) ⎫ wie bei § 244 I
	  – Beisichführen durch Täter/Tatbeteiligten ⎭ Nr. 1 a.F.
	  subjektiv: Kenntnis der Merkmale des Regelbeispiels
	▸ Nr. 2: objektiv:
	  – sonstige Waffe (im technischen oder
	  untechnischen Sinn) ⎫
	  – Beisichführen durch Täter/Tatbeteiligten ⎪
	  subjektiv: Kenntnis der Merkmale des Regel- ⎬ wie bei § 113
	  beispiels und Gebrauchswille ⎪ ⇨ S. 166
	▸ Nr. 3: objektiv:
	  – Gewalttätigkeit des Täters/eines Tatbeteiligten ⎪
	  – dadurch Gefahr des Todes/einer schweren ⎪
	  Gesundheitsschädigung eines anderen ⎭
	  subjektiv: Gefährdungsbewusstsein zumindest i.S.v. dolus eventualis

Verstrickungsbruch, § 136 I

Tatbestand

objektiver Tatbestand

▸ Tatobjekte: Sachen (= körperl. Gegenstände, nicht Forderungen)
▸ Tatsituationen:
  – speziell: durch Pfändung,
    allg. : durch Beschlagnahme bewirkter
  – Verstrickungszustand
▸ Tathandlungen:
  • Zerstören ⎫ wie bei § 303 ⇨ S. 74
  • Beschädigen ⎭
  • Unbrauchbarmachen
  • ganz/zum Teil (faktisch) der
    Verstrickung entziehen

nicht durch den alleinigen Träger des öffentl. Besitzwillens möglich, wenn diesem noch die Entscheidungsbefugnis über die Freigabe zusteht

subjektiver Tatbestand

Vorsatz

Vorsatzunabhängige Strafbarkeitsbedingung (arg. § 136 III 2, IV):
Rechtmäßigkeit der die Verstrickung
begründenden Diensthandlung, § 136 III 1 (⇨ S. 219)

Rechtswidrigkeit

allgemeine Grundsätze

Schuld

▸ allg. Grundsätze
▸ Schuldausschluss gem. § 136 IV i.V.m. § 113 IV 2, 1. Halbs. ⇨ S. 166

Fakultative Strafmilderung/ Absehen von Strafe

§ 136 IV 1 i.V.m. § 113 IV 1/IV 2, 2. Halbs. ⇨ S. 166

169

C. Delikte	8.	Straftaten zum Schutz der Verwaltung
gegen	8.3	Delikte gegen hoheitliche Gewahrsams- und
kollektive		Verfügungsrechte
Rechtsgüter	8.3.1	Verstrickungsbruch; Siegelbruch
		(Fortsetzung)

Siegelbruch, § 136 II

	objektiver Tatbestand

Tatbestand	▸ Tatobjekt:
	  – dienstliches Siegel
	  – angelegt zum Zweck
	    • der Beschlagnahme einer Sache
	    • des dienstl. Verschlusses einer Sache
	    • der dienstl. Bezeichnung einer Sache
	▸ Tathandlungen:
	  • Beschädigen des Siegels
	  • Ablösen des Siegels
	  • Unkenntlichmachen des Siegels
	  • ganz/teilweise Unwirksammachen des durch das Siegel bewirkten Verschlusses

	subjektiver Tatbestand
	Vorsatz

Vorsatzunabhängige Strafbarkeitsbedingung (arg. § 136 III 2, IV):
Rechtmäßigkeit der Siegelanlegung, § 136 III 1 (⇨ S. 219)

Rechts- widrigkeit	allgemeine Grundsätze

Schuld	▸ allg. Grundsätze ▸ Schuldausschluss gem. § 136 IV 1 i.V.m. § 113 IV 2, 1. Halbs. ⇨ S. 166

Fakultative Straf- milderung/ Absehen von Strafe	§ 136 IV 1 i.V.m. § 113 IV 1/IV 2, 2. Halbs. ⇨ S. 166

Verwahrungsbruch, § 133 I

Tatbestand

objektiver Tatbestand

▸ Tatobjekte: speziell: Schriftstücke / allg.: bewegliche Sachen

▸ Tatsituationen:

- 1. Alt.: Tatobjekt befindet sich in dienstl. Verwahrung = fürsorgliche Ingewahrsamnahme durch einen Amtsträger/eine Behörde, um das Tatobjekt für bestimmte, über das bloße Funktionsinteresse d. Behörde hinausgehende Zwecke zu erhalten und vor unbefugtem Zugriff zu bewahren

- 2. Alt.: Tatobjekt ist dem Täter/einem anderen in Verwahrung gegeben worden = Ausübung des fürsorglichen Gewahrsams durch eine Privatperson, aber nach außen erkennbar kraft hoheitlicher Anordnung

> gleichgestellt gemäß II: amtlicher Verwahrungsbesitz einer Religionsgesellschaft des öffentlichen Rechts/von dieser veranlasste amtliche Inverwahrunggabe

▸ Tathandlungen:

- Zerstören }
- Beschädigen } wie bei § 303 ⇨ S. 74

- Unbrauchbarmachen

- der dienstlichen Verfügung entziehen

subjektiver Tatbestand

Vorsatz

Rechtswidrigkeit

allgemeine Grundsätze

Schuld

allgemeine Grundsätze

Verwahrungsbruch im Amt, § 133 III (unechtes Amtsdelikt und Qualifikation)

Aufbau wie § 133 I; im obj. Tatbestand vor der Tathandlung zusätzlich bestimmte Tätereigenschaften prüfen: Amtsträger (§ 11 I Nr. 2) oder für den öffentlichen Dienst besonders Verpflichteter (§ 11 I Nr. 4), ferner muss Tatobjekt dem Täter anvertraut/zugänglich geworden sein; im subj. Tatbestand zusätzlich Vorsatz bzgl. der qualifizierenden Umstände erforderlich

C. Delikte gegen kollektive Rechtsgüter	8. Straftaten zum Schutz der Verwaltung 8.4 Delikte gegen die Autorität öffentlicher Ämter 8.4.1 Amtsanmaßung

Amtsanmaßung, § 132 (1. Alt. eigenhändiges Delikt, str.)

	objektiver Tatbestand

Tatbestand	▶ speziell: 1. Alt.:
	  – Sichbefassen mit der Ausübung eines öffentlichen Amtes =
	  -- Täter muss sich ausdrücklich/konkludent als Inhaber eines öffentlichen Amtes
	  oder
	  als Inhaber eines einem anderen zustehenden Amtes ausgeben
	  -- und eine Handlung vornehmen, die dem angemaßten Amt entspricht.
		▶ sonst: 2. Alt.:
		  – Vornahme einer Handlung, die nur kraft öffentlichen Amtes vorgenommen werden darf =
		  -- Täter muss hier nicht als Urheber in Erscheinung treten, sondern nur
		  -- eine Handlung vornehmen, die nach Begleitumständen bei einem objektiven Beobachter den Anschein einer Amtshandlung hervorruft und deshalb damit verwechselbar ist.

▶ unbefugtes Handeln = fehlende öffentlich-rechtliche Befugnis;
⚠ Tatbestandsmerkmal

	subjektiver Tatbestand
	Vorsatz

Rechtswidrigkeit	allgemeine Grundsätze

Schuld	allgemeine Grundsätze

Missbrauch von Titeln, Berufsbezeichnungen und Abzeichen, § 132 a

<table>
<tr><td rowspan="1"></td><td colspan="1" align="center">objektiver Tatbestand</td></tr>
</table>

Tatbestand

objektiver Tatbestand

▶ Tatbezug I:

> Nr. 1: inländische/ausländische Amts-, Dienstbezeichnungen/ akademische Grade/Titel/öffentl. Würden

> Nr. 2: bestimmte Berufsbezeichnungen, nämlich Arzt/Zahnarzt/ Psychologischer Psychotherapeut/Kinder- und Jugendlichenpsychotherapeut/Psychotherapeut/Tierarzt/ Apotheker/Rechtsanwalt/Patentanwalt/Wirtschaftsprüfer/vereidigter Buchprüfer/Steuerberater/Steuerbevollmächtigter

> Nr. 3: Bezeichnung als öffentlicher Sachverständiger

> Nr. 4: inländische/ausländische Uniformen/Amtskleidungen/ Amtsabzeichen

⎡ gleichgestellt nach II: verwechselungsähnliche Amtsbezeichnungen, Titel, Uniformen etc.

gleichgestellt nach III: tatsächliche und verwechselungsähnliche Amtsbezeichnungen, Titel, Würden, Amtskleidungen und Amtsabzeichen der Kirchen u. anderen Religionsgesellschaften des öff.
⎣ Rechts ⎦

▶ Tathandlungen:
Führen (Nr. 1–3)/Tragen (Nr. 4) = aktives Verhalten des Täters, mit dem er die Bezeichnung etc. in einer die geschützten Interessen berührenden Weise und Intensität in Anspruch nimmt; tatbestandliche Handlungseinheit

▶ unbefugtes Handeln = fehlende öffentlich-rechtliche Befugnis
⚠ Tatbestandsmerkmal

subjektiver Tatbestand

Vorsatz

Rechtswidrigkeit

allgemeine Grundsätze

Schuld

allgemeine Grundsätze

173

Vorteilsannahme, § 331 I

Tatbestand	**objektiver Tatbestand**	
	▸ Täter:	
	• Amtsträger (§ 11 I Nr. 2 mit Erweiterung für Personen bei privaten Anstellungskörperschaften, sofern diese Aufgaben der öffentl. Verwaltung wahrnehmen/§ 48 I WStG)	
	• für den öffentlichen Dienst besonders Verpflichtete (§ 11 I Nr. 4)	
	▸ Tatgegenstand:	⎫
	– Vorteil = materielle oder immaterielle Besserstellung über das Maß der Sozialadäquanz (Anstand, Höflichkeit) hinaus	
	– für den Täter/einen Dritten	
	▸ Tathandlungen:	„gelockerte" Unrechtsvereinbarung
	• Fordern = einseitiges Verlangen	
	• Sichversprechenlassen = Annahme d. Angebots	
	• Annehmen = tatsächliche Inempfangnahme	
	▸ Tatbezug: „für die Dienstausübung"	
	– allg. (rechtmäßige) Diensttätigkeit	
	– Gegenleistungsbeziehung zum Vorteil	⎭
	subjektiver Tatbestand	
	Vorsatz	

Rechtswidrigkeit	▸ allg. Grundsätze
	▸ spezielle Rechtfertigungsgründe für vom Täter nicht geforderte Vorteile gem. § 331 III:
	• 1. Alt.: vor der Annahme erfolgte Genehmigung durch die zuständige Behörde
	• 2. Alt.: nach der Annahme u. unverzügl. Anzeige durch den Täter erfolgte Genehmigung seitens der zuständ. Behörde

Schuld	allgemeine Grundsätze

Vorteilsannahme durch Richter, § 331 II (vorsatzbedürftige Qualifikation)

Aufbau wie § 331 I; Täter können aber nur Richter (§ 11 I Nr. 3)/Schiedsrichter (insbes. nach §§ 1025 ff. ZPO) sein, Tatbezug muss eine (rechtmäßige) richterl. Handlung oder Unterlassung (§ 336) sein; für den Vorteil bei Schiedsrichtern gilt die Auslegungsregel des § 337. Im subjektiven Tatbestand Vorsatz bzgl. der qualifizierenden Umstände prüfen. § 331 III gilt nicht.

Bestechlichkeit, § 332 I (vorsatzbedürftige Qualifikation zu § 331 I)

<table>
<tr><td rowspan="2">Tatbestand</td><td colspan="2" align="center">objektiver Tatbestand</td></tr>
<tr><td>

▶ Täter:
  - Amtsträger (§ 11 I Nr. 2 mit Erweiterung für Personen bei privaten Anstellungskörperschaften, sofern diese Aufgaben der öffentlichen Verwaltung wahrnehmen/ § 48 I WStG)
  - für den öffentlichen Dienst besonders Verpflichtete (§ 11 I Nr. 4)

▶ Tatgegenstand:
  - Vorteil = materielle oder immaterielle Besserstellung über das Maß der Sozialadäquanz (Anstand, Höflichkeit) hinaus
  - für den Täter/einen Dritten

▶ Tathandlungen:
  - Fordern ⎫
  - Sichversprechenlassen ⎬ wie bei § 331 ⇨ S. 174
  - Annehmen ⎭

▶ Tatbezug:
  - konkrete Diensthandlung (mit Gleichstellungsklausel des § 336 für dienstliche Unterlassungen):
    - in der Vergangenheit tatsächlich vorgenommene
    - in der Zukunft liegende
  - dadurch Verletzung der Dienstpflichten des Täters (mit Klarstellungsregel des § 332 III für zukünftige Diensthandlungen):

    | Nr. 1: |

    bei gebundenem Handeln: Ausreichend ist, dass sich der Täter dem anderen gegenüber bereit gezeigt hat, bei der Handlung seine Pflichten zu verletzen.

    | Nr. 2: |

    bei Ermessenshandlungen:
    Ausreichend ist, dass sich der Täter dem anderen gegenüber bereit gezeigt hat, sich bei Ermessensausübung durch den Vorteil beeinflussen zu lassen.
  - Gegenleistungsbeziehung zwischen der zumindest in groben Umrissen erkennbaren Diensthandlung und dem Vorteil

</td><td valign="middle">

Unrechtsvereinbarung

</td></tr>
<tr><td colspan="2" align="center">subjektiver Tatbestand</td></tr>
<tr><td colspan="2">Vorsatz</td></tr>
<tr><td>R.widrigkeit</td><td colspan="2">allgemeine Grundsätze</td></tr>
<tr><td>Schuld</td><td colspan="2">allgemeine Grundsätze</td></tr>
</table>

Bestechlichkeit, § 332 I (Fortsetzung)

Unselbst-ständige benannte Straf-erschwerungen	Regelbeispielskatalog des § 335 I Nr. 1 a i.V.m. II: • II Nr. 1: objektiv und subjektiv: Tatbezug auf Vorteil großen Ausmaßes • II Nr. 2: objektiv und subjektiv: fortgesetzte Annahme von Vorteilen für zukünftige Diensthandlungen • II Nr. 3: objektiv und subjektiv: Tatbegehung als Mitglied einer Bande, die sich zur fortgesetzten Begehung solcher Straftaten verbunden hat; nur subjektiv: Gewerbsmäßigkeit

Richterbestechlichkeit, § 332 II (Qualifikation des § 332 I)

Aufbau wie § 332 I; Täter können aber nur Richter (§ 11 I Nr. 3)/Schiedsrichter (insbes. nach §§ 1025 ff. ZPO) sein; Tatbezug muss eine vergangene oder zukünftige richterliche Handlung sein, durch die der Täter seine richterlichen Pflichten verletzt hat oder verletzen wird. Für den Vorteil bei Schiedsrichtern gilt die Auslegungsregel des § 337. Im subjektiven Tatbestand Vorsatz bzgl. der qualifizierenden Umstände prüfen. Besonders schwere Fälle auch hier möglich, § 335 I Nr. 2 i.V.m. II

Vorteilsgewährung, § 333 I

Tatbestand

objektiver Tatbestand

▸ Täter: jedermann
▸ Tatopfer:
- Amtsträger (§ 11 I Nr. 2 mit Erweiterung für Personen bei privaten Anstellungskörperschaften, sofern diese Aufgaben der öffentlichen Verwaltung wahrnehmen)
- für den öffentlichen Dienst besonders Verpflichtete (§ 11 I Nr. 4)
- Soldaten der Bundeswehr
▸ Tatgegenstand:
- Vorteil = materielle oder immaterielle Besserstellung über das Maß der Sozialadäquanz (Anstand, Höflichkeit) hinaus
- für den Täter/einen Dritten
▸ Tathandlungen:
- Anbieten = Offerte auf Abschluss der Unrechtsvereinbarung
- Versprechen = Zusicherung des Vorteils
- Gewähren = tatsächliche Zuwendung

„gelockerte" Unrechtsvereinbarung

▸ Tatbezug: „für die Dienstausübung"
- allg. (rechtmäßige) Dienstausübung, gleichgültig, ob in der Vergangenheit oder Zukunft
- Gegenleistungsbeziehung zum Vorteil

subjektiver Tatbestand

Vorsatz

Rechtswidrigkeit

▸ allg. Grundsätze
▸ spezielle Rechtfertigungsgründe gem. § 333 III:
- 1. Alt.: vor der Annahme erfolgte Genehmigung durch die zuständige Behörde
- 2. Alt.: nach der Annahme und unverzüglicher Anzeige durch den Empfänger erfolgte Genehmigung seitens der zuständigen Behörde

Schuld

allgemeine Grundsätze

Vorteilsgewährung an Richter, § 333 II (vorsatzbedürftige Qualifikation)

Aufbau wie § 333 I; Opfer können aber nur Richter (§ 11 I Nr. 3)/Schiedsrichter (insbes. nach §§ 1025 ff. ZPO) sein; Tatbezug muss eine zukünftige oder vergangene richterliche Handlung oder Unterlassung (§ 336) sein; für den Vorteil bei Schiedsrichtern gilt die Auslegungsregel des § 337. Im subjektiven Tatbestand Vorsatz bzgl. der qualifizierenden Umstände prüfen. § 333 III gilt nicht.

Bestechung, § 334 I (vorsatzbedürftige Qualifikation zu § 333 I)

Tatbestand	**objektiver Tatbestand**
	
	▶ Täter: jedermann
	▶ Tatopfer:
	  • Amtsträger (§ 11 I Nr. 2 mit Erweiterung für Personen bei privaten Anstellungskörperschaften, sofern diese Aufgaben der öffentlichen Verwaltung wahrnehmen)
	  • für den öffentlichen Dienst besonders Verpflichtete (§ 11 I Nr. 4)
	  • Soldaten der Bundeswehr
	  • Erweiterung auf EU-Amtsträger durch EU-BestechungsG vom 10.09.1998 (BGBl. II, 2340); Erweiterung auf sonstige ausländische Amtsträger d. intern. BestechungsG vom 10.09.1998 (BGBl. II, 2327)
	▶ Tatgegenstand:
	  – Vorteil = materielle oder immaterielle Besserstellung über das Maß der Sozialadäquanz (Anstand, Höflichkeit) hinaus
	  – für den Täter/einen Dritten
	▶ Tathandlungen:
	  • Anbieten
	  • Versprechen } wie bei § 333 ⇨ S. 177
	  • Gewähren
	▶ Tatbezug:
	  – Diensthandlung des Tatopfers (mit Gleichstellungsklausel des § 336 für dienstliche Unterlassungen):
	    • in der Vergangenheit tatsächlich vorgenommen
	    • in der Zukunft liegend
	  – dadurch Verletzung der Dienstpflichten des Tatadressaten (mit Klarstellungsregel des § 334 III für zukünftige Diensthandlungen):
	    Nr. 1:
	    bei gebundenem Handeln:
	    Ausreichend ist, dass der Täter den Amtsträger etc. zur Pflichtverletzung zu bestimmen versucht (wie bei § 30 ⇨ S. 209).
	    Nr. 2:
	    bei Ermessenshandlungen:
	    Ausreichend ist, dass der Täter den Amtsträger etc. zu bestimmen versucht (wie bei § 30 ⇨ S. 209), sich bei Ermessensausübung durch den Vorteil beeinflussen zu lassen.
	  – Gegenleistungsbeziehung zwischen der zumindest in groben Umrissen erkennbaren Diensthandlung und dem Vorteil ⎫ Unrechtsvereinbarung
	
	subjektiver Tatbestand
	
	Vorsatz

R.widrigkeit	allgemeine Grundsätze
Schuld	allgemeine Grundsätze

Bestechung, § 334 I (Fortsetzung)

Unselbst- ständige benannte Straf- erschwerungen	Regelbeispielskatalog des § 335 I Nr. 1 b i.V.m. II:
	• II Nr. 1: objektiv und subjektiv: Tatbezug auf Vorteil großen Aus- maßes
	• II Nr. 2: objektiv und subjektiv: fortgesetzte Annahme von Vortei- len für zukünftige Diensthandlungen
	• II Nr. 3: objektiv und subjektiv: Tatbegehung als Mitglied einer Bande, die sich zur fortgesetzten Begehung solcher Straf- taten verbunden hat nur subjektiv: Gewerbsmäßigkeit

Richterbestechung, § 334 II (Qualifikation des § 334 I)

Aufbau wie § 334 I; Opfer können aber nur Richter (§ 11 I Nr. 3) (Erweiterung auf Richter eines EU-Staates, EU-BestechungsG vom 10.09.1998, BGBl. II, 2340; Erweiterung auf sonstige ausländische Richter, Internationales BestechungsG vom 10.09.1998, BGBl. II, 2327)/ Schiedsrichter (insbes. nach §§ 1025 ff. ZPO) sein; Tatbezug muss eine richterliche Handlung oder Unterlassung (§ 336) in der Vergangenheit oder Zukunft sein, durch die das Opfer seine richterlichen Pflichten verletzt hat oder verletzen wird. Für den Vorteil bei Schiedsrichtern gilt die Auslegungsregel des § 337. Im subjektiven Tatbestand Vorsatz bzgl. der qualifizierenden Umstände prüfen. Schwere Fälle auch hier möglich, § 335 I Nr. 1 b i.V.m. II

C. Delikte gegen kollektive Rechtsgüter	8. Straftaten zum Schutz der Verwaltung 8.6 Verletzung des Dienstgeheimnisses; Verletzung einer besonderen Geheimhaltungspflicht

Verletzung des Dienstgeheimnisses, § 353 b I 1, IV (konkretes Gefährdungsdelikt)

<table>
<tr><td rowspan="1"></td><td>objektiver Tatbestand</td></tr>
<tr><td rowspan="3">Tatbestand</td><td>

▸ Täter:

- Nr. 1: Amtsträger (§ 11 I Nr. 2/§ 48 WStG; Erweiterung auf Europol-Bedienstete in Art. 2 § 8 EuropolG vom 26.12.1997, BGBl. 1998 II, 1150)

- Nr. 2: für den öffentlichen Dienst besonders Verpflichtete (§ 11 I Nr. 4)

- Nr. 3: Träger von Aufgaben und Befugnissen nach Personalvertretungsrecht

▸ Tatgegenstand:

– fremdes Geheimnis

– dem Täter in seiner dienstlichen Eigenschaft anvertraut/bekannt geworden

▸ Tathandlung: Offenbarung

▸ dadurch (konkrete) Gefährdung wichtiger öffentlicher Interessen

</td></tr>
<tr><td>subjektiver Tatbestand</td></tr>
<tr><td>Vorsatz, und zwar auch in Bezug auf die konkrete Gefährdung</td></tr>
</table>

Rechtswidrigkeit	allg. Grundsätze (deklaratorische Funktion des Merkmals „unbefugt")

Schuld	allgemeine Grundsätze

Verfolgbarkeit	Ermächtigung unter den Voraussetzungen der §§ 353 b IV, 77 e

Vorsätzlich-fahrlässige Verletzung des Dienstgeheimnisses, § 353 b I 2 i.V.m. I 1, IV

Aufbau wie § 353 b I 1; Vorsatz aber nur auf Tätereigenschaft, Tatgegenstand und Tathandlung beziehen und unmittelbar nach der Tathandlung prüfen. Danach Eintritt der konkreten Gefährdung und anschließend objektive Sorgfaltspflichtverletzung bei objektiver Voraussehbarkeit der Gefährdung ermitteln. In der Schuld zusätzlich subjektiven Sorgfaltsverstoß bei subjektiver Voraussehbarkeit der Gefährdung prüfen.

C. Delikte gegen kollektive Rechtsgüter	8. Straftaten zum Schutz der Verwaltung 8.6 Verletzung des Dienstgeheimnisses; Verletzung einer besonderen Geheimhaltungspflicht (Fortsetzung)

Verletzung einer besonderen Geheimhaltungspflicht, § 353 b II, IV

Tatbestand	**objektiver Tatbestand** ▸ „abgesehen von den Fällen des I" = tatbestandliche Exklusivität zwischen I und II ▸ Täter: 　• Nr. 1: förmlich Verpflichteter durch Beschluss eines Gesetzgebungsorgans des Bundes/eines Landes/eines Ausschusses der Genannten 　• Nr. 2: von einer anderen amtlichen Stelle unter besonderem Hinweis auf die Strafbarkeit der Verletzung der Geheimhaltungspflicht förmlich Verpflichteter ▸ Tatgegenstände: Gegenstand/Nachricht, auf den/die sich die Geheimhaltungspflicht konkret beziehen muss ▸ Tathandlungen: an einen anderen gelangen lassen/öffentlich bekannt machen ▸ dadurch (konkrete) Gefährdung wichtiger öffentlicher Interessen **subjektiver Tatbestand** Vorsatz, und zwar auch in Bezug auf die konkrete Gefährdung
Rechts-widrigkeit	allg. Grundsätze (deklaratorische Funktion des Merkmals „unbefugt")
Schuld	allgemeine Grundsätze
Verfolgbarkeit	Ermächtigung unter den Voraussetzungen der §§ 353 b IV, 77 e

C. Delikte gegen kollektive Rechtsgüter	8. Straftaten zum Schutz der Verwaltung 8.7 Verleitung eines Untergebenen zu einer Straftat

Verleitung eines Untergebenen zu einer Straftat, § 357 (sog. Konnivenz)

Tatbestand	**objektiver Tatbestand**
	▶ Täter
	I: Dienstvorgesetzter; gleichgestellt gem. II: Aufsichts-/Kontrollbeamter
	▶ Bezugstäter
	I: Untergebener; gleichgestellt gem. II: der Aufsicht/Kontrolle unterstehender Amtsträger
	▶ Bezugstat
	– rechtswidrige, nicht notwendig schuldhafte (Straf-)Tat des Bezugstäters
	– in Ausübung des Amtes
	▶ Tathandlungen
	1. Mod.: Verleiten = erfolgreiche Einwirkung zur Begehung
	2. Mod.: Unternehmen der Verleitung (= erfolgloser Versuch der Anstiftung)
	3. Mod.: Geschehenlassen (= Nichthindern)
	subjektiver Tatbestand
	Vorsatz
Rechts- widrigkeit	allgemeine Grundsätze
Schuld	allgemeine Grundsätze

| C. Delikte gegen kollektive Rechtsgüter | 9. Straftaten zum Schutz der Rechtspflege |
| | 9.1 Schutzrichtungen der Rechtspflegedelikte |

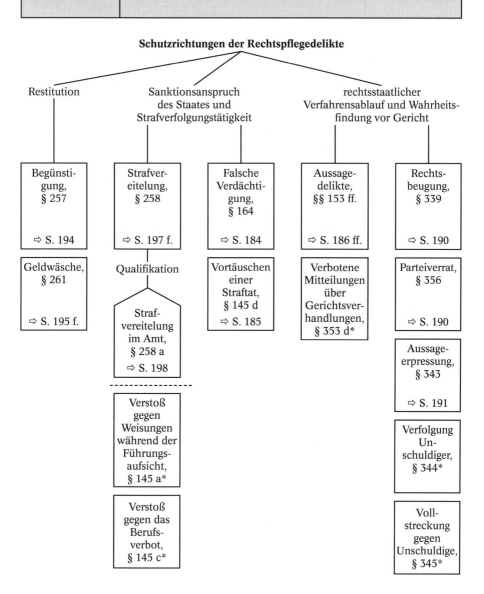

Schutzrichtungen der Rechtspflegedelikte

Restitution — Sanktionsanspruch des Staates und Strafverfolgungstätigkeit — rechtsstaatlicher Verfahrensablauf und Wahrheitsfindung vor Gericht

| Begünstigung, § 257 | Strafvereitelung, § 258 | Falsche Verdächtigung, § 164 | Aussagedelikte, §§ 153 ff. | Rechtsbeugung, § 339 |
| ⇨ S. 194 | ⇨ S. 197 f. | ⇨ S. 184 | ⇨ S. 186 ff. | ⇨ S. 190 |

Geldwäsche, § 261
⇨ S. 195 f.

Qualifikation

Strafvereitelung im Amt, § 258 a
⇨ S. 198

- - - - - - - - - - - - - - - -

Verstoß gegen Weisungen während der Führungsaufsicht, § 145 a*

Verstoß gegen das Berufsverbot, § 145 c*

Vortäuschen einer Straftat, § 145 d
⇨ S. 185

Verbotene Mitteilungen über Gerichtsverhandlungen, § 353 d*

Parteiverrat, § 356
⇨ S. 190

Aussageerpressung, § 343
⇨ S. 191

Verfolgung Unschuldiger, § 344*

Vollstreckung gegen Unschuldige, § 345*

*kein Einzelschema vorgesehen

183

Falschverdächtigung, § 164

Tatbestand

objektiver Tatbestand

Tatmodalitäten I:	Tatmodalitäten II:

▶ Tatadressat: Behörde (§ 11 I Nr. 7)/zur Entgegennahme von Anzeigen zuständiger Amtsträger (§ 11 I Nr. 2, § 158 StPO)/militärischer (Disziplinar-)Vorgesetzter/Öffentlichkeit

▶ Tatbezug: anderer = vom Täter verschiedener, individualisierbarer lebender Mensch

▶ Tatgegenstand:
- rechtswid. Tat (§ 11 I Nr. 5)
- Dienstpflichtverletzung

▶ Tathandlung:

Verdächtigen ◀

- Behaupten
- Schaffen von Beweislagen
bei Überschreitung des aus dem nemo-tenetur-Grundsatz abgeleiteten Rechts strafloser Verdachtsabwehr

▶ Tatgegenstand:
┌ Vorwurf, geeignet, ein
│ behördl. Verfahren/andere
│ behördl. Maßn. herbeizuf./
└ fortdauern zu lassen

▶ Tathandlung:
Aufstellen von Behauptungen tatsächlicher Art

⚠ nicht ausreichend: Schaffen von Beweislagen

▶ objektive Unrichtigkeit der Verdächtigung:

– hinsichtlich des Vorwurfs (nicht notw. hinsichtlich der diesen begründenden Tatsachen, str.)

– hinsichtlich der mitgeteilten Tatsachen

subjektiver Tatbestand

▶ Vorsatz

▶ positive Kenntnis der Unwahrheit

▶ Absicht i.S.d. dolus directus I oder II (!), behördliches Verfahren etc. herbeizuführen/fortdauern zu lassen

Rechtswidrigkeit

allgemeine Grundsätze

⚠ nach h.M. keine Einwilligung des Verdächtigten möglich

Schuld

allgemeine Grundsätze

Vortäuschen von Straftaten, § 145 d

	objektiver Tatbestand

Tatbestand

objektiver Tatbestand

Tatmodalitäten I:	Tatmodalitäten II:

▶ Tatadressat: Behörde (§ 11 I Nr. 7)/zur Entgegennahme von Anzeigen zuständiger Amtsträger (§ 11 I Nr. 2, § 158 StPO)

▶ Tatbezug:	▶ Tatbezug:
• Nr. 1: angebl. in der Vergangenheit liegende, tatsächlich nicht begangene (str.) rechtswidrige Tat (§ 11 I Nr. 5)	• Nr. 1: Beteiligte an einer tatsächlich begangenen rechtswidrigen Tat (§ 11 I Nr. 5)
• Nr. 2: angebl. in der Zukunft bevorstehende Verwirklichung einer Katalogtat i.S.v. § 126 I (z.B. Bombenattentat)	• Nr. 2: Beteiligte an einer tatsächlich (str.) bevorstehenden Katalogtat i.S.v. § 126 I

▶ Tathandlung:
Vortäuschen = jede über bloßes Aufbauschen hinausgehende Äußerung oder Schaffung einer Beweislage, die geeignet ist, ungerechtfertigtes Einschreiten auszulösen

	subjektiver Tatbestand

▶ Vorsatz

▶ positive Kenntnis der Unwahrheit

Rechts-widrigkeit   allgemeine Grundsätze

Schuld   allgemeine Grundsätze

Straf-milderung/ Absehen von Strafe   unter den Voraussetzungen des § 158 analog

Formelle Subsidiarität, sofern eine Bestrafung des Täters aus § 164 (⇨ S. 184)/§ 258/§ 258 a (⇨ S. 197 f.) möglich ist

Uneidliche Falschaussage, § 153 (eigenhändiges Delikt)

	objektiver Tatbestand
Tatbestand	▸ Tatadressaten:
	• Gericht
	• sonstige (staatliche) Stellen, z.B. Patentamt; § 46 I PatG gleichgestellt nach II: Untersuchungsausschuss eines Gesetzgebungsorgans des Bundes/Landes (nicht: Polizei/Staatsanwaltschaft, arg. § 161 a I 3 StPO) ⎱ zur Eidesabnahme (in dem fragl. Verfahren) zuständig
	▸ Täter:
	• Zeugen (nicht: Partei im Zivilprozess/Beschuldigter im Strafprozess)
	• Sachverständige
	▸ Tathandlung: falsch aussagen
	• Aussage = jede mündliche Bekundung, auf die sich in der konkreten Verfahrenssituation die Wahrheitpflicht erstreckt
	• falsch = nach herrschender objektiver Theorie Widerspruch zwischen Erklärung und Wirklichkeit
	subjektiver Tatbestand
	Vorsatz
Rechts-widrigkeit	allgemeine Grundsätze
Schuld	allgemeine Grundsätze
Fakultative Straf-milderung/ Absehen von Strafe	▸ unter den Voraussetzungen des Aussagenotstands, § 157 I ▸ bei uneidlicher Falschaussage eines Eidesunmündigen, § 157 II ▸ bei tätiger Reue durch rechtzeitige Berichtigung unter den Voraussetzungen des § 158

Meineid, § 154 (eigenhändiges Delikt; als Zeugen-/Sachverständigenmeineid Vorsatzqualifikation zu § 153)

Tatbestand	**objektiver Tatbestand**
	
	▸ Tatadressaten:
	
	• Gericht
	
	• sonstige (staatliche) Stellen, z.B. Patentamt, § 46 I PatG [nicht: Untersuchungsausschüsse] } zur Eidesabnahme (in dem fragl. Verfahren und durch die fragl. Person) zuständig
	
	▸ Tathandlung: falsch schwören
	
	  – Falschaussage (auch durch Partei im Zivilprozess möglich; im Übrigen wie bei § 153 ⇨ S. 186)
	
	  – Schwören
	
	    • (beim Normalfall des Nacheides) vollständiges Nachsprechen der Eidesformel
	
	    • gleichgestellt gemäß § 155:
	
	      Nr. 1: eidesgleiche Bekräftigung
	
	      Nr. 2: Berufung auf früheren Eid/frühere Bekräftigung
	
	subjektiver Tatbestand
	
	Vorsatz

Rechts-widrigkeit	allgemeine Grundsätze
Schuld	allgemeine Grundsätze
Fakultative Straf-milderung/ Absehen von Strafe	▸ Strafmilderung unter den Voraussetzungen des Aussagenotstands, § 157 I ▸ Strafmilderung/Absehen von Strafe bei tätiger Reue durch rechtzeitige Berichtigung unter den Voraussetzungen des § 158

C. Delikte gegen kollektive Rechtsgüter	9. Straftaten zum Schutz der Rechtspflege 9.4 Falsche eidesstattliche Versicherung; Verleiten zum Falscheid; fahrlässige Aussagedelikte

Falsche Versicherung an Eides statt, § 156 (eigenhändiges Delikt)

<table>
<tr><td rowspan="3">Tatbestand</td><td>objektiver Tatbestand</td></tr>
<tr><td>

▶ Tatadressaten:
  – Behörde (§ 11 I Nr. 7)
  – zur Abnahme (nicht nur „Aufnahme") zuständig =
    -- allgemeine Zuständigkeit der Behörde
    -- konkrete Zuständigkeit: für eidesstattliche Versicherungen zu dem inhaltlichen Gegenstand, in dem jeweiligen Verfahren und von einer Person in der Verfahrensstellung des Täters
    [Hauptfall: eidesstattliche Offenbarungsversicherung, § 807 ZPO]

▶ Tathandlungen:
  • 1. Alt.: falsche Versicherung an Eides Statt = eidesgleiche Bekräftigung der Wahrheit einer objektiv unwahren Bekundung, auf die sich die Wahrheitspflicht des Täters bezieht
  • 2. Alt.: Falschaussage unter Berufung auf frühere falsche Versicherung an Eides statt

</td></tr>
<tr><td>

subjektiver Tatbestand

Vorsatz

</td></tr>
</table>

Rechts-widrigkeit	allgemeine Grundsätze

Schuld	allgemeine Grundsätze

Fakultative Straf-milderung/ Absehen von Strafe	bei tätiger Reue unter den Voraussetzungen des § 158

Verleitung zur Falschaussage, § 160 I

Tatbestand	**objektiver Tatbestand** ▸ Tatbezug: objektive Tatbestandsverwirklichung • eines Falscheides ⎫ • einer falschen Versicherung ⎬ durch einen anderen an Eides statt ⎬ (gleichgültig, ob gut- • einer uneidlichen Falschaussage ⎭ oder bösgläubig) ▸ Tathandlung: Verleiten = jede Einwirkung auf die Aussageperson, die unwahre Erklärung abzugeben **subjektiver Tatbestand** ▸ Vorsatz ▸ Verleiterwille = Annahme, auch nur irrtümliche, Aussageperson handele bezüglich der Unwahrheit unvorsätzlich ⚠ anderenfalls §§ 153 ff.; 26/§§ 153, 159; 30 I/§§ 154; 30 I
Rechts-widrigkeit	allgemeine Grundsätze
Schuld	allgemeine Grundsätze

Fahrlässiger Falscheid; fahrlässige falsche Versicherung an Eides Statt, § 163

Aufbau wie § 154/§ 156 (S. 182 f.); anstelle des dort jeweils vorausgesetzten subjektiven Tatbestandes objektive Sorgfaltswidrigkeit prüfen; anstelle der jeweils vorausgesetzten Vorsatzschuld subjektiven Sorgfaltsverstoß ermitteln; Strafaufhebung durch tätige Reue unter den Voraussetzungen des § 163 II i.V.m. § 158

Rechtsbeugung, § 339 (eigenhändiges Delikt)

Tatbestand	**objektiver Tatbestand**
	▸ Täter: • Richter (§ 11 I Nr. 3)/Schiedsrichter (§§ 1025 ff. ZPO, §§ 103–110 ArbGG) • Amtsträger (§ 11 I Nr. 2), die eine Rechtssache (wie ein Richter) zu leiten (zu entscheiden) haben ▸ Tathandlung: – Rechtsbeugung = schwerwiegend fehlerhafte Anwendung des formellen/materiellen Rechts – zum Vorteil/zum Nachteil einer Partei
	subjektiver Tatbestand
	▸ Vorsatz ▸ Bewusstsein des Rechtsbruchs
R.widrigkeit	allgemeine Grundsätze
Schuld	allgemeine Grundsätze

Sperrwirkung des § 339 als Richterprivileg: Strafbarkeit aus anderen Strafnormen im Zusammenhang mit richterlicher Tätigkeit nur, wenn auch Rechtsbeugung i.S.v. § 339 vorliegt.

Parteiverrat, § 356 I

Tatbestand	**objektiver Tatbestand**
	▸ Täter: • Anwälte • andere Rechtsbeistände ▸ Tatbezug: – Rechtssache – Angelegenheit, die dem Täter in seiner Eigenschaft als Rechtspflegeorgan anvertraut worden ist ▸ Tathandlung: – beiden Parteien derselben Rechtssache dienen (nicht notwendig zeitgleich) – pflichtwidriges Handeln i.S.v. § 45 Nr. 2 BRAO (= objektiver Interessengegensatz)
	subjektiver Tatbestand
	Vorsatz
R.widrigkeit	allgemeine Grundsätze (Einwillig. d. Auftraggebers wirkt nicht rechtfertigend)
Schuld	allgemeine Grundsätze

Schwerer Parteiverrat, § 356 II (Qualifikation): Aufbau wie § 356; zusätzl. im obj. Tatbestand nach der Tathandlung gegenseitiges Einverständnis des Täters mit einer Partei; im subj. Tatbestand nach dem Vorsatz Bewusstsein des Handelns zum Schaden der Gegenpartei

Aussageerpressung, § 343 I

objektiver Tatbestand

Tatbestand

▸ Täter:
- Amtsträger (§ 11 I Nr. 2, § 48 I WStG)
- zur Mitwirkung an repressiver Verfahrensart berufen, nämlich
  • Nr. 1: Strafverfahren/Verfahren zur Anordnung behördlicher Verwahrung (außerhalb eines Strafverfahrens insbes. Unterbringungsverfahren)
  • Nr. 2: Bußgeldverfahren (nach dem OWiG)
  • Nr. 3: Disziplinarverfahren/ehrengerichtliche Verfahren/ berufsgerichtliche Verfahren

▸ Tathandlungen:
  • körperliche Misshandlung eines anderen
  • Anwendung/Androhung von Gewalt
  • seelisches Quälen

subjektiver Tatbestand

▸ Vorsatz
▸ Absicht, den Betroffenen
- zu einer Aussage/Nichtaussage zu nötigen
- in dem jeweiligen Verfahren

Rechts-widrigkeit

allgemeine Grundsätze
⚠ Einwilligung des Betroffenen wirkt nicht rechtfertigend

Schuld

allgemeine Grundsätze

191

D. Anschluss- delikte	1. Hehlerei; zugleich Vernetzung mit anderen Straftatbeständen

Hehlerei, § 259

Prüfungsschema	Deliktsmangel:	weiterprüfen:

Tatbestand

objekt. Tatbestand

▸ Tatobjekt:
– Sache

Tatobjekt stammt nicht unmittelbar aus der Vortat, sondern ist Ersatzsache, die auch nicht ihrerseits durch Vermögensdelikt (insbes. Betrug) erlangt worden ist, sog. Ersatzhehlerei. → ggf. § 257; ⇨ S. 194
§ 261 ⇨ S. 195 f.

Vortat ist kein Vermögensdelikt. → § 261 ⇨ S. 195 f.

– von einem anderen durch Vermögensdelikt, speziell Diebstahl, erlangt

„Anschlusstäter" ist selbst täterschaftlich an der Vortat beteiligt. → § 246 ⇨ S. 73
(Problem der Zweitzueignung)

Vortat und Hehlereihandlung fallen zeitlich zusammen. → Beteiligung, ggf. sukzessive Beteiligung an der Vortat ⇨ § 257 I, III ⇨ S. 194

▸ Tathandlung
– Sich/Drittem verschaffen/ speziell Ankaufen

eigenmächtige Sacherlangung → § 242 ⇨ S. 59 ff.; § 249 ⇨ S. 66 f.; § 246 ⇨ S. 73

Sacherlangung zur Rückverschaffung an den Eigentümer ohne Leugnung dessen Eigentums → § 257 ⇨ S. 194; § 253 ⇨ S. 97

Einlösen gestohlener Scheckformulare nach deren Fälschung → § 152 a ⇨ S. 129; § 263 ⇨ S. 90 ff.

Sache ist lediglich in Verwahrung genommen worden. → § 257 ⇨ S. 194; § 261 ⇨ S. 195 f.

– Absetzen/ Absatzhilfe

Anschlussbeteiligter ist nur an der Gegenleistung interessiert, ohne an dem Absatzvorgang des Tatobjekts gestaltend mitzuwirken. → § 261 ⇨ S. 195 f.

Helfer unterstützt nur den Erwerber. → §§ 259, 27
(Beihilfe zum Sichverschaffen etc.)

Helfer unterstützt nur den Absetzenden/Absatzhelfer. → §§ 259, 27 (Beihilfe zum Absetzen bzw. zur Absatzhilfe)

D. Anschluss-delikte	1. Hehlerei; zugleich Vernetzung mit anderen Straftatbeständen (Fortsetzung)

Hehlerei, § 259 (Fortsetzung)

Prüfungsschema	Deliktsmangel:	weiterprüfen:

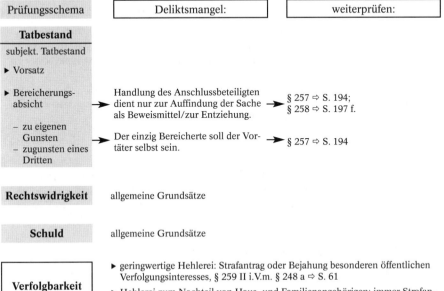

Tatbestand

subjekt. Tatbestand

▶ Vorsatz

▶ Bereicherungs-
absicht

  – zu eigenen
    Gunsten
  – zugunsten eines
    Dritten

Handlung des Anschlussbeteiligten
dient nur zur Auffindung der Sache
als Beweismittel/zur Entziehung.

Der einzig Bereicherte soll der Vor-
täter selbst sein.

§ 257 ⇨ S. 194;
§ 258 ⇨ S. 197 f.

§ 257 ⇨ S. 194

Rechtswidrigkeit   allgemeine Grundsätze

Schuld   allgemeine Grundsätze

Verfolgbarkeit

▶ geringwertige Hehlerei: Strafantrag oder Bejahung besonderen öffentlichen
Verfolgungsinteresses, § 259 II i.V.m. § 248 a ⇨ S. 61
▶ Hehlerei zum Nachteil von Haus- und Familienangehörigen: immer Strafan-
trag erforderlich, §§ 259 II i.V.m. § 247 ⇨ S. 61

Gewerbsmäßige Hehlerei; Bandenhehlerei, § 260 I
(vorsatzbedürftige/rein subjektive Qualifikation zu § 259)
Aufbau wie § 259; als qualifizierende Umstände zusätzlich:

▶ Nr. 1: (nur im subjektiven Tatbestand nach der Bereicherungsabsicht) Gewerbsmäßigkeit
(wie bei § 243 I 2 Nr. 3 ⇨ S. 61)
▶ Nr. 2: im objektiven Tatbestand Tatbegehung als Mitglied einer Bande, die sich zur fortgesetzten Begehung von Raub/Diebstahl/Hehlerei verbunden hat; im subjektiven Tatbestand nach der Bereicherungsabsicht Vorsatz bezüglich der qualifizierenden Umstände; § 247 gilt ebenfalls; § 248 a gilt nicht.

Gewerbsmäßige Bandenhehlerei, § 260 a
(vorsatzbedürftige Qualifikation zu § 260)
Aufbau wie § 260 I Nr. 1; im subjektiven Tatbestand nach der Bereicherungsabsicht Gewerbsmäßigkeit
(wie bei § 243 I 2 Nr. 3 ⇨ S. 61)

D. Anschluss-delikte	**2. Begünstigung**

Begünstigung, § 257

Tatbestand	**objektiver Tatbestand**
	
	▸ Vortat: begangene rechtswidrige Tat (§ 11 I Nr. 5) eines anderen
	
	▸ Tathandlung: Hilfeleisten = jedes Verhalten, das objektiv geeignet ist, den Vortäter hinsichtlich der (unmittelb.) Tatvorteile besser zu stellen
	
	⚠ Bei Handlungen zwischen Vollendung und Beendigung der Vortat entscheidet die innere Willensrichtung, ob sukzessive Beihilfe oder Begünstigung vorliegt.
	
	subjektiver Tatbestand
	
	▸ Vorsatz
	
	▸ Absicht (i.S.v. dolus directus I),
	  – dem Vortäter die (unmittelbaren) Vortat-Vorteile zu sichern und
	  – die Wiederherstellung des gesetzmäßigen Zustands zu vereiteln

Rechts-widrigkeit	allgemeine Grundsätze
Schuld	allgemeine Grundsätze
Persönlicher Strafaus-schließungs-grund	keine Strafbarkeit aus Begünstigung für Personen, die wegen Beteiligung an der Vortat (materiell) strafbar sind, § 257 III 1 ⚠ aber Rückausnahme, d.h. Strafausschluss aus § 257 III 1 gilt nicht für denjenigen (Vortatbeteiligten), der einen an der Vortat Unbeteiligten zur Begünstigung anstiftet, § 257 III 2
Verfolgbarkeit	▸ Strafantrag/Ermächtigung/Strafverlangen gelten auch für die Begünstigung, wenn Vortatverfolgung von einer entsprechenden Voraussetzung abhängig ist (§ 257 IV 1). ▸ Geringwertigkeit der zu sichernden Tatvorteile: Strafantrag oder Bejahung besonderen öffentlichen Verfolgungsinteresses, § 257 IV 2 i.V.m. § 248 a ⇨ S. 61 ▸ § 258 VI analog bei tateinheitlichem Zusammentreffen von § 257 und § 258, wenn aus Sicht des Anschlusstäters Strafvereitelung nicht ohne gleichzeitige Begünstigung zu erreichen

D. Anschluss- delikte	3. Geldwäsche

Geldwäsche, Verschleierung unrechtmäßig erlangter Vermögenswerte, § 261

<table>
<tr><td>Tatbestand</td><td>

objektiver Tatbestand

▶ Tatobjekt:
- Gegenstand = jedes, nicht notwendig körperliche Objekt (mit Erweiterung auf Tatbezugsobjekte bei gewerbs- oder bandenmäßiger Steuerhinterziehung gem. § 370 a AO, I 3)
- aus einer bestimmten rechtsw. Vortat, nämlich Katalog des I 2:

   Nr. 1: Verbrechen (i.S.v. § 12 I)

   Nr. 2: Vergehen:
- a) § 332 I, III/§ 334
- b) § 29 I 1 Nr. 1 BtMG/§ 29 I Nr. 1 GrundstoffüberwachungsG

   Nr. 3: Vergehen nach § 373 AO/gewerbsmäßige Begehung des § 374 AO/jeweils auch i.V.m. § 12 I DurchführungsG der gemeinsamen Marktorganisationen

   Nr. 4: Vergehen:
- a) §§ 152 a/181 a/232 I, II/233 I, II/233 a/242/246/ 253/259/263–264/266/267/269/284/326 I, II, IV/ § 328 I, II, IV
- b) § 96 AufenthaltG / § 84 AsylverfG
  jeweils entweder gewerbsmäßig o. bandenmäßig begangen

   Nr. 5: § 129 o. § 129 a V (jew. auch i.V.m. § 129 b I): Vergehen v. einem Mitglied einer kriminellen o. terroristischen Vereinigung (§ 129, 129 a; jew. auch i.V.m. § 129 b I) begangen

> Gleichstellungsklausel des VIII für alle Gegenstände aus Auslandstaten (i.S.d. I 2 Nr. 1–5, sofern die Tat am Tatort mit Strafe bedroht ist

- herrühren = Gegenstand muss – nicht notwendig in derselben Gestalt, sondern nur als vermögenswertes Surrogat – aus der Vortat stammen.

▶ Tathandlungen:

<table>
<tr>
<td>I: Gefährdungs- und Vereitelungstatbestand</td>
<td>II: Isolierungstatbestand</td>
</tr>
<tr>
<td>

- Verbergen
- Herkunft verschleiern
- Vereiteln/Gefährden der Ermittlung der Herkunft/des Auffindens/des Verfalls/der Einziehung/der Sicherstellung

</td>
<td>

Nr. 1: Sich-/einem Dritten verschaffen

Nr. 2: Verwahren/für sich oder einen Dritten verwenden

Tatbestandsausschluss gem. VI bei vorheriger Erlangung des Gegenstandes durch Dritten, ohne dass dieser dabei eine Straftat begangen hat

</td>
</tr>
</table>

</td></tr>
</table>

D. Anschluss- delikte	3. Geldwäsche (Fortsetzung)

Geldwäsche, Verschleierung unrechtm. erlangter Vermögenswerte (Fortsetzung)

	subjektiver Tatbestand	
Tatbestand	▸ Vorsatz	▸ Vorsatz auch bzgl. des Nichtvorliegens des Tatbestandsausschlusses Ausnahme: Bei der Annahme von Honorar durch Strafverteidiger ist nach der Rspr. des BVerfG sichere Kenntnis (dolus directus II) von der bemakelten Herkunft des Geldes erforderlich. ⌈Bei Nr. 2 Klarstellung des Vorsatzzeitpunkts bzgl. der bemakelten Herkunft: Sacherlangung⌉
R.widrigkeit	allgemeine Grundsätze	
Schuld	allgemeine Grundsätze	
Persönlicher Strafaufhebungsgrund	IX 2: keine Strafbarkeit aus Geldwäsche für Personen, die wegen Beteiligung an der Vortat strafbar sind	
Unselbstständige benannte Straferschwerungen	Besonders schwerer Fall mit Regelbeispielen des § 261 IV 2: • nur subjektiv: Gewerbsmäßigkeit • Tatbegehung als Mitglied einer Bande, die sich zur fortgesetzten Begehung der Geldwäsche verbunden hat	
Fakultative Strafmilderung/ Absehen v. Strafe	unter den Voraussetzungen der „kleinen Kronzeugenregelung" des § 261 X	
Strafaufhebung	unter den Voraussetzungen tätiger Reue gem. § 261 IX 1	

Leichtfertige Geldwäsche, § 261 V

Aufbau wie vorsätzl. Geldwäsche; anstelle des dort vorausgesetzten subj. Tatbestandes objektive Leichtfertigkeit bzgl. des Nichterkennens der bemakelten Herkunft des Gegenstandes prüfen; in der Schuld anstelle der Vorsatzschuld entsprechende subj. Leichtfertigkeit ermitteln.

⚠ Eine Strafbarkeit von Strafverteidigern gem. § 261 V i.V.m. II wegen der Annahme bemakelten Honorars ist wegen des vom BVerfG aufgestellten Erfordernisses der sicheren Kenntnis von der Herkunft des Geldes bei nur bedingt vorsätzlichem oder leichtfertigem Handeln ausgeschlossen.

196

D. Anschluss-delikte	**4. Strafvereitelung**

Strafverfolgungsvereitelung, § 258 I

Tatbestand	**objektiver Tatbestand**
	▶ Vortat:
	– rechtswidrige Tat (§ 11 I Nr. 5) eines anderen
	– aus der ein staatlicher Strafanspruch/ein Anspruch auf Verhängung von Maßnahmen (§ 11 I Nr. 8) entstanden ist
	▶ Taterfolg/Tathandlungen:
	• ganz vereiteln = zumindest für geraume Zeit ab ca. einer Woche, Verzögerung der Verhängung der Strafe/der Maßnahme
	• z.T. vereiteln = unzulässige Verringerung der Strafe/der Maßregel
	⚠ Teleologische Reduktion bei verfahrensbezogenen Handlungen von Strafverteidigern, sofern die fragliche Handlung nicht der Rechtsordnung widerspricht und nicht der Tatsachenmanipulation dient.
	subjektiver Tatbestand
	▶ Vorsatz bzgl. der Vortat (dolus eventualis genügt)
	▶ Absicht/Wissentlichkeit bzgl. der Vereitelung (dolus directus I oder II)

Rechts-widrigkeit	allgemeine Grundsätze

Schuld	allgemeine Grundsätze

Persönliche Strafaus-schließungs-gründe	▶ Vereitelungshandlungen, die zugleich der Strafverfolgungsvereitelung in Bezug auf die Person des Anschlusstäters dienen, § 258 V
	▶ Vereitelungshandlungen zugunsten von Angehörigen (§ 11 I Nr. 1), § 258 VI

Strafverfolgungsvereitelung im Amt, § 258 a
(unechtes Amtsdelikt und vorsatzbedürftige Qualifikation)

Aufbau wie § 258; zusätzlich im objektiven Tatbestand zuerst prüfen: bestimmte Täter, nämlich Amtsträger (§ 11 I Nr. 2), zur Mitwirkung bei dem Strafverfahren oder dem Verfahren zur Anordnung der Maßnahme berufen; im subjektiven Tatbestand zusätzlich Vorsatz bezüglich der qualifizierenden Umstände; § 258 VI gilt gem. § 258 a III nicht.

D. Anschluss-delikte	4. Strafvereitelung (Fortsetzung)

Strafvollstreckungsvereitelung, § 258 II

<table>
<tr><td rowspan="2">Tatbestand</td><td>objektiver Tatbestand</td></tr>
<tr><td>

▶ Tatsituation:

– Vorliegen einer vollstreckbaren strafgerichtlichen Entscheidung, § 449 StPO

– durch die gegen einen anderen eine Strafe/Maßnahme verhängt worden ist

▶ Taterfolg/Tathandlungen:

• ganz vereiteln = zumindest für geraume Zeit Verzögerung der Straf-/Maßnahmevollstreckung

• teilweise vereiteln = unzulässige Verkürzung der Straf-/Maßnahmevollstreckung

⚠ nicht bei Zahlung von Geldstrafe durch Dritte

</td></tr>
<tr><td>subjektiver Tatbestand</td></tr>
<tr><td>

▶ Vorsatz bzgl. der Vortat (dolus eventualis genügt)

▶ Absicht/Wissentlichkeit bzgl. der Vereitelung (dolus directus I oder II)

</td></tr>
</table>

Rechtswidrigkeit	allgemeine Grundsätze

Schuld	allgemeine Grundsätze

Persönliche Strafausschließungsgründe	▶ Vereitelungshandlungen, die zugleich der Strafverfolgungsvereitelung in Bezug auf die Person des Anschlusstäters dienen, § 258 V ▶ Vereitelungshandlungen zugunsten von Angehörigen (§ 11 I Nr. 1), § 258 VI

Strafvollstreckungsvereitelung im Amt, § 258 a
(unechtes Amtsdelikt und vorsatzbedürftige Qualifikation)

Aufbau wie § 258 II; zusätzlich im objektiven Tatbestand zuerst prüfen: bestimmte Täter, nämlich Amtsträger (§ 11 I Nr. 2), zur Mitwirkung bei der Strafvollstreckung der Strafe/der Maßregel berufen; im subjektiven Tatbestand zusätzlich Vorsatz bezüglich der qualifizierenden Umstände; § 258 VI gilt gem. § 258 a III nicht.

E. Allgemeiner Teil	1. Deliktsgrundtypen; Deliktsvarianten; Strafbarkeit bei Mehrheit von Beteiligten

Anknüpfungs-merkmal bei der Prüfung der voll-endeten Vorsatz-tat des Einzel-täters:	Deliktsmangel:	weiterprüfen:

Tatbestands-mäßigkeit

objekt. Tatbestand:

Täter ⊢▶ fehlende Sondereigenschaft des Ausführenden ➔ vollendetes vorsätzliches Begehungsdelikt in **mittelbarer Täterschaft** ⇨ S. 207 **durch Hintermann?**

▶ Mindestvoraussetzungen straf-rechtlicher Handlung fehlen ➔ Vorverlagerung des strafrechtli-chen Anknüpfungspunktes und Prüfung als **Fahrlässigkeitstat** ⇨ S. 202

▶ Geschehenlassen des Erfolgs-eintritts ➔ täterschaftliches **unechtes Unterlassungsdelikt** ⇨ S. 205; **Beihilfe durch Unterlassen; echte Unterlassungsdelikte, insbes. § 323 c**

Tathandlung

▶ Mitwirkung anderer Beteiligter ➔ Zurechnung des Fremdverhal-tens nach Ausführungsherr-schaft (= als **Alleintäter**); nach funktioneller Tatherrschaft = als **Mittäter** ⇨ S. 206; nach hand-lungssteuernder Tatherrschaft = als **mittelbarer Täter** ⇨ S. 207, sonst Teilnahme ⇨ S. 208

Taterfolg, Kausalität, objektive Zurechnung ▶ tatsächliches Ausbleiben des Er-folgseintritts oder fehlende Zu-rechenbarkeit aus tatsächlichen oder rechtlichen Gründen ➔ **Versuch** ⇨ bei Rechtsirrtum zu-lasten des Täters: Abgrenzung zwischen untauglichem Versuch und straflosem Wahndelikt ⇨ S. 204

Anknüpfungs-merkmal bei der Prüfung der voll-endeten Vorsatz-tat des Einzel-täters:	Deliktsmangel:	weiterprüfen:
Tatbestands-mäßigkeit subjekt. Tatbestand: Vorsatz bezüglich Tathandlung und Erfolg	➤ fehlende voluntative oder intel-lektuelle Vorsatzkomponente im Handlungszeitpunkt	➤ ggf. Erfolgszurechnung aus Er-folgsqualifikation ⇨ S. 203 ⇨ sonst: Fahrlässigkeitsdelikt, sofern strafbar, § 15 ⇨ S. 202
	➤ Zielverfehlung	➤ aberratio ictus; sonstige wesent-liche Kausalabweichung; error in persona vel in objecto ⇨ S. 215
deliktsspezifische Absichten	➤ Absichtslosigkeit des Vordermannes	➤ **mittelbare Täterschaft** des Tat-veranlassers ⇨ S. 207, ggf. **Bei-hilfe** durch absichtslos-dolosen Vordermann ⇨ S. 208
Rechts-widrigkeit	➤ objektive Rechtfertigung ohne subjektives Rechtfertigungsele-ment	➤ nach h.Lit. **Versuch** ⇨ S. 204
	➤ irrige Annahme objektiv nicht gegebener Rechtfertigung	➤ bei Erlaubnistatbestandsirrtum Wegfall der Vorsatztat ⇨ **Fahr-lässigkeitsdelikt**, sofern strafbar, § 15, und sofern Irrtum sorg-faltswidrig ⇨ S. 202
Schuld	➤ Schuldunfähigkeit im Tatzeit-punkt	➤ Vorsatztat i.V.m. vorsätzlicher alic ⇨ sofern strafbar: Fahrläs-sigkeitsdelikt i.V.m. alic ⇨ Voll-rausch, § 323 a ⇨ S. 223 f.
Benannter, fakultativer Grund zur Strafmilderung/ Absehen von Strafe	§ 46 a, Täter-Opfer-Ausgleich	

E. Allgemeiner Teil	1. Deliktsgrundtypen; Deliktsvarianten; Strafbarkeit bei Mehrheit von Beteiligten 1.1 Deliktsgrundtypen 1.1.1 Das vollendete vorsätzliche Begehungs-Erfolgsdelikt

I. Tatbestand

Typisierung besonders sozialschädlichen Verhaltens nach dem Bestimmtheitsgebot, § 1

1. objektiver Tatbestand

a) **Täter, Tathandlung, Taterfolg,**
ergänzt und modifiziert durch **weitere deliktsspezifische äußere Merkmale**

b) **Kausalzusammenhang zwischen Handlung und Erfolg**

c) nach Bejahung der Kausalität:
objektiver Zurechnungszusammenhang zwischen Handlungsrisiko und Erfolg ⇨ S. 214

2. subjektiver Tatbestand

a) Tatbestandsvorsatz im Zeitpunkt der Tathandlung ⇨ S. 215

b) deliktsspezifische subjektive Tatbestandsmerkmale, insbesondere Absichten

---

Als Tatbestandsannex nach dem subjektiven Tatbestand zu prüfen:
vorsatzunabhängige deliktsspezifische Strafbarkeitsbedingungen, z.B. § 113 III

II. Rechtswidrigkeit

Widerspruch der Tat zur Gesamtrechtsordnung

indiziert durch Tatbestandserfüllung (Ausnahme: bei §§ 240, 253 positive Feststellung erforderlich); entfällt bei Vorliegen von Rechtfertigungsgründen

III. Schuld

individuelle Vorwerfbarkeit der Tat

1. **Schuldfähigkeit §§ 19–21**
2. **deliktsspezifische Schuldmerkmale** (z.B. in § 157 I)
3. **Vorsatzschuld** (str., nur bei Erlaubnistatbestandsirrtum anzusprechen)
4. **Fehlen spezieller Entschuldigungsgründe** (z.B. §§ 33, 35)
5. **Möglichkeit des Unrechtsbewusstseins, § 17**

IV. Strafausschließungsgründe (z.B. § 258 V, VI), Strafaufhebungsgründe (z.B. § 139)
V. Strafantrag (§§ 77 ff.), andere Strafverfolgungsvoraussetzungen oder -hindernisse (z.B. Verjährung, §§ 78 ff.) ⇨ S. 225

E. Allgemeiner Teil	**1. Deliktsgrundtypen; Deliktsvarianten; Strafbarkeit bei Mehrheit von Beteiligten** **1.1 Deliktsgrundtypen** **1.1.2 Das fahrlässige Begehungs-Erfolgsdelikt**

I. Tatbestands-mäßigkeit

1. Täter, Taterfolg und weitere deliktsspezifische Unrechtsmerkmale
2. Handlung des Täters
3. Kausalzusammenhang zwischen Handlung und Erfolg
4. Objektive Sorgfaltspflichtverletzung bei objektiver Voraussehbarkeit des Erfolgs und des wesentlichen Kausalverlaufs

   Maßstab: Objektiv anerkannte Verhaltensnormen eines durchschnittlichen Beteiligten des jeweiligen Verkehrskreises

   ⚠ Begrenzung der Sorgfaltspflicht durch „erlaubtes Risiko" auch (insbesondere im Straßenverkehr) durch „Vertrauensgrundsatz"
5. Objektiver Zurechnungszusammenhang zwischen Handlungsrisiko und Erfolg, insbesondere:

   ▶ Schutzzweck der verletzten Norm

   ▶ eigenverantwortliche Selbstgefährdung

   ▶ zusätzlich: möglicher Zurechnungsausschluss bei rechtmäßigem Alternativverhalten

II. Rechts-widrigkeit

indiziert durch Tatbestandserfüllung; entfällt bei Vorliegen von objektiven Rechtfertigungsgründen

III. Schuld

1. Schuldfähigkeit, §§ 19–21
2. Spezielle Schuldmerkmale
3. Subjektiver Sorgfaltsverstoß bei subjektiver Voraussehbarkeit des Kausalverlaufs und Erfolges

   Maßstab = persönliche Fähigkeiten und Kenntnisse des Täters
4. Fehlen von Entschuldigungsgründen, insbesondere Unzumutbarkeit normgemäßen Verhaltens
5. Möglichkeit des Unrechtsbewusstseins, § 17

E. Allgemeiner Teil	1. Deliktsgrundtypen; Deliktsvarianten; Strafbarkeit bei Mehrheit von Beteiligten 1.2 Deliktsvarianten 1.2.1 Das erfolgsqualifizierte Begehungsdelikt

= Straftatbestände, die ein selbstständig *strafbares Grunddelikt* durch die *Verwirklichung eines weitergehenden Erfolgs* – meist schwere Körperverletzung oder Tod – qualifizieren (z.B. §§ 227, 251, 306 c).

I. Tatbestandsmäßigkeit

1. **Vollendung des Grunddelikts**
   objektiver und subjektiver Unrechtstatbestand der jeweils erforderlichen Vorsatztat

2. **Verwirklichung und objektive Vorwerfbarkeit des qualifizierenden Erfolgs**

   ▶ Eintritt des Erfolgs

   ▶ Kausalzusammenhang zwischen Grunddelikt und Erfolg

   ▶ Fahrlässigkeit; sofern gesetzlich vorgesehen, *Leichtfertigkeit* hinsichtlich des erschwerenden Erfolgs (z.B. § 239 a III); bei Vorsatz: § 18

   ▶ objektive Zurechnung des qualifizierenden Erfolgs nach allgemeinen Kriterien (sofern nicht Gegenstand des nachfolgenden Prüfungspunktes)

3. Der qualifizierende Erfolg muss eine dem Grunddelikt spezifisch anhaftende Gefahr verwirklichen = sog. **tatbestandsspezifischer Gefahrzusammenhang.**

II. Rechtswidrigkeit

entfällt bei Rechtfertigung des Grunddelikts

III. Schuld

1. **Schuldfähigkeit, §§ 19–21**
2. **Spezielle Schuldmerkmale**
3. **Vorsatzschuld in Bezug auf das Grunddelikt**
4. **Fahrlässigkeitsschuld hinsichtlich der schweren Folge**

   ▶ subjektive Vorhersehbarkeit der schweren Folge; str., ob darüber hinaus subjektive Pflichtwidrigkeit

   ▶ bei gesetzlichem Erfordernis der Leichtfertigkeit hinsichtlich der schweren Folge:
   Erkennbarkeit der die Leichtfertigkeit begründenden Umstände für den Täter

5. **Fehlen von Entschuldigungsgründen**
6. **Möglichkeit des Unrechtsbewusstseins, § 17**

Vorfragen

▸ **Keine Strafbarkeit aus Vollendungstat** (Fehlen eines objektiven Tatmerkmals oder fehlende Zurechenbarkeit des Unrechtserfolgs)
▸ **Strafbarkeit des Versuchs**, §§ 23 I, 12 (auch bei Vorsatz-Fahrlässigkeitskombinationen, insbes. Erfolgsqualifikationen, möglich, § 11 II, 18)

I. Tatbestandsmäßigkeit

1. subjektiver Tatbestand, d.h. Tatverwirklichung

▸ vorbehaltsloser Handlungswille
▸ Tatvorsatz hinsichtlich aller objektiven Tatbestandsumstände, ggf. einschließlich der nach Allg. Teil zusätzlich erforderlichen Tatumstände (§§ 13, 25 I, 2. Alt., 25 II); Abgrenzung zum straflosen Wahndelikt und zum straflosen abergläubischen Versuch
▸ besondere subjektive Unrechtselemente, insbes. etwaige Absichten

2. objektiver Tatbestand, d.h. unmittelbares Ansetzen, § 22

▸ i.d.R. bei Teilverwirklichung des jeweiligen Tatbestandsmerkmals
▸ oder bei Handlungen im Vorfeld der Tatbestandsverwirklichung, durch die das Rechtsgut nach Tätervorstellung bereits konkret gefährdet wird
  – Sachverhaltsperspektive des Täters
  – nach Tatplan keine notwendigen Zwischenakte mehr
▸ bei abgeschlossenem Täterhandeln/Unterlassen/mittelbarer Täterschaft nach überwiegender Ansicht schon mit Entlassen des Kausalverlaufs zwecks zeitnaher Erfolgsverwirklichung

II. R.widrigkeit

entfällt bei Rechtfertigung der Versuchshandlung

III. Schuld

allgemeine Grundsätze

IV. Persönlicher Strafaufhebungsgrund: Rücktritt, § 24

1. Anwendbarkeit:
• Tat muss sich noch im Versuchsstadium befinden (nach h.M. ist dies auch noch zu bejahen, wenn im Versuchsstadium bereits Erfolgsqualifikation eingetreten ist).

2. bei *Alleintäterschaft* I:
   a) **objektiv**
   • **bei unbeendetem Versuch**
     S. 1, 1. Alt.: Aufgeben der weiteren Tatausführung

   • **bei beendetem Versuch**
     S. 1, 2. Alt.: Verhinderung der Tatvollendung

   • **bei vermeintlich vollendbarem beendeten Versuch**
     S. 2: Bemühen des Täters um Vollendungsverhinderung

2. bei *Beteiligung mehrerer* II:
   a) **objektiv**
   • **bei unbeendetem/beendetem Versuch**
     S. 1: Verhinderung der Tatvollendung

   • **bei vermeintlich vollendbarem Versuch**
     S. 2, 1. Alt.: ernsthaftes Bemühen um Vollendungsverhinderung

   • **bei teilnahmeunabhängiger Tatvollendung**
     S. 2, 2. Alt.: ernsthaftes Bemühen um Vollendungsverhinderung

• Die Rücktrittsvoraussetzungen müssen aus Tätersicht noch erfüllbar sein. Daran fehlt es beim **fehlgeschlagenen Versuch**.
   b) **subjektiv:** Freiwilligkeit, d.h. autonome, nicht heteronome Motive; bei Zweifeln gilt in dubio pro reo

Einschlägiges $\boxed{\text{Deliktsschema}}$ jeweils ergänzen um folgendes $\boxed{\text{Unterschema}}$:

Vollendetes vorsätzliches Begehungs-Erfolgsdelikt
⇨ S. 201

Anknüpfungspunkte:
im objektiven Tatbestand bei der **Tathandlung** nach Abgrenzung des aktiven Tuns von der Unterlassung, bei der **Kausalität** und beim **Vorsatz**

Fahrlässiges Begehungs-Erfolgsdelikt
⇨ S. 202

Anknüpfungspunkte:
bei der **Tathandlung** nach Abgrenzung des aktiven Tuns von der Unterlassung und bei der **Kausalität**

Erfolgsqualifiziertes Begehungsdelikt
⇨ S. 203

Anknüpfungspunkte:
beim Grunddelikt im **Tatbestand** nach Abgrenzung des aktiven Tuns von der Unterlassung, bei der **Kausalität** und ggf. beim **Vorsatz**

Versuch
⇨ S. 204

Anknüpfungspunkte:
im **Tatentschluss** bei der Tathandlung nach Abgrenzung des aktiven Tuns von der Unterlassung; Sonderregeln auch beim unmittelbaren Ansetzen

▶ **Nichtvornahme der objektiv gebotenen Handlung** bei **tatsächlicher Handlungsmöglichkeit** des Täters

▶ **Kausalität** nach der abgewandelten conditio sine qua non-Formel

▶ Rechtspflicht zur Erfolgsabwendung, d.h. **Garantenstellung**, § 13 I, 1. Halbs.

als **Beschützergarant** aus

• speziellen Rechtssätzen

• rechtlich fundierter, natürlicher Verbundenheit

• besonderem Vertrauensverhältnis

• tatsächlicher Übernahme von Schutzpflichten

• Amtsträgerstellung

oder als **Überwachungsgarant** aus

• pflichtwidrigem und gefahrerhöhendem, nicht notwendig strafbarem Vorverhalten (Ingerenz)

• Beherrschung einer in den eigenen Zuständigkeitsbereich fallenden Gefahrenquelle

• Verantwortung für einen räumlich abgegrenzten Bereich

• Pflicht zur Beaufsichtigung

▶ **Zumutbarkeit** (z.T. auch als Entschuldigungsgrund)

▶ **Gleichwertigkeit** des Unterlassens, § 13 I a.E.; nur bei verhaltensgebundenen Delikten

E. Allgemeiner Teil	1. Deliktsgrundtypen; Deliktsvarianten; Strafbarkeit bei Mehrheit von Beteiligten 1.3 Täterschaft und Teilnahme 1.3.1 Mittäterschaft

Soweit möglich, getrennte Prüfung für jeden Beteiligten.

Nach Ausgrenzung der Delikte, für die der fragliche Beteiligte keine Täterqualität besitzt, einschlägiges ⬚Deliktsschema⬚ jeweils ergänzen um folgendes ⬚Unterschema⬚ :

Vollendetes vorsätzliches Begehungs-/Unterlassungsdelikt
⇨ S. 201/205
Anknüpfungspunkte:
im objektiven Tatbestand bei der **Tathandlung** und beim **Vorsatz** zum gemeinschaftlichen Handeln

▶ **Zurechnung der erfolgsverwirklichenden Handlung des/der anderen beteiligten Täter über § 25 II:**
– eigene **Verursachungsbeiträge** des als Mittäter geprüften Beteiligten (auch im Vorbereitungsstadium)
– **gemeinsamer Tatplan**

Erfolgsqualifiziertes Begehungs-/Unterlassungsdelikt
⇨ S. 203/205
Anknüpfungspunkte:
nur bei vorsätzlichem Grunddelikt im objektiven Tatbestand bei der **Tathandlung** und beim **Vorsatz** zum gemeinschaftlichen Handeln

– **Rollenbewertung** als mittäterschaftlich:
• nach objektiver Theorie wegen funktioneller Tatherrschaft
• nach subjektiver Theorie wegen Täterwillens (indiziert auch Art und Umfang der Mitwirkung/Tatherrschaft/Interesse am Taterfolg)

Versuch des Begehungs-/Unterlassungsdelikts
⇨ S. 204/205
Anknüpfungspunkte:
im Tatentschluss beim Vorsatz zum gemeinschaftlichen Handeln und beim **unmittelbaren Ansetzen**

▶ **Anwendung des § 28 II:**
Tatbestandsverschiebung (h.M.) wegen Fehlens oder Vorliegens strafändernder persönlicher Merkmale
(⇨ S. 212)

Gemeinsame Prüfung mehrerer als Mittäter geboten, wenn erst durch Zusammenschau der arbeitsteilig erbrachten Beiträge das Unrecht zu erfassen ist. Dann jedes Deliktsmerkmal auf jeden potenziellen Mittäter beziehen und bei der Tathandlung/den Tathandlungen o.g. Unterschema einarbeiten.

Nach Vorprüfung des Tatnächsten als Tatmittler infrage kommenden Beteiligten suchen. Ausgrenzung der Delikte, für die Hintermann keine Täterqualität aufweist. Einschlägiges Deliktsschema jeweils ergänzen um folgendes Unterschema für den mittelbaren Täter:

Vollendetes vorsätzliches Begehungs-/Unterlassungsdelikt
⇨ S. 201/205
Anknüpfungspunkte:
im objektiven Tatbestand bei der **Tathandlung** und beim **Vorsatz** zum mittelbar täterschaftlichen Handeln

Erfolgsqualifiziertes Begehungs-/Unterlassungsdelikt
⇨ S. 203/205
Anknüpfungspunkte:
nur bei vorsätzlichem Grunddelikt im objektiven Tatbestand bei der **Tathandlung** und beim **Vorsatz** zum mittelbar täterschaftlichen Handeln

Versuch des Begehungs-/Unterlassungsdelikts
⇨ S. 204/205
Anknüpfungspunkte:
im **Tatentschluss** beim Vorsatz zum mittelbar täterschaftlichen Handeln und beim **unmittelbaren Ansetzen**

▶ **Zurechnung der erfolgsverwirklichenden Handlung eines anderen über § 25 I, 2. Alt.:**
– eigener **Verursachungsbeitrag** des als mittelbarer Täter geprüften Beteiligten
– **Rollenbewertung** als mittelbar täterschaftlich:
  • nach objektiver Theorie wegen handlungssteuernder **Tatherrschaft:**
  -- Grds. begründet durch **Verantwortungsprinzip**, d.h. wenn **Strafbarkeitsmangel** des Vordermannes und entsprechendes **überlegenes Wissen oder überlegener Wille** des Hintermannes vorliegt; das gilt auch, wenn Tat durch einen vorsätzl. handelnden Vordermann ohne Täterqualität o. ohne deliktsspezifische Absicht ausgeführt wird und Hintermann entspr. Täterqualität o. deliktsspezifische Absicht besitzt (str.).
  -- Ausnahmsweise auch, wenn Fallgruppe „**Täter hinter dem Täter**" vorliegt, nämlich bei Ausnutzung eines Irrtums des Vordermannes über die konkreten Handlungssinn seiner Tat oder bei Organisationsherrschaft des Hintermannes
  • nach subjektiver Theorie wegen Täterwillens, indiziert vor allem durch Tatherrschaft
▶ **Anwendung des § 28 II:**
Tatbestandsverschiebung (h.M.) wegen Fehlens oder Vorliegens strafändernder persönlicher Merkmale (⇨ S. 212)

E. Allgemeiner Teil	**1. Deliktsgrundtypen; Deliktsvarianten; Strafbarkeit bei Mehrheit von Beteiligten** **1.3 Täterschaft und Teilnahme** **1.3.3 Das Teilnehmerdelikt**

Nach Ausgrenzung täterschaftl. Beteiligung und nach Vorprüfung des Haupttäters

I. Tatbestandsmäßigkeit

1. objektiver Tatbestand

a) **limitiert akzessorische Haupttat**

▸ objektiver u. subjektiver Tatbestand eines Vorsatzdelikts

- vollendete/versuchte Begehungs- oder Unterlassungstat
  ⇨ S. 201/203/204
- vollendeter oder versuchter Vorsatzteil eines Vorsatz-Fahrlässigkeitsdelikts, insbes. Erfolgsqualifikation (vgl. § 11 II) ⇨ S. 202/203

▸ Rechtswidrigkeit der Haupttat

▸ ggf. Verwirklichung vorsatzunabhängiger Tatbestandselemente

b) **Teilnehmerbeitrag**

▸ „Bestimmen", d.h. Hervorrufen des Tatentschlusses durch psychische Beeinflussung (h.M.); auch in „Mittäterschaft" o. „mittelbarer Täterschaft" (dann zusätzlich ⇨ S. 206/207)

▸ „Hilfeleisten", d.h. psychische oder physische Förderung der Haupttat; auch durch Unterlassen (dann zusätzlich ⇨ S. 205) oder in „Mittäterschaft" oder „mittelbarer Täterschaft" ⇨ S. 206/207

2. subjektiver Tatbestand („doppelter" Teilnehmervorsatz)

a) zumindest **Eventualvorsatz bezüglich aller objektiven und subjektiven Tatbestandsmerkmale der Haupttat**; zusätzlich **Erfolgswille** und **Konkretisierung der Haupttat** als „umrisshaftes Geschehen"; Vorsatz bezüglich der Rechtswidrigkeit der Haupttat

b) zumindest **Eventualvorsatz bezüglich des eigenen Teilnehmerbeitrags**

3. Bei Vorsatz-Fahrlässigkeitskombinationen zusätzlich eigener Sorgfaltsverstoß

Tatbestandsverschiebung

Anwendung des **§ 28 II**: Akzessorietätsdurchbrechung bei Fehlen oder Vorliegen strafändernder persönlicher Merkmale (⇨ S. 212)

II. Rechtswidrigkeit

entfällt bei Rechtfertigung der Teilnahmehandlung

III. Schuld

nach allgemeinen Grundsätzen

IV. Benannte Strafmilderungen

▸ obligatorische Strafmilderung beim Gehilfen, § 27 II 2

▸ obligatorische Strafmilderung, wenn beim Teilnehmer besondere persönl. Merkmale fehlen, die die Strafbarkeit des Haupttäters begründen, § 28 I (⇨ S. 212)

E. Allgemeiner Teil	**1. Deliktsgrundtypen; Deliktsvarianten; Strafbarkeit bei Mehrheit von Beteiligten** **1.3 Täterschaft und Teilnahme** **1.3.4 Strafbare Vorstufen der Tatbeteiligung** **1.3.4.1 Versuchte (Ketten-)Anstiftung, § 30 I 1**

Vorfragen

▶ Keine Anstiftung zur vollendeten oder versuchten Haupttat?

▶ Strafbarkeit der versuchten Anstiftung nur, wenn angesonnene Straftat Verbrechen ist oder auf § 30 I gesetzlich verwiesen wird (z.B. § 159)

I. Tatbestandsmäßigkeit

1. subjektiver Tatbestand, d.h. Tatentschluss

a) zumindest Eventualvorsatz bezüglich aller objektiven und subjektiven Tatbestandsmerkmale der Haupttat; zusätzlich Erfolgswille und hinreichende Konkretisierung der angesonnenen Haupttat; Vorsatz bezüglich der Rechtswidrigkeit der geplanten Haupttat

b) zumindest Eventualvorsatz bezüglich der eigenen (Ketten-)Anstiftungshandlung

2. objektiver Tatbestand, d.h. unmittelbares Ansetzen

Beginn der Anstiftungshandlung aus Sicht des Handelnden

II. Rechtswidrigkeit

entfällt bei Rechtfertigung der Anstiftungshandlung

III. Schuld

allgemeine Grundsätze

IV. Persönlicher Strafaufhebungsgrund

Rücktritt, § 31, vgl. die Struktur nach § 24 ⇨ S. 204

Obligatorische Strafmilderung

§ 30 I 2

E. Allgemeiner Teil	1. Deliktsgrundtypen; Deliktsvarianten; Strafbarkeit bei Mehrheit von Beteiligten 1.3 Täterschaft und Teilnahme 1.3.4 Strafbare Vorstufen der Tatbeteiligung 1.3.4.2 Verabredung zum Verbrechen etc., § 30 II

Vorprüfung

Strafbarkeit wegen Beteiligung am Versuch oder an der vollendeten geplanten Tat?

I. Tatbestands-mäßigkeit

1. objektiver Tatbestand

a) Bezugstat: Begehung eines konkret geplanten Verbrechens (oder Anstiftung dazu)
b) Vorstufen der Tatbeteiligung:
  ▸ Anstiftung:
    2. Mod.: Annahme des Erbietens desjenigen, der sich bereit erklärt hat
  ▸ Täterschaft:
    – 1. Mod.: Sichbereiterklären
      • Annahme der Anstiftung
      • Sicherbieten
    – 3. Mod.: Verabredung zur mittäterschaftlichen Begehung

2. subjektiver Tatbestand

a) Vorsatz und Erfolgswille hinsichtlich der Bezugstat
b) Vorsatz zur Beteiligung i.S.v. § 30 II

II. Rechts-widrigkeit

entfällt bei Rechtfertigung der Vorbereitungshandlung

III. Schuld

allgemeine Grundsätze

IV. Persön-licher Strafauf-hebungs-grund

Rücktritt, § 31, vgl. die Struktur nach § 24 ⇨ S. 204

Obligatorische Strafmilderung

§ 30 I 2

E. Allgemeiner Teil	1. Deliktsgrundtypen; Deliktsvarianten; Strafbarkeit bei Mehrheit von Beteiligten 1.3 Täterschaft und Teilnahme 1.3.5 Strafbarkeitsausdehnung bei Sonderdelikten, § 14

Einschlägiges [Deliktsschema] ergänzen um folgendes [Unterschema] :

Tatbestand eines Sonderdelikts

↓

Sondereigenschaft

↓

zwar bei einem Rechtssubjekt gegeben, dies hat aber nicht gehandelt

↓

für den Normadressaten hat ein anderer gehandelt, der selbst nicht Normadressat ist. Anknüpfung im objektiven Tatbestand bei der Täterqualität und im subjektiven Tatbestand beim Vorsatz bzw. bei Fahrlässigkeitsdelikten im Tatbestand und in der Schuld

▸ Vertretungsverhältnis nach § 14 I–III

 I

• Nr. 1: Vertretungsberechtigte Organe (deren Mitglieder) einer juristischen Person

• Nr. 2: Vertretungsberechtigte Gesellschafter einer Personenhandelsgesellschaft

• Nr. 3: gesetzlicher Vertreter eines anderen (Eltern/Pfleger/Insolvenzverwalter etc.)

} unabhängig von der Wirksamkeit des Bestellungsakts, III

II

rechtsgeschäftlich begründete Vertretungsverhältnisse selbstständig und eigenverantwortlich handelnder Beauftragter in Betrieben (S. 1)/Unternehmer (S. 2)/Stellen der öffentlichen Verwaltung (S. 3)

▸ Sonderdeliktseigenschaft muss strafbegründendes besonderes persönliches Merkmal sein

• Statusbezeichnung mit besonderen Pflichten

• Täterbeschreibung, die typischerweise Handeln durch andere betrifft

• Täterkreis, vor dem das jeweilige Rechtsgut besonders geschützt werden muss

▸ (deliktsbezogene) Handlung muss in innerem Zusammenhang mit Vertreteraufgabe stehen

▸ Vorwerfbarkeit

– bei Vorsatztaten: Kenntnis der Umstände, die die Haftungsausdehnung begründen

– bei Fahrlässigkeitstaten objektiv und subjektiv Kennenmüssen der Umstände, die die Haftungsausdehnung begründen

E. Allgemeiner Teil	1. Deliktsgrundtypen; Deliktsvarianten; Strafbarkeit bei Mehrheit von Beteiligten
	1.3 Täterschaft und Teilnahme
	1.3.6 Zurechnung sonstiger deliktsspezifischer Merkmale, §§ 16, 28

tatbezogene Merkmale = Beschreibung der besonderen Gefährlichkeit/ der Ausführungsart/des sachlichen Unrechts des jeweiligen Delikts	bei Tatbestandsmerkmalen genügt Kenntnis des jeweiligen Tatbeteiligten gemäß § 16 I
	bei Unkenntnis der Verwirklichung keine Vorsatzhaftung (= Exzess)
	[für tatbezogene Merkmale von Regelbeispielen gilt § 16 analog]

persönliche Merkmale = Motive/ Tendenzen zur Kennzeichnung der Einstellung des Täters zur Tat/Merkmale höchstpersönlicher Pflichtenbindung	**strafbegründende**
	• wenn beim Haupttäter vorhanden, beim Teilnehmer dagegen nicht (diesem das Merkmal in der Person des Haupttäters bekannt ⇨ § 28 I: obligatorische Strafmilderung)
	• beim Handelnden nicht vorhanden, beim Mitwirkenden dagegen vorhanden
	– Mitwirkender mittelbarer Täter
	– Handelnder „dolos qualifikationsloser Werkzeug-Gehilfe"
	strafändernder/strafausschließender/strafaufhebender Art
	• bei Divergenzen zwischen Tätern: gemäß § 28 II für jeden Täter unterschiedliche Tatbestandswahl
	• bei Divergenzen zwischen Haupttäter und Teilnehmer: gemäß § 28 II Durchbrechung der Akzessorietät und „Tatbestandsverschiebung"
	[für personenbezogene Regelbeispiele gilt § 28 II analog]

E. Allgemeiner Teil	2. Wichtige Einzelstrukturen
	2.1 Elemente des Tatbestandsvorsatzes

Vorsatz-zeitpunkt

gem. § 16 I 1 „bei Begehung der Tat", d.h. gem. § 8 im Zeitpunkt der Täterhandlung, in welchem diese nach Maßgabe von § 22 die Versuchsschwelle überschreitet; Deliktswille vor Versuchsbeginn und nach Tatbeendigung sind unschädlich ⇨ bei Vorsatzbildung nach Vornahme der rechtsgutgefährdenden Handlung Nichthinderung des Erfolgs unter dem Gesichtspunkt **unechter Unterlassungsdelikte** (⇨ S. 205) prüfen

Vorsatz-gegenstand

- Bezugs-rahmen

gem. § 16 I 1: Umstände, die zum gesetzlichen Tatbestand gehören; das sind

▸ geschriebene und ungeschriebene deliktsspezifische Merkmale

▸ vorsatzbedürftige Umstände, die nach Allg. Teil zum jeweiligen Deliktstyp gehören

- -

- Konkretisie-rung in der Tätervorstel-lung

▸ Faktenkenntnis; nicht notwendig reflektiert, auch bloßes Mitbewusstsein genügt (= Sachverhaltsebene)

▸ Bedeutungskenntnis des sozialen Sinngehalts bzw. zutreffende Parallelwertung in der Laiensphäre (= rudimentäre normative Ebene)

⇨ bei Fehlen: Vorsatzausschluss gem. § 16 I 1, ggf. **Fahrlässigkeitshaftung, § 16 I 2**

⇨ bei irriger Annahme: **(untauglicher) Versuch**

⚠ nicht zum Vorsatz gehören:

• Identität des Tatopfers oder Tatobjekts ⇨ S. 215

• irgendeine, geschweige denn richtige Subsumtion

• Unrechtsbewusstsein; bei fehlendem Unrechtsbewusstsein und Unvermeidbarkeit ⇨ Schuldausschluss gem. § 17 S. 1

• Strafbarkeitsbewusstsein; Fehlen bei potentiellem Unrechtsbewusstsein unbeachtlich

Vorsatzgrade

kognitiv

voluntativ

Absicht	direkter Vorsatz	Eventualvorsatz
Tatbestandsverwirklichung aus Tätersicht sicher oder möglich	Tatbestandsverwirklichung aus Tätersicht sicher	Tatbestandsverwirklichung aus Tätersicht möglich
zielgerichteter Erfolgswille	Erfolg kann sogar unerwünscht sein	Erfolg wird billigend in Kauf genommen, d.h. Täter findet sich damit ab

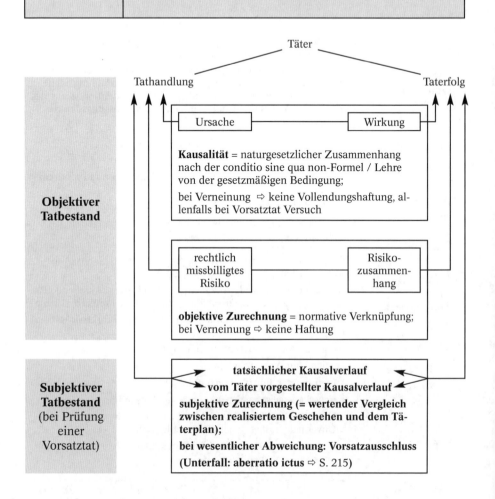

Objektiver Tatbestand

Täter

Tathandlung

Taterfolg

| Ursache | Wirkung |

Kausalität = naturgesetzlicher Zusammenhang nach der conditio sine qua non-Formel / Lehre von der gesetzmäßigen Bedingung;

bei Verneinung ⇨ keine Vollendungshaftung, allenfalls bei Vorsatztat Versuch

rechtlich missbilligtes Risiko

Risiko-zusammen-hang

objektive Zurechnung = normative Verknüpfung; bei Verneinung ⇨ keine Haftung

Subjektiver Tatbestand (bei Prüfung einer Vorsatztat)

tatsächlicher Kausalverlauf

vom Täter vorgestellter Kausalverlauf

subjektive Zurechnung (= wertender Vergleich zwischen realisiertem Geschehen und dem Täterplan);

bei wesentlicher Abweichung: Vorsatzausschluss

(Unterfall: aberratio ictus ⇨ S. 215**)**

Subjektiver Tatbestand

Vorsatz

▶ in Bezug auf die **tatbestandlich umschriebenen Umstände?**
(⇨ S. 213)

– bei tatbestandlicher Ungleichwertigkeit:
Vorsatzausschluss, § 16 I 1; ggf. Fahrlässigkeitsbestrafung, § 16 I 2
– bei tatbestandlicher Gleichwertigkeit weiterprüfen

▶ **Zielverfehlung vorsatzrelevanter Tatumstand?**

• bei **dolus eventualis** bzgl. des getroffenen Tatopfers/-objekts;
⇨ Zielverfehlung unbeachtlich

• bei **error in persona vel in obiecto** = Verwechslung des Tatobjekts/-opfers aufgrund fehlerhafter Wahrnehmung oder fehlerhafter Zuordnung von Gegenständen/Umständen zur Identifikation des Tatobjekts/-opfers

⇨ Zielverfehlung für Täter unbeachtlich; dann auch keine Bestrafung aus untauglichem Versuch am richtigen Tatobjekt/-opfer

⇨ Auswirkungen auf Tatbeteiligte: auch für Mittäter unbeachtlich, sofern nicht deren eigene Rechtgüter betroffen sind; auch für mittelbare Täter unbeachtlich, sofern Tatmittler eigene Auswahlbefugnis hatte; für Anstifter und Gehilfen nach h.M. keinen aberratio ictus, sondern nur nach Regeln der Kausalabweichung zu behandeln

• bei **aberratio ictus** = Fehlgehen der Tat aufgrund eines abweichenden Kausalverlaufs

⇨ Zielverfehlung für Täter nach herrschender Konkretisierungstheorie als wesentliche Kausalabweichung Vorsatz ausschließend. Folge danach: Vorsatz bzgl. des Gewollten und Fahrlässigkeit bzgl. des Verwirklichten, § 16 I 2.

⇨ Tatbeteiligte strafbar aus Beteiligung am Versuch: ggf. eigene Fahrlässigkeitshaftung

Unkenntnis des Täters von der objektiv gegebenen Rechtfertigung

Rechts-widrigkeits-ebene

▶ Prüfung der objektiven Merkmale des infrage kommenden Rechtfertigungsgrundes; nach Bejahung:

▶ Feststellung des fehlenden subjektiven Rechtfertigungselements; Folge:

nach h.M. fehlender Erfolgsunwert und nur Handlungsunwert
⇨ bei Fahrlässigkeitsdelikt: Straflosigkeit
⇨ bei Vorsatztat: Bestrafung aus Versuch (sofern strafbar)

Irrige Annahme der Rechtfertigung der eigenen Vorsatztat

Tatbestands-ebene

objektiver Tatbestand

Feststellung aller deliktsspezifischen Merkmale

subjektiver Tatbestand

▶ Feststellung, dass der Täter zumindest in Bezug auf die Umstände des gesetzl. Tatbestandes vorsätzlich gehandelt habe

Rechts-widrigkeits-ebene

▶ Prüfung der objektiven Merkmale des in Betracht kommenden Rechtfertigungsgrundes

nach Verneinung Zwischenergebnis: **objektive Rechtswidrigkeit der Tat**

Eigenständige Prüfung außerhalb des Verbrechens-aufbaus*

▶ Feststellung, dass dem Täter das Unrechtsbewusstsein fehlte, weil er glaubte, gerechtfertigt zu handeln

▶ Darstellung und Ablehnung der Vorsatztheorie und der strengen Schuldtheorie

▶ Subsumtion, ob nach zugrunde gelegter eingeschränkter Schuldtheorie **Erlaubnistatbestandsirrtum** vorgelegen hat

⇨ bei Bejahung: kurze Darstellung d. Untermeinungen (Lehre von den negativen Tatbestandsmerkmalen, Unrechtstheorie; rechtsfolgenverweisende Schuldtheorie) und **Verneinung der Vorsatztat**

⇨ Fahrlässigkeitstat weiterprüfen (sofern strafbar)

⇨ bei Verneinung: Übergang zur Schuldprüfung

Schuld Vermeidbarkeit o. Unvermeidbarkeit des Erlaubnisirrtums, § 17

---

* In einer Klausur auch Darstellung des Problems in der Schuld möglich, allerdings nur unter Zugrundelegung der rechtsfolgenverweisenden eingeschränkten Schuldtheorie.

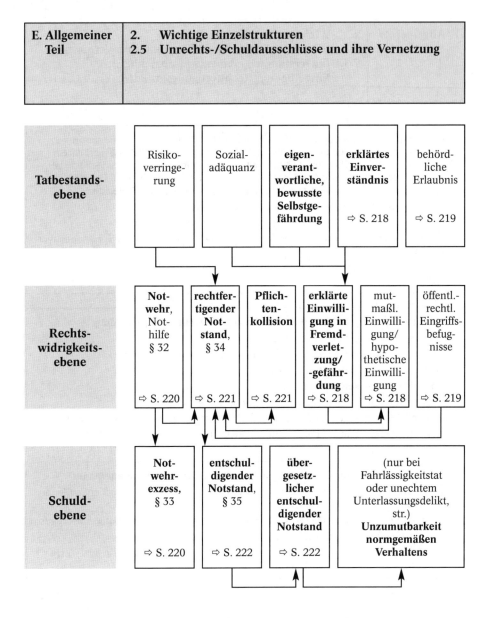

Tatbestands-ebene	Risiko-verringe-rung	Sozial-adäquanz	eigen-verant-wortliche, bewusste Selbstge-fährdung	erklärtes Einver-ständnis ⇨ S. 218	behörd-liche Erlaubnis ⇨ S. 219

Rechts-widrigkeits-ebene	Not-wehr, Not-hilfe § 32 ⇨ S. 220	rechtfer-tigender Not-stand, § 34 ⇨ S. 221	Pflich-ten-kollision ⇨ S. 221	erklärte Einwilli-gung in Fremd-verlet-zung/ -gefähr-dung ⇨ S. 218	mut-maßl. Einwilli-gung/ hypo-thetische Einwilli-gung ⇨ S. 218	öffentl.-rechtl. Eingriffs-befug-nisse ⇨ S. 219

Schuld-ebene	Not-wehr-exzess, § 33 ⇨ S. 220	entschul-digender Notstand, § 35 ⇨ S. 222	über-gesetz-licher entschul-digender Notstand ⇨ S. 222	(nur bei Fahrlässigkeitstat oder unechtem Unterlassungsdelikt, str.) **Unzumutbarkeit normgemäßen Verhaltens**

Die Pfeile zwischen den Kästchen geben an, welches verwandte Rechtsinstitut nach Vernei-nung des vorhergehenden ggf. weiterzuprüfen ist.

217

Einverständnis = Tatbestandsausschluss bei solchen Delikten, deren Tatbestandsbeschreibung Handeln gegen den Willen des Rechtsgutträgers voraussetzt; bei erklärtem Verzicht auf rechtliche Position Wirksamkeit nach denselben Voraussetzungen wie bei rechtfertigender Einwilligung; ist der Verzicht nur ein Realakt (insbes. bei Gewahrsamswechsel bei § 242), kommt es nur auf den tatsächlich vorhandenen Willen an:

▶ natürliche Willensfähigkeit des Einwilligenden genügt,

▶ ausreichend ist bewusste innere Zustimmung (nicht bloße Duldung),

▶ Irrtümer sind grds. unbeachtlich (außer wenn Tatbestand auch listiges Täterhandeln erfasst, z.B. §§ 234, 235 I Nr. 1),

▶ Kenntnis vom Einverständnis beim Täter nicht erforderlich (bei Unkenntnis aber Versuch)

Rechtfertigende erklärte Einwilligung in Fremdverletzung und -gefährdung

▶ zulässig nur bei disponiblen Rechtsgütern

▶ vom Berechtigten vor der Tat erklärt, zwischenzeitlich nicht widerrufen

▶ nach außen zum Ausdruck gekommen

▶ Einwilligungsfähigkeit des Berechtigten

▶ Ernstlichkeit und Freiheit von rechtsgutbezogenen Willensmängeln

▶ kein Verstoß der Tat gegen die guten Sitten bei Körperverletzungsdelikten, § 228

▶ subjektiv: Kenntnis und Handeln aufgrund der Einwilligung

Mutmaßliche Einwilligung (nach h.M. nur als Rechtfertigungsgrund anerkannt)

▶ Subsidiarität gegenüber erklärtem oder noch rechtzeitig einholbarem Willen (außer bei offensichtlicher Interessenpreisgabe)

▶ Zulässigkeit und Wirksamkeit – bis auf Erklärung selbst – wie bei erklärter Einwilligung

▶ Übereinstimmung mit mutmaßlichem Willen des Rechtsgutinhabers

▶ subjektiv: gewissenhafte Prüfung und Absicht des Täters, dem mutmaßlichen Willen des Rechtsgutinhabers zu entsprechen

---

Hypothetische Einwilligung (Rechtfertigungsgrund bei tatsächlich erklärter Einwilligung, die aber auf einer wahrheitswidrigen/unvollständigen Aufklärung beruht)

▶ Rechtsgutinhaber hätte auch bei ordnungsgemäßer Aufklärung in die konkrete Verletzung/Gefährdung eingewilligt

▶ Zulässigkeit und Wirksamkeit – bis auf Erklärung selbst – wie bei erklärter Einwilligung

▶ Übereinstimmung mit dem hypothetischen Willen des Rechtsgutinhabers

▶ subjektiv: Handeln aufgrund der Einwilligung

Behördliche Erlaubnis

▶ wirkt tatbestandsausschließend, wenn schon gesetzliche Unrechtsbeschreibung Handeln „ohne Erlaubnis" als Tatbestandsmerkmal enthält

  – Wirksamkeit richtet sich nach formellem Bestand i.S.d. Verwaltungsrechts

  – Sonderfall § 330 d Nr. 5

▶ wirkt rechtfertigend in allen übrigen Fällen zulässiger Rechtsgutdisposition durch die Behörde

  – Wirksamkeit richtet sich nach formellem Bestand i.S.d. Verwaltungsrechts

  – nur die Berufung auf deliktisch erlangte Erlaubnis ist wegen Rechtsmissbrauchs ausgeschlossen

---

Rechtfertigung von Amtsträgern bei Handeln aufgrund öffentlich-rechtlicher Eingriffsbefugnisse (strafrechtlicher Rechtmäßigkeitsmaßstab)

▶ sachliche und örtliche Zuständigkeit des handelnden Amtsträgers

▶ Einhaltung der wesentlichen Regeln, des Ob und Wie der Maßnahme

  – Ermächtigungsgrundlage muss existieren und ihre Voraussetzungen müssen erfüllt sein

  – Vollzugsregeln, die zumindest auch dem Schutz des Betroffenen dienen, müssen beachtet worden sein

> Irrtum des Amtsträgers auf Tatsachenebene (nicht auf Rechtsebene) ist unschädlich, wenn dieser die Sachlage vorher pflichtgemäß geprüft hat („Irrtumsprivileg des Staates")

▶ kein Ermessensfehler

▶ subjektiv: Wille, zum Zweck der Amtsausübung tätig zu sein

Spezialfall: Handeln des Bürgers aufgrund öffentlich-rechtlicher Eingriffsbefugnis –
Vorläufige Festnahme, § 127 I 1 StPO

▶ frische Tat, d.h. zumindest dringender Tatverdacht für eine begangene rechtswidrige und schuldhafte Straftat (str.); Betroffensein des Festgenommenen in räumlichem und zeitlichem Zusammenhang zur Tatbegehung; Fluchtverdacht oder Identität nicht feststellbar

▶ Eingriff in persönliche Fortbewegungs- und Willensfreiheit; geringfügige Verletzungen

▶ Verhältnismäßigkeit (insbes. darf keine ernsthafte Leibes- oder Lebensgefahr durch die Festnahme entstehen)

▶ subjektiv: Kenntnis der Straftat und Festnahmeabsicht

Notwehr, § 32

▶ Notwehrlage: Angriff = Bedrohung rechtlich geschützter Interessen durch menschl. Verhalten, durch aktives Tun oder pflichtwidriges Unterlassen, gegenwärtig = tatsächlich noch nicht beendet und rechtswidrig = wenn vom Opfer nicht zu dulden;

a.A.: wenn Widerspruch zur Verhaltensordnung – ⚠ sonst: Notstandsregeln

▶ Notwehrhandlung (nur in Rechtsgüter des Angreifers, sonst Notstandsregeln):

– „Verteidigung" = nur in Rechtsgüter des Angreifers – ⚠ sonst: Notstandsregeln

– Erforderlichkeit der Verteidigungshandlung, um den Angriff sofort und wirksam abzuwehren (nur bei gleich effektiven Handlungsalternativen ist diejenige geringerer Eingriffsintensität zu wählen)

– Gebotenheit = Einschränkungen des Notwehrrechts bei:

• Bagatellangriffen

• krassem Missverhältnis zwischen verteidigtem und durch Notwehrhandlung beeinträchtigtem Rechtsgut

• vorwerfbar herbeigeführter Notwehrlage; bei Absichtsprovokation sogar Ausschluss des Notwehrrechts

• Angriff schuldlos Handelnder

• enger persönlicher Beziehung zwischen Angreifer und Verteidiger (str.)

• staatlicher Folter als Nothilfe im Hinblick auf Art. 104 I 2 GG, Art. 1 UN-Anti-Folter-Konvention, Art. 3 EMRK (str.)

▶ subjektiv: Kenntnis der Notwehrlage und Handeln zur Abwehr des Angriffs

---

Nothilfe, § 32

▶ Nothilfelage: Angriff (auf andere Person als den Verteidiger; aber nicht auf den Staat, da dieser kein „anderer"), gegenwärtig und rechtswidrig

▶ Nothilfehandlung:

– Verteidigung (wie bei Notwehr)

– Erforderlichkeit (wie bei Notwehr)

– Gebotenheit (wie bei Notwehr, Einschränkungen in der Person des Angegriffenen gelten auch für den Verteidiger; Nothilfe darf ferner nicht gegen den Willen des Angegriffenen aufgedrängt werden)

▶ subjektiv: Nothilfewille

Notwehrexzess, § 33

▶ Notwehr- oder Nothilfelage, d.h. noch gegenwärtiger rechtswidriger Angriff

⚠ § 33 (–) bei extensivem oder Putativnotwehrexzess

▶ Überschreitung der Erforderlichkeit oder Gebotenheit der Notwehrhandlung

▶ asthenischer Affekt: Verwirrung, Furcht, Schrecken, verursacht durch Angriff

⚠ nicht gegeben bei vorherigem planmäßigen Eintritt in eine Auseinandersetzung unter Ausschaltung der Polizei

▶ innerer Zusammenhang zwischen Affekt und Notwehrüberschreitung; nach h.M. auch bei bewusstem Handeln

Notstand und Notstandshilfe, § 34

▶ Notstandslage: Gefahr für ein beliebiges Rechtsgut oder rechtlich geschütztes Interesse des Täters oder eines Dritten (dann: Notstandshilfe); gegenwärtig, auch bei sog. Dauergefahr

▶ Notstandshandlung:

– Erforderlichkeit (wie bei § 32)

– Interessenabwägung zugunsten des Erhaltungsguts, § 34 S. 1; Kriterien:

• abstraktes Rangverhältnis der betroffenen Güter

• konkrete Gewichtung nach Intensität und Umfang des drohenden Schadens/Grad der drohenden Gefahr/Höhe der Rettungschance

• beim defensiven Notstand (also gegen den Gefahrurheber) aus dem Rechtsgedanken des § 228 BGB Maßnahmen erlaubt, die nicht unverhältnismäßig hohen Schaden anrichten

⚠ daher: keine Rechtfertigung der Tötung im Defensivnotstand

– Angemessenheit (Einschränkungen des Notstandsrechts), § 34 S. 2; Fallgruppen:

• Tat darf nicht gegen oberste Rechtsprinzipien verstoßen, insbesondere keine Rechtfertigung des Nötigungsnotstands/kein Eingriff in unantastbare Freiheitsrechte.

• keine Duldungspflichten: aus besonderer Rechtsstellung/wenn Duldung vom Gesetzgeber gewollte Folge einer anderen Regelung ist/bei verschuldeter Notstandslage

▶ subjektiv: Kenntnis der Gefahrenlage und Gefahrabwendungswille

Rechtfertigende Pflichtenkollision
(gewohnheitsrechtliche Rechtfertigung bei Unterlassungstaten)

▶ Zusammentreffen mehrerer rechtlich begründeter Rettungspflichten in der Weise, dass eine nur auf Kosten der anderen erfüllbar ist

▶ rechtliche Gleichwertigkeit der Handlungspflichten

▶ Täter muss durch Erfüllung einer Handlungspflicht das ihm erlaubte Wahlrecht ausgeübt haben.

▶ subjektiv: Kenntnis des Konflikts und Rettungswille

Entschuldigender Notstand, § 35 Abs. 1

▶ Notstandslage: Gefahr nur für Leib, Leben oder (Fortbewegungs-)Freiheit für den Täter, Angehörige oder nahe stehende Personen; Gegenwärtigkeit der Gefahr

▶ Notstandshandlung:

   – Erforderlichkeit (wie bei § 32, aber unter Berücksichtigung zumutbarer Handlungsalternativen)

   – Hinnahme der Gefahr darf dem Gefährdeten nicht zumutbar sein, § 35 I 2; Fallgruppen von Zumutbarkeit:

      • besonderes Rechtsverhältnis des Gefährdeten

      • (pflichtwidrige) Gefahrverursachung durch den Gefährdeten

      • sonstige Gefahrtragungspflichten, z.b. aus Garantenstellung oder wegen Unverhältnismäßigkeit des durch den Eingriff drohenden Schadens

▶ subjektiv: Kenntnis der Gefahrenlage und Gefahrabwendungswille

---

Übergesetzlicher entschuldigender Notstand

▶ Anwendbarkeit nur in Fällen fehlender Rechtfertigung oder Entschuldigung nach sonstigen Regeln, sofern deren Verneinung wegen des abschließenden Charakters nicht schon für sich eine Berufung auf sonstige Rechtfertigungs- oder Entschuldigungsgründe ausschließt; str., ob sich Staatsorgane auf übergesetzlichen Notstand berufen dürfen

▶ Notstandslage: nur Gefahr für Leben; gegenwärtig

▶ Notstandshandlung:

   – Erforderlichkeit der Eingriffshandlung als letztes Rettungsmittel

   – Täter muss bei ethischer Gesamtbewertung erheblich schwereres Unheil verhindert haben (z.B. bei „quantitativem Lebensnotstand").

   – Hinnahme der Gefahr darf dem Gefährdeten wie bei § 35 nicht zumutbar sein.

▶ subjektiv: gewissenhafte Prüfung der Gefahrenlage und anderweitiger Abwendungsmöglichkeiten sowie Rettungswille

E. Allgemeiner Teil	2. Wichtige Einzelstrukturen 2.5 Unrechts-/Schuldausschlüsse und ihre Vernetzung 2.5.6 Schuldunfähigkeit; actio libera in causa; § 323 a

Prüfung aller im Rausch begangenen Delikte getrennt

Anknüpfung der Prüfung an die erfolgsnächste Handlung

Vorsatzdelikte, einschl. Erfolgsqualifikation   Fahrlässigkeitsdelikte

Tatbestand   Subsumtion der deliktsspezifischen Merkmale

Rechts-widrigkeit   entfällt bei Rechtfertigung (trotz Berauschung des Täters)

▸ Feststellung der Schuldunfähigkeit im Zeitpunkt der Begehung
▸ Problematisierung der Rechtsfigur der actio libera in causa;
nach h.Lit. actio libera in causa generell unzulässig;
nach BGH (4. StrSen.):

actio libera in causa jedenfalls bei allen **verhaltensgebundenen vorsätzlichen oder fahrlässigen Verkehrsdelikten** (wohl auch bei sonstigen verhaltensgebundenen Delikten) unzulässig

Schuld

actio libera in causa nach BGH (4. StrSen.) allenfalls auf Tatbestandslösung (= Vorverlagerungstheorie) zu stützen und nach BGH (3. StrSen.) nach wie vor bei verhaltensneutralen Nicht-Verkehrsdelikten anwendbar

actio libera in causa bei allen **fahrlässigen verhaltensneutralen** Delikten unnötig, weil hierbei Vorverlagerung des Anknüpfungspunktes für die Strafbarkeit ohne weiteres möglich

E. Allgemeiner Teil	2. **Wichtige Einzelstrukturen** 2.5 **Unrechts-/Schuldausschlüsse und ihre Vernetzung** 2.5.6 **Schuldunfähigkeit; actio libera in causa; § 323 a** (Fortsetzung)

soweit actio libera in causa nach
Vorgenanntem noch anwendbar

sofern verhaltens-
neutrales Delikt

neuer Prüfungsansatz:
Anknüpfung an die
Herbeiführung des § 20

Vorsatzdelikte i.V.m. vorsätzlicher
actio libera in causa

Fahrlässigkeits-
prüfung ohne
actio libera in causa

Tatbestand

▸ Verursachung der deliktsspezifischen Merkmale durch Herbeiführung der Schuldunfähigkeit
▸ „Doppelvorsatz" im Zeitpunkt der Herbeiführung des § 20

▸ objektive
„Doppel"-Fahr-
lässigkeit

– in Bezug auf die später Zustand des § 20 begangene Tat
– in Bezug auf die Herbeiführung des § 20

**Rechts-
widrigkeit**

der Herbeiführung des § 20

Schuld

bzgl. der Herbeiführung des § 20

soweit Voraussetzungen der actio libera in causa nicht gegeben
sind bzw. actio libera in causa nicht anwendbar ist:

Vollrausch, § 323 a ⇨ S. 146 (wenn § 20 auf Rausch beruht)
mit allen im Rausch begangenen, nicht über actio libera in causa
erfassbaren Delikten als Rauschtaten

Strafantrag, §§ 77– 77 d

▶ Antrag erforderlich (nur, wenn gesetzlich vorgeschrieben)

▶ Antrag gestellt und zwischenzeitlich nicht wieder zurückgenommen

– inhaltlich muss eindeutig der Wille geäußert worden sein, dass eine bestimmte Tat strafrechtlich verfolgt werden soll; persönliche und sachliche Begrenzungen sind möglich

– Rücknahme ist bis zum rechtskräftigen Verfahrensabschluss möglich; § 77 d I 2

▶ Antragsberechtigung muss bestehen und darf nicht erloschen sein

– berechtigt ist grds. nur der Verletzte, § 77 I; bei Delikten von Amtsträgern, Richtern o. Soldaten bzw. gegen diese der Dienstvorgesetzte i.w.S., § 77 a; bei Geschäftsunfähigen o. beschränkt Geschäftsfähigen die gesetzl. Vertr./Personensorgeber., § 77 III

– Übergang des Antragsrechts nach Tod des Verletzten auf bestimmte Hinterbliebene nur, sofern dies gesetzlich ausdrücklich zugelassen (z.B. § 205 II), § 77 II

– Erlöschen des Antragsrechts nach wirksamer Rücknahme, § 77 d I 3, oder nach Maßgabe des § 77 c bei wechselseitig begangenen Straftaten

▶ Antragsform: schriftlich, bei Gericht oder StA, auch zu Protokoll, § 158 II StPO

▶ Antragsfrist: 3 Monate nach Kenntnis von Tat und Täter, § 77 b; Ruhen der Frist bei Antrag auf Sühneverfahren, § 77 b V; Sonderregel bei wechselseitig begangenen Straftaten, § 77 c

- -

⇨ **bei fehlendem Strafantrag: Verfolgbarkeit wegen besonderen öffentlichen Verfolgungsinteresses gesetzlich vorgesehen?**

Verfolgungsverjährung, §§ 78 ff.

▶ Verjährbarkeit (nicht bei Mord, § 78 II)

▶ Verjährungsfrist abgelaufen:

– Ermittlung der Verjährungsfrist nach dem abstrakt angedrohten Höchststrafmaß des jeweiligen Tatbestandes, § 78 III, IV

– Beginn der Verjährung mit tatsächlicher Beendigung der Tat, § 78 a

– zwischenzeitliches Ruhen der Verjährung mit der Folge, dass Beginn oder Weiterlauf der Frist gehemmt sind, diese aber nach Abschluss des Ruhens weiterläuft, § 78 b ⚠ vgl. insbes. Nr. 1 für Sexualstraftaten

– zwischenzeitliche Unterbrechung mit der Folge, dass die Frist von neuem voll zu laufen beginnt, § 78 c – ⚠ insbes. Nr. 1 für Beschuldigtenvernehmungen

⇨ aber trotz Unterbrechungen Verjährungseintritt mit Ablauf der absoluten Verjährungsfrist, das ist das Doppelte der gesetzlichen Verjährungsfrist seit Beendigung der Tat, mindestens aber 3 Jahre, § 78 c III 2

Bei mehrfacher Erfüllung derselben Tatbestandsmerkmale für jeden Beteiligten entweder schon im objektiven Tatbestand oder im Anschluss an die Deliktsprüfung gesondert darstellen:

Liegt nur **ein einziges Delikt** vor, weil die mehrfache Verletzung nur eine tatbestandliche Handlungseinheit bildet? Möglich bei:

- Delikten, deren Tathandlung schon begrifflich Willensakte des Täters voraussetzt
- Handlungen, die wegen ihres iterativen (= wiederholenden) oder sukzessiven (= ratenweisen) Charakters zu einer Bewertungseinheit verschmelzen
- verschiedenen Tatbeteiligungshandlungen, die die identische Haupttat eines anderen fördern

Bei Bejahung **mehrfacher Gesetzesverletzungen** am Ende eines Blocks verwandter Delikte oder am Ende eines Handlungskomplexes für jeden Beteiligten gesondert prüfen:

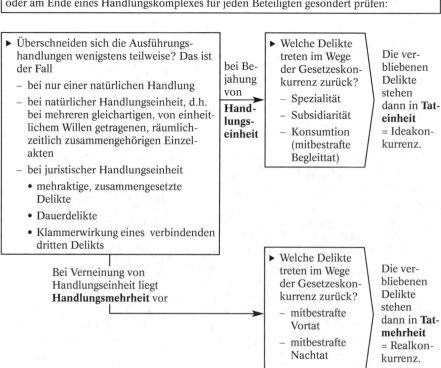

▶ Überschneiden sich die Ausführungshandlungen wenigstens teilweise? Das ist der Fall
  – bei nur einer natürlichen Handlung
  – bei natürlicher Handlungseinheit, d.h. bei mehreren gleichartigen, von einheitlichem Willen getragenen, räumlichzeitlich zusammengehörigen Einzelakten
  – bei juristischer Handlungseinheit
    • mehraktige, zusammengesetzte Delikte
    • Dauerdelikte
    • Klammerwirkung eines verbindenden dritten Delikts

bei Bejahung von **Handlungseinheit**

▶ Welche Delikte treten im Wege der Gesetzeskonkurrenz zurück?
  – Spezialität
  – Subsidiarität
  – Konsumtion (mitbestrafte Begleittat)

Die verbliebenen Delikte stehen dann in **Tateinheit** = Ideakonkurrenz.

Bei Verneinung von Handlungseinheit liegt **Handlungsmehrheit** vor

▶ Welche Delikte treten im Wege der Gesetzeskonkurrenz zurück?
  – mitbestrafte Vortat
  – mitbestrafte Nachtat

Die verbliebenen Delikte stehen dann in **Tatmehrheit** = Realkonkurrenz.

A. Ermittlungs-verfahren	**Strafprozessrecht**
	1. Beginn des Vorverfahrens

Kenntnis-erlangung der StA von der Möglichkeit einer Straftat

Gem. § 160 I*:

durch Strafanzeige, § 158 , auch anonyme, auch Selbstanzeigen, auch in einem Strafantrag enthaltenes Verfolgungsbegehren

auf anderem Wege , insbesondere

- Übersendung polizeilicher Ermittlungen, § 163 II 1
- unnatürlicher Todesfall, § 159
- Mitteilungen von Gerichten, § 183 GVG
- anlässlich sonstiger dienstlicher Tätigkeit der StA
- bei außerdienstl. Kenntnis nur bei Straftaten, die nach Art u. Umfang die Belange der Öffentlichkeit besonders berühren

Zuständigkeit der StA

▶ sachlich: Verfolgung begangener Straftaten
- – bei Steuerstrafsachen Vorrangzuständigkeit der Finanzbehörden, §§ 386, 399 AO
- – bei ausschließlichen OWi-Taten Vorrangzuständigkeit der Verwaltungsbehörde, § 43 OWiG
- – bei Gefahr zukünftiger Straftaten Präventivzuständigkeit der Polizei

▶ örtlich: entsprechend der Gerichtszuständigkeit, § 143 I GVG; möglich sind auch Zuständigkeitskonzentrationen, u.a. durch Bildung von Schwerpunkt-StA, § 143 IV GVG

▶ innerbehördlich: Dezernat grds. nach Anfangsbuchstaben der Beschuldigten zuständig; möglich sind auch Spezialdezernate für bestimmte Delikte, z.B. Jugend-StA, § 36 JGG

Vorliegen eines Anfangs-verdachts

Gem. §§ 152 II, 160 I:

„zureichende tatsächliche Anhaltspunkte" (= **Anfangsverdacht** ist gegeben, wenn es nach kriminalistischen Erfahrungen möglich erscheint, dass eine verfolgbare Straftat vorliegt; nur allgemeine Vermutungen genügen nicht)

Einleitung des Ermittlungs-verfahrens

▶ Verfolgungszwang, § 160
- – Sachverhaltserforschung
  - • in Bezug auf be- und entlastende Umstände
  - • in Bezug auf Umstände des Schuldspruchs und der Rechtsfolgen
- – Beweissicherung

▶ Grundsatz d. freien Gestaltung d. Ermittlungsverfahrens, § 161

*Im Folgenden sind §§ ohne Gesetzesangabe solche der StPO.

Verdachts-situation:	Informationsphase bei Äuße-rung von Auskunftspersonen:	prozessuale Rolle der Aus-kunftsperson:
noch kein personen-bezogener Verdacht	erste Orientierungsfragen der Ermittlungsbeamten	→ weder Beschuldigter noch Zeuge
	ungefragte Spontan-äußerungen	→ weder Beschuldigter noch Zeuge
↓		
Anfangs-verdacht ohne erkennbaren Beschuldigten	informatorische Befragungen = Vernehmungen i.S.d. StPO	→ Auskunftspersonen sind Zeugen, ggf. mit Zeugnis- oder Auskunftsverweigerungsrechten
↓		
Art der Verdachts-momente und Intensität des Verdachts-grades ver-dichten sich objektiv zum Beteiligungs-verdacht bestimmter Personen / Ermittlungs-behörden ergreifen Straf-verfolgungs-maßnahmen in Bezug auf bestimmte Personen	Befragung wird Vernehmung bzw. vernehmungsähnliche Situation	⌐ Tatverdächtiger wird Beschuldig-ter ⌐ sonstige Auskunftspersonen sind Zeugen

A. Ermittlungs- verfahren	2. Die wichtigsten Ermittlungsmaßnahmen 2.1 Befragung von Auskunftspersonen 2.1.2 Beschuldigtenvernehmung

	Bei Vernehmung durch Polizei	Bei Vernehmung durch StA	Bei Vernehmung d. Ermittlungsrichter
Pflichten des Beschuldigten?			
▶ **Erscheinungspflicht**	(–), systematische Auslegung des § 163 a III i.V.m. IV	(+), § 163 a III 1; Erscheinen auch erzwingbar, § 163 a III 2 i.V.m. §§ 133–135	(+), § 133 II
▶ **Aussagepflicht (zur Sache)**	(–), § 136 I 2 als Ausdruck des Grundsatzes „nemo tenetur se ipsum prodere"		
▶ **Wahrheitspflicht**	(–), als Ausdruck des Straflosigkeit d. Selbstschutzes ist Lüge sanktionslos, es sei denn, §§ 164, 145 d, 185 ff. StGB sind erfüllt		
▶ **Eidespflicht**	(–), schon wegen § 161 a I 3, da keine zur Eidesabnahme zuständige Stelle		(–), weil schon keine Wahrheitspfl. besteht; ferner arg. aus § 60 Nr. 2
Anwesenheitsrechte:			
▶ **des Zeugenbeistands**		(–), gesetzlich nicht vorgesehen	
▶ **des Staatsanwalts**		(+), da StA Herr des Vorverfahrens	
▶ **des Verteidigers**	praktisch (+), da Aussage davon abhängig gemacht werden kann	(+), § 163 a III 2 i.V.m. § 168 c I	(+), § 168 c I
▶ **des Mitbeschuldigten**	(–)	(–), § 168 c II gilt nach Rspr. nicht analog	

A. Ermittlungs- verfahren	**2. Die wichtigsten Ermittlungsmaßnahmen** **2.1 Befragung von Auskunftspersonen** **2.1.2 Beschuldigtenvernehmung** (Fortsetzung)

Ablauf:	Bei Vernehmung durch Polizei	Bei Vernehmung durch StA	Bei Vernehmung d. Ermittlungsrichter
▸ **Ladung**	formlose Aufforde- rung	gem. § 163 a III 2 i.V.m. § 133 ; s. auch Nr. 44 RiStBV	gem. § 133
▸ **Belehrungen und Hinweise**	gem. § 163 a IV; ▸ Eröffnung der zur Last gelegten Tat	gem. § 163 a III i.V.m. § 136: ▸ Eröffnung der zur Last gelegten Tat ▸ Bekanntgabe der in Betracht kommenden Strafvorschriften	gem. § 136:
	▸ Belehrung über Aussageverweigerungsrecht ▸ Belehrung über das Recht, jederzeit einen Verteidiger zu befragen (entfällt, wenn der Beschuldigte für das fragliche Verfahren bereits einen Verteidiger hat) ▸ Hinweis auf das Recht, die Erhebung von Entlastungsbeweisen zu beantragen ▸ Hinweis auf die Möglichkeit, sich schriftlich zur Sache zu äußern ▸ Hinweis auf die Möglichkeit eines Täter-Opfer-Ausgleichs (TOA)		
▸ **Vernehmung zur Person**	gem. § 163 a IV 2 i.V.m. § 136 III	gem. § 163 a III 2 i.V.m. § 136 III	gem. § 136 III
▸ **Vernehmung zur Sache**	gem. § 163 a IV 2 i.V.m. § 136 II:	gem. § 163 a III 2 i.V.m. § 136 II:	gem. § 136 II:
	Mitteilung der Verdachtsgründe und Gewährung der Möglichkeit, die zugunsten des Beschuldigten sprechenden Tatsachen geltend zu machen		
▸ **Verbot unzul. Vernehmungs- methoden**	gem. § 163 a IV 2 i.V.m. § 136 a	gem. § 163 a III 2 i.V.m. § 136 a	gem. § 136 a
▸ **Proto- kollierung**	entsprechend §§ 168 ff.	gem. § 168 b II i.V.m. §§ 168, 168 a	gem. §§ 168, 168 a
▸ **Aushändigung einer Proto- kollabschrift**	auf ausdrückliches Verlangen und Kosten des Beschuldigten nach Entscheidung der StA möglich		

Pflichten des Zeugen?	Bei Vernehmung durch Polizei	Bei Vernehmung durch StA	Bei Vernehmung d. Ermittlungsrichter
▶ Erscheinungs-pflicht	(+), Erscheinen aber nicht erzwingbar	(+), § 161 a I, Er-scheinen auch er-zwingbar, § 161 a II i.V.m. § 51	(+), Erscheinen auch erzwingbar, § 51
▶ Aussagepflicht – grds.	(+), Aussage aber nicht erzwingbar	(+), Aussage aber nur durch Ordnungs-geld erzwingbar, § 161 a I 1, 2, II i.V.m. § 70	(+), Aussage durch Ordnungsgeld und -haft erzwingbar, § 70

▶ umfassend bei Zeugnisverweigerungsrechten:
- gem. § 52 als nahe Angehörige des Beschuldigten od. eines (auch früheren) Mitbeschuldigten, sofern dieser inzwischen nicht rechtskräftig verurteilt, freigesprochen od. verstorben ist
- gem. § 53 als Berufsgeheimnisträger, sofern sie nicht von der Schweigepflicht entbunden sind
- gem. § 53 a als Hilfspersonen der gem. § 53 Schweigepflichtigen, sofern der schweigepflichtige Berufsträger dies angewiesen hat und keine Entbindung von der Schweigepflicht vorliegt
- gem. § 54 als Beamter, Richter, Angestellter des öffentlichen Dienstes, soweit die Pflicht zur Amtsverschwiegenheit reicht und keine Aussagegenehmigung vorliegt

▶ partiell bei Auskunftsverweigerungsrecht gem. § 55, wenn die ob-jektiv begründete Gefahr besteht, dass der Zeuge oder sein An-gehöriger durch die Aussage zum Beschuldigten in einem Straf- oder Bußgeldverfahren wird

– ausnw. Schweigerecht			
▶ Wahrheits-pflicht	(+), Verstoß aber kein Aussagedelikt (mögl. sonstiges Rechtspflegedelikt)	(+), Verstoß aber kein Aussagedelikt (mögl. sonstiges Rechtspflegedelikt)	(+), Verstoß bei Vor-satz n. § 153 StGB strafbar, ggf. § 154 StGB u. sonstige Rechtspflegedelikte
▶ Eidespflicht	(–), arg. aus § 161 a I 3	(–), arg. aus § 161 a I 3	grds. (+), arg. aus § 62 ausnahmsweise (–), wenn Recht zur Ei-desverweigerung be-steht, §§ 61, 52, oder Eidesverbot vorliegt, § 60

231

	Bei Vernehmung durch Polizei	Bei Vernehmung durch StA	Bei Vernehmung d. Ermittlungsrichter
Anwesenheits- rechte:			
▶ **eines Zeugen- beistands**	praktisch (+), da Aussa- ge davon abhängig ge- macht werden kann; bei Verletzten §§ 406 f, g	(+)	(+)
▶ **des Staats- anwalts**	(+), da Herr des Vorver- fahrens	———	(+), § 168 c II
▶ **des/der Beschuldigten**	(–)	(–), arg. aus fehlendem Verweis auf § 168 c	(+), § 168 c II
▶ **des/der Verteidiger(s)**	(–)	(–), arg. aus fehlendem Verweis auf § 168 c	(+), § 168 c II
Ablauf:			
▶ **Ladung**	formlose Aufforderung	gem. §§ 161 a I 2, 48 und Nr. 64 RiStBV	gem. § 48
▶ **Belehrungen und Hinweise**	nur über Zeugnis- und Auskunftsverweige- rungsrecht, § 163 a V i.V.m. §§ 52 III, 55 II	– über Wahrheitspflicht – über Zeugnis- u. Aus- kunftsverweigerungs- rechte, § 161 a I 2 i.V.m. §§ 52 III, 55 II; Nr. 65 RiStBV – Hinweis auf Möglich- keit schriftl. Äußerun- gen, Nr. 67 RiStBV	– über Wahrheitspflicht – über Zeugnis- u. Aus- kunftsverweigerungs- rechte gem. §§ 52 III, 55 II
▶ **Vernehmung zur Person**	entsprechend § 68	gem. § 161 a I 2 i.V.m. § 68	gem. § 68
▶ **Vernehmung zur Sache**	entsprechend § 69	gem. § 161 a I 2 i.V.m. § 69	gem. § 69
▶ **Verbot unzul. Vernehmungs- methoden**	gem. § 163 a V i.V.m. § 136 a	gem. § 161 a I 2 i.V.m. § 69 III i.V.m. § 136 a	gem. § 69 III i.V.m. § 136 a
▶ **Vereidigung**	unzulässig	unzulässig	nach Maßgabe d. §§ 59 ff.
▶ **Protokollie- rung**	entsprechend §§ 168 ff.	gem. § 168 b II i.V.m. §§ 168, 168 a	gem. §§ 168, 168 a
▶ **Aushändigung einer Proto- kollabschrift**	i.d.R. nicht	i.d.R. nicht	i.d.R. nicht

A. Ermittlungs- **verfahren**	**2. Die wichtigsten Ermittlungsmaßnahmen** **2.2 Freiheitsentziehende Maßnahmen** **2.2.1 Verhaftung/vorläufige Festnahme**

Untersuchungshaft

Anordnungs-
zuständigkeit

gem. § 125 I :
- örtlich zuständiger Ermittlungsrichter am Amtsgericht
- auf Antrag der StA/von Amts wegen bei Nichterreichbarkeit der StA und Gefahr im Verzug

Anordnungsvo-
raussetzungen:

gem. §§ 112 ff.:

- **Verdachtslage**

dring. Tatverdacht (= hohe Wahrscheinlichk. dafür, dass d. Besch. die Tat begangen hat od. an ihr beteiligt war u. dass alle Voraussetzg. d. Strafbark. u. Verfolgbark. – außer Antrag b. Antragsdelikten, § 130 – vorliegen)

- **spezielle**
  Anordnungs-
  voraus-
  setzungen

Haftgründe:
- Flucht, § 112 II Nr. 1
- Fluchtgefahr, § 112 II Nr. 2
- Verdunkelungsgefahr, § 112 II Nr. 3
- Verdacht eines Kapitaldelikts nach dem Katalog des § 112 III

> Hier kein Verzicht auf Haftgründe, sondern in verfassungskonformer Auslegung genügt schon geringe Intensität der Flucht- oder Verdunkelungsgefahr.

- Wiederholungs-/Fortsetzungsgefahr, § 112 a I
  - subsidiär gegenüber sonstigen Haftgründen, § 112 a II
  - dringender Tatverdacht muss sich beziehen auf
    - bestimmte Sexualdelikte, § 112 a I Nr. 1, oder qual. Nachstellung gem. § 238 II, III StGB
    - schwerwiegende Delikte i.S.d. § 112 I Nr. 2 und Verurteilungsprognose von mehr als einem Jahr Freiheitsstrafe

- **Verhältnis-**
  mäßigkeit

- allg.: Proportionalität von Festnahmeanlass und -wirkung, § 112 I 2
- spez.: – bei leichteren Delikten § 113
  – bei Verhaftung nach § 112 a Erforderlichkeit

Form und Inhalt
der Anordnung

schriftlich mit vorgeschriebenem Inhalt gem. § 114

Weiteres
Verfahren

- Verhaftung durch Ergreifung d. Beschuldigten u. Bekanntgabe d. Haftbefehls, § 114 a; zust. i.d.R. Polizei als Hilfsorgan d. StA, §§ 36 II 1, 161
- Vorführung, unverzüglich/spätestens am Tag nach der Ergreifung, dem nach § 126 I/§§ 115, 115 a zuständigen Haftrichter
- Maßnahmen des Haftrichters:
  - unverzügl. Benachrichtigung eines Angehörigen/einer Vertrauensperson des Beschuldigten, § 114 b
  - unverzügliche Vernehmung des Beschuldigten, § 115 III ⇨ S. 229 f.
  - Entscheidung über Haft:
    - Aufhebung des Haftbefehls, § 120
    - Aussetz. d. Vollzugs gg. Anweisungen/Sicherheitsleistung, § 116
    - Aufrechterhaltung der Haft mit Rechtsbehelfsbelehrung, § 115 IV
- Vollzug der U-Haft, § 119

A. Ermittlungs- verfahren	2. Die wichtigsten Ermittlungsmaßnahmen 2.2 Freiheitsentziehende Maßnahmen 2.2.1 Verhaftung/vorläufige Festnahme (Fortsetzung)

„Jedermann"-Festnahme, § 127 I ⇨ S. 219

Vorläufige Festnahme bei Gefahr im Verzug, § 127 II

Anordnungs- zuständigkeit	▸ Staatsanwälte ▸ alle Polizeibeamte (nicht notwendig Ermittlungspersonen der StA)
Anordnungsvo- raussetzungen:	gem. § 127 II i.V.m. §§ 112 / 112 a / 126 a:
▸ **Verdachtslage**	▸ dringender Tatverdacht ⇨ S. 233

▸ **spezielle
Anordnungs-
voraus-
setzungen**
	▸ Haftgrund i.S.d. §§ 112/112 a ⇨ S. 233/Unterbringungsgrund i.S.d.
	  § 126 a
	▸ Gefahr im Verzug (= Gefährdung der Festnahme bei vorherigem
	  Erwirken eines Haft- oder Unterbringungsbefehls)

▸ **Verhältnis- mäßigkeit**	Proportionalität von Festnahmeanlass und Festnahmewirkung, § 112 I 2
Form und Inhalt der Anordnung	Betroffenem muss nur Tatsache der Festnahme und Anlass dazu er- kennbar gemacht werden

**Weiteres
Verfahren**
	▸ Vorführung, unverzüglich/spätestens am Tag nach der Festnahme,
	  § 128 I, dem Haftrichter am AG des Ergreifungsorts
	▸ Maßnahmen des Haftrichters:
	  – Vernehmung d. Festgenommenen, §§ 128 I 2, 115 III ⇨ S. 229 f.
	  – Entscheidung über Haft ⇨ S. 233

Hauptverhandlungshaft, § 127 b II

Anordnungs- zuständigkeit	III: der für die Durchführung des beschleunigten Verfahrens, §§ 417 ff. (⇨ S. 247), zuständige Richter

**Anordnungsvo-
raussetzungen:**

- ▸ **Verdachtslage**   dringender Tatverdacht

- ▸ **spezielle
Anordnungs-
voraus-
setzungen**
  - ▸ II 1 i.V.m. I Nr. 2: aufgrund konkreter Tatsachen bei Würdigung des Einzelfalls begründete Gefahr, dass der Beschuldigte dem Strafverfahren fernbleiben wird (bloße Möglichkeit der Nichtteilnahme genügt)
  - ▸ II 1 a.E.: Durchführung der Hauptverhandlung (im beschleunigten Verfahren) muss binnen einer Woche nach der Festnahme zu erwarten sein

- ▸ **Verhältnis-
mäßigkeit**
  - ▸ allg. Proportionalität v. Festnahmeanlass u. -wirkung, § 112 I 2
  - ▸ spez. Möglichkeit der Vorführung gemäß § 418 II 1 in beschleunigten Verfahren (Lit.)

Form und Inhalt der Anordnung	▸ schriftlich mit vorgeschriebenem Inhalt, § 114 ▸ II 2: Befristung auf eine Woche ab dem Datum der Festnahme

Weiteres Verfahren	wie beim „normalen" U-Haftbefehl ⇨ S. 233

Vorläufige Festnahme, § 127 b I

Anordnungs- zuständigkeit	▶ Staatsanwälte ▶ alle Polizeibeamte (nicht notwendig Ermittlungspersonen der StA)

Anordnungsvo- raussetzungen:	
▶ Verdachtslage	dringender Tatverdacht
▶ spezielle Anordnungs- voraus- setzungen	▶ Täter auf frischer Tat betroffen/verfolgt (wie bei § 127 I 1) ▶ Nr. 1: unverzügliche (= arg. aus II: binnen einer Woche) Entscheidung im beschleunigten Verfahren (§§ 417 ff.) möglich und wahrscheinlich (nicht bei Jugendlichen wegen § 79 JGG). ▶ Nr. 2: aufgrund konkreter Tatsachen bei Würdigung des Einzelfalles begründete Gefahr, dass der Beschuldigte dem Verfahren fernbleiben wird (bloße Möglichkeit der Nichtteilnahme genügt)
▶ Verhältnis- mäßigkeit	Proportionalität zwischen Festnahmeanlass und Festnahmewirkung, § 112 I 2

Form und Inhalt der Anordnung	Betroffenem muss nur die Tatsache der Festnahme und Anlass dazu erkennbar gemacht werden

Weiteres
Verfahren
	▶ Vorführung, unverzüglich/spätestens am Tag nach der Festnahme,
	§ 128 I i.V.m. § 127 b III, dem Richter, der für die Hauptverhandlung zuständig ist
	▶ Maßnahmen des Richters:
	  – Vernehmung des Festgenommenen, §§ 128 I 2, 115 III ⇨ S. 233
	  – Entscheidung über Haft ⇨ S. 233

Identitätsfeststellung beim Verdächtigen und Unverdächtigen, §§ 163 b, c

	Identitätsfeststellung beim Verdächtigen, § 163 b I:	Identitätsfestellung beim Unverdächtigen, § 163 b II:
Anordnungs-zuständigkeit	• Staatsanwälte • alle Polizeibeamte (nicht notwendig Ermittlungspersonen der StA)	
Anordnungsvo-raussetzungen:		
▶ **Verdachtslage**	**einfacher Tatverdacht** = Anhaltspunkte, die die Täter-schaft oder Teilnahme des Be-troffenen an einer Straftat ob-jektiv als zumindest möglich er-scheinen lassen	kein Verdacht auf Beteiligung an einer Straftat
▶ **spezielle Anordnungs-voraus-setzungen**	Zweck: Identitätsfeststellung zur Strafverfolgung	Zweck: Identitätsfeststellung zur Aufklärung einer Straftat
▶ **Verhältnis-mäßigkeit**	Erforderlichkeit	Gebotenheit
Form und Inhalt der Anordnung	Eröffnung, wegen welcher Straftat Verdacht besteht, § 163 b I 1 i.V.m. § 163 a IV 1	Eröffnung, welche Straftat durch Identifizierung aufgeklärt werden soll, § 163 b II 1 i.V.m. § 69 I 2
Weiteres Verfahren	Ergreifen der erforderlichen Maßnahmen, Generalklausel, § 163 b I 1, speziell: • Festhalten, wenn Identität sonst nicht/nur unter erhebli-chen Schwierigkeiten feststell-bar, § 163 b I 2; Grenzen d. Festhaltens, § 163 c • Durchsuchung der Person und mitgeführter Sachen, wenn Identität nicht/nur un-ter erheblichen Schwierigkei-ten feststellbar, § 163 b I 3	• Festhalten unter den Voraus-setzungen des § 163 b I 2 und zusätzlich keine Dispropor-tionalität zwischen Sach-bedeutung u. Maßnahme, § 163 b II 1, 1. Halbs.; Gren-zen d. Festhaltens, § 163 c • Durchsuchung der Person und mitgeführten Sachen nur mit Willen des Betroffenen, § 163 b II 2, 2. Halbs.

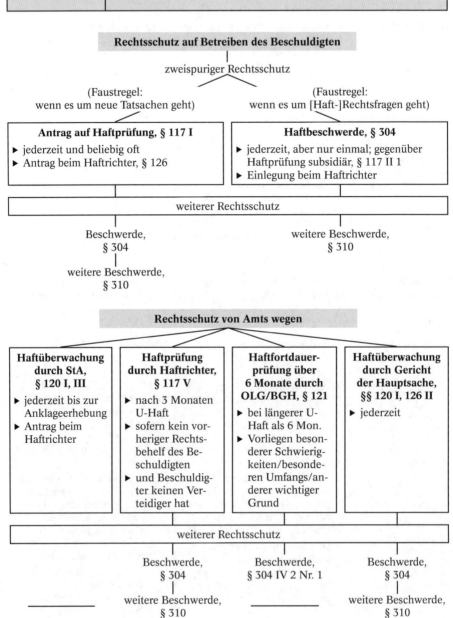

Rechtsschutz auf Betreiben des Beschuldigten

zweispuriger Rechtsschutz

(Faustregel:
wenn es um neue Tatsachen geht)

(Faustregel:
wenn es um [Haft-]Rechtsfragen geht)

Antrag auf Haftprüfung, § 117 I
- jederzeit und beliebig oft
- Antrag beim Haftrichter, § 126

Haftbeschwerde, § 304
- jederzeit, aber nur einmal; gegenüber Haftprüfung subsidiär, § 117 II 1
- Einlegung beim Haftrichter

weiterer Rechtsschutz

Beschwerde,
§ 304

weitere Beschwerde,
§ 310

weitere Beschwerde,
§ 310

Rechtsschutz von Amts wegen

Haftüberwachung durch StA, § 120 I, III
- jederzeit bis zur Anklageerhebung
- Antrag beim Haftrichter

Haftprüfung durch Haftrichter, § 117 V
- nach 3 Monaten U-Haft
- sofern kein vorheriger Rechtsbehelf des Beschuldigten
- und Beschuldigter keinen Verteidiger hat

Haftfortdauerprüfung über 6 Monate durch OLG/BGH, § 121
- bei längerer U-Haft als 6 Mon.
- Vorliegen besonderer Schwierigkeiten/besonderen Umfangs/anderer wichtiger Grund

Haftüberwachung durch Gericht der Hauptsache, §§ 120 I, 126 II
- jederzeit

weiterer Rechtsschutz

Beschwerde,
§ 304

weitere Beschwerde,
§ 310

Beschwerde,
§ 304 IV 2 Nr. 1

Beschwerde,
§ 304

weitere Beschwerde,
§ 310

Zwangsweise körperliche Untersuchung des Beschuldigten, § 81 a

Anordnungs-zuständigkeit	• Richter, § 81 a II, 1. Halbs. • bei Gefährdung des Untersuchungserfolgs durch Verzögerung auch StA/Ermittlungspersonen der StA (§ 152 GVG), § 81 a II, 2. Halbs.

Anordnungsvoraussetzungen:

▶ Verdachtslage	Anfangsverdacht genügt
▶ spezielle Anordnungs-voraus-setzungen	▶ Zweck: Feststellung verfahrenserheblicher Tatsachen, für die bereits Anhaltspunkte vorliegen durch:

	▶ einfache körperliche Untersuchungen, § 81 a I 1	▶ körperliche Eingriffe (insbesondere Blutentnahmen oder Entnahmen sonstiger Körperbestandteile), § 81 a I 2, wenn
		– gesundheitliche Nachteile mit an Sicherheit grenzender Wahrscheinlichkeit auszuschließen
		– Vornahme durch Arzt gewährleistet
		– Einhaltung der Regeln der ärztl. Kunst gewährleistet

▶ Verhältnis-mäßigkeit	▶ einfache Untersuchungen wenn möglich vor Eingriffen i.S.v. § 81 a I 2 ▶ je schwerer der Eingriff, umso höher muss der Tatverdacht sein ▶ Eingriff muss unerlässlich sein und in angemessenem Verhältnis zur Schwere der Tat stehen

Form und Inhalt der Anordnung	▶ durch richterlichen Beschluss; bei StA/Polizei mündlich ▶ Bezeichnung des Eingriffs, Benennung der durch ihn festzustellenden Tatsachen

Weiteres Verfahren	▶ bei ggf. schamverletzenden Untersuchungen: § 81 d
	▶ zwangsweise Durchsetzung der Anordnung als Annexkompetenz aus § 81 a nach Maßgabe des Verhältnismäßigkeitsgrundsatzes erlaubt, insbesondere
	  – zwangsweise Zuführung des Beschuldigten
	  – Festhalten (nach vorheriger Androhung)

Sonstige Zwangsmaßnahmen gegen den Beschuldigten mit Körperlichkeitsbezug, § 81 b

	Erkennungsdienstliche Maßnahmen für repressive Zwecke, 1. Alt.:	Erkennungsdienstliche Maßnahmen für präventiv-polizeiliche Zwecke, 2. Alt.:
Anordnungs-zuständigkeit	• StA • alle Polizeibeamte (nicht notwendig Ermittlungspersonen der StA)	ausschließlich Kriminalpolizei
Anordnungsvo-raussetzungen:		
▶ **Verdachtslage**	Betroffener muss (noch) Beschuldigter sein	Betroffener muss zumindest Beschuldigter gewesen sein
▶ **spezielle Anordnungs-voraus-setzungen**	Zum Zweck der Strafverfolgung Identifizierungsmaßnahmen notwendig durch:	Zum Zweck des Erkennungsdienstes = zur vorsorglichen Bereitstellung sachlicher Hilfsmittel für Erforschung und Aufklärung von Straftaten Maßnahmen notwendig durch:
	• Anfertigung von Lichtbildern • Abnahme von Fingerabdrücken • Vornahme von Messungen • ähnl. Maßnahmen, z.B. Videoaufnahmen oder Veränderung des Erscheinungsbildes zur Vorbereitung einer solchen Maßnahme	
▶ **Verhältnis-mäßigkeit**	Proportionalität der Maßnahmen zur Schwere der Tat, daher § 81 b bei Bagatelldelikten unzulässig	
		Anfertigung und Aufbewahrung der Unterlagen abhängig vom Grad der Gefahr erneuter Straffälligkeit
Form und Inhalt der Anordnung	formlose Anordnung, die die Art der Maßnahme erkennbar macht	
Weiteres Verfahren	zwangsweise Durchsetzung der Anordnung als Annexkompetenz aus § 81 b nach Maßgabe des Verhältnismäßigkeitsgrundsatzes erlaubt, insbesondere ▶ zwangsw. Verbringung zur Polizeibehörde, gewalts. Durchsetzung ▶ Festhalten bis zur Erledigung der Maßnahme	

Zwangsweise Untersuchung, § 81 c

Anordnungs- zuständigkeit	• Richter, § 81 c V 1. Alt. • bei Gefährdung des Untersuchungserfolgs durch Verzögerung auch StA/Ermittlungspersonen der StA (§ 152 GVG), § 81 c V 2. Alt.

**Anordnungsvo-
raussetzungen:**

Untersuchung auf Spuren/
Tatfolgen, § 81 c I

Blutprobeentnahmen /Abstam-
mungsuntersuchung, § 81 c II

▸ **Verdachtslage**

tatunverdächtige Person, auch Tatopfer

▸ **spezielle
Anordnungs-
voraus-
setzungen**

▸ Zweck der Untersuchung:
Feststellung von Spuren/
Tatfolgen am Körper

▸ genügender Anlass

▸ Notwendigkeit

▸ Zweck: Feststellung der Ab-
stammung/der Blutgruppe

▸ kein Gesundheitsnachteil zu
befürchten

▸ Durchführung von einem
Arzt gewährleistet

▸ Unerlässlichkeit zur Wahr-
heitsfindung

▸ keine berechtigte Untersuchungsverweigerung

▸ **Verhältnis-
mäßigkeit**

Zumutbarkeit, § 81 c IV = Abwägung des Aufklärungsinteresses mit Interessen des Betroffenen

Form und Inhalt der Anordnung	▸ bei richterlicher Anordnung Beschluss, sonst formlos ▸ Belehrungspflicht über Untersuchungsverweigerungsrecht, § 81 c III

**Weiteres
Verfahren**
	Zwang unter den Voraussetzungen des § 81 c VI i.V.m. § 70:
	▸ Ordnungsgeld/Ordnungshaft darf nur der Richter festsetzen
	▸ anstelle von Beugehaft darf unmittelbarer Zwang – nur auf richter-
	liche Anordnung – angewendet werden, wenn
	  • Festsetzung von Ordnungsgeld erfolglos
	  • Gefahr im Verzug

Überwachung der Telekommunikation, §§ 100 a, b

Anordnungs- zuständigkeit	• Richter, § 100 b I 1 • StA bei Gefahr im Verzug, § 100 b I 2, mit Verpflichtung richter- licher Bestätigung binnen 3 Tagen, § 100 b I 3
Anordnungs- gegenstand	Überwachung jedweder Telekommunikation i.S.d. § 3 Nr. 22, 23 TKG (Ferngespräche, Telefaxe, SMS, E-Mails, Standortdaten bei Mobiltele- fonen)

**Anordnungsvo-
raussetzungen:**

▸ **Verdachtslage**	▸ bestimmte Verdachtstatsachen (= konkretisierter Tatverdacht) ▸ in Bezug auf bestimmte Katalogtat i.S.v. § 100 a S. 1 Nr. 1–5 ▸ dessen Begehung/deren Versuch (sofern strafbar)/deren Vorberei- tung durch eine Straftat

▸ **spezielle
Anordnungs-
voraus-
setzungen**
	Adressat der Maßnahme darf gem. § 100 a S. 2 nur sein:
	• der als Täter/Teilnehmer Beschuldigte
	• tatunverdächtige Personen
	  – mit konkretisiertem Verdacht, Nachrichtenmittler zu sein
	  – deren Anschluss der Beschuldigte benutzt

▸ **Verhältnis- mäßigkeit**	Aussichtslosigkeit/wesentliche Erschwerung • der Sachverhaltserforschung • der Ermittlung des Aufenthaltsorts des Beschuldigten auf andere Weise
Form und Inhalt der Anordnung	schriftlich mit Inhaltsanforderungen gem. § 100 b II (insbesondere 3-Monats-Befristung, § 100 b II 4)
Weiteres Verfahren	▸ Durchführung obliegt StA, § 36 II, die durch Polizei Abhörstelle einrichten lässt ▸ Mitwirkungspflicht der geschäftsmäßigen Erbringer von Telekom- munikationsdiensten gem. § 110 TKG i.V.m. der TKÜV ▸ ggf. Verlängerung jeweils um 3 Monate, § 100 b II 5 ▸ Beendigung der Maßnahme mit Wegfall ihrer Voraussetzungen, § 100 b IV ▸ Vernichtung erlangter Unterlagen gem. § 100 b VI ▸ ggf. Benachrichtigung der Betroffenen gem. § 101 I

Durchsuchung beim Verdächtigen und bei anderen Personen, §§ 102 ff.

	Durchsuchung beim Verdächtigen, § 102	Durchsuchung beim Unverdächtigen	
		Wohnungsdurchsuchg., § 103 I 1	Gebäudedurchsuchg., § 103 I 2

Anordnungs-zuständigkeit

Durchsuchung beim Verdächtigen, § 102:
- Richter, § 105 I 1, 1. Halbs.
- nur ausnahmsweise bei Gefahr im Verzug auch StA/Ermittlungspersonen d. StA (§ 152 GVG), § 105 I 1, 2. Halbs.

Gebäudedurchsuchg., § 103 I 2:
- Richter, § 105 I 2, 1. Halbs.
- nur ausnahmsweise bei Gefahr im Verzug StA, § 105 I 2, 2. HS

Anordnungsvo-raussetzungen:

▶ **Verdachtslage**

Betroffener unverdächtig

einfacher Tatverdacht der Tatbeteiligung/Begünstigung/Straf-vereitelung/Hehlerei

▶ **spezielle Anordnungs-voraus-setzungen**

▶ Zwecke:
- Ergreifung des Ver-dächtigen
- Auffindung von be-schlagnahmefähigen Beweismitteln

▶ durch
- Durchsuchung der Wohnung
- anderer Räume
- der Person
- ihm gehör. Sachen

▶ Auffindungsvermutung genügt

▶ Zwecke:
- Ergreifung des Be-schuldigten
- Verfolgung von Spu-ren einer Straftat
- Beschlagnahme be-stimmter, beschlag-nahmefähiger Ge-genstände

▶ durch
- Durchsuchung der Wohnung
- anderer Räume
- der Person
- ihm gehör. Sachen

▶ aufgrund best. Tat-sachen konkr. Auf-findungsvermutung

▶ dringender Tatverdacht:
- einer Straftat gem. § 129 a (auch i.V.m. § 129 b StGB)
- einer Katalogtat des § 129 a (auch i.V.m. § 129 b StGB)

▶ Zweck:
Ergreifung des Beschuldigten

▶ durch Durchsuchung eines Gebäudes

▶ aufgrund festgest. Tat-sachen Annahme des Aufenthalts des Be-schuldigten in dem Gebäude

▶ **Verhältnis-mäßigkeit**

▶ Proportionalität von Schwere des Eingriffs und Bedeutung der Sache sowie Stärke des Tatverdachts
▶ BVerfG: Vollzug des richterlichen Durchsuchungsbeschlusses 6 Monate nach Erlass unzulässig

Form und Inhalt der Anordnung

bei richterlicher Anordnung Beschluss, sonst formlos, auch stillschweigend

Weiteres Verfahren

▶ Durchführung obliegt StA, § 36 II
▶ nächtliche Durchsuchung unter Voraussetzungen des § 104
▶ Zuziehung von Durchsuchungszeugen gem. § 105 II, § 106
▶ schriftliche Mitteilung, § 107
▶ Durchsicht aufgefundener Papiere grds. nur durch StA/Ermittlungspersonen auf Anordnung der StA, § 110 I

Beschlagnahme, §§ 94 ff.

| **Anordnungs-zuständigkeit** | • Richter, § 98 I 1 (ausschl. bei Beschlagnahmen in Presseräumen, § 98 I 2) |
| | • bei Gefahr im Verzug auch StA/Ermittlungspersonen der StA |

Anordnungsvo-raussetzungen:

▶ **Verdachtslage** — Anfangsverdacht für Begehung einer Straftat

▶ **spezielle Anordnungs-voraus-setzungen**

sicherstellungsfähiger Gegenstand:

▶ Gegenstand mit potenzieller Beweisbedeutung, § 94 I

▶ keine Herausgabebereitschaft des Gewahrsamsinhabers, § 94 II

▶ keine Beschlagnahmefreiheit gem. § 97

▶ Führerschein, § 94 III

▶ der Einziehung unterliegend, § 69 III 2 StGB

▶ dringende Gründe für die Entziehung der Fahrerlaub-nis, § 111 a I i.V.m. § 69 StGB

▶ **Verhältnis-mäßigkeit**

▶ je geringer die Beweisbedeutung, umso stärker muss das Gebot ersetzender und verkürzender Maßnahmen sein

▶ Vollzug der richterlichen Beschlagnahmeanordnung 6 Monate nach Erlass unzulässig

Form und Inhalt der Anordnung

▶ bei richterlicher Anordnung Beschluss, sonst formlos

▶ Bekanntgabe an den Betroffenen

▶ bei nichtrichterlicher Anordnung Belehrung über Rechte nach § 98 II 2, 7

Weiteres Verfahren

▶ Sicherstellung durch Ingewahrsamnahme o. auf andere Weise

▶ Rückgabe nach Beendigung der Beschlagnahme
  – an den Verletzten, § 111 k
  – an den letzten Gewahrsamsinhaber

A. Ermittlungs- verfahren	2. 2.8	Die wichtigsten Ermittlungsmaßnahmen Rechtsschutz gegen Durchsuchung, Beschlagnahme und andere Zwangsmittel mit richterlicher Anordnungszuständigkeit

Bezug des Rechtsschutzbegehrens	Verfahrenslage	Rechtsschutzziel	Rechtsbehelf
nichtrichterliche Anordnung	Anordnung noch nicht vollzogen	Aufhebung der Anordnung als solcher/ bevorstehender Vollzugsmodalitäten	▶ richterliche Zustim- mung/Bestätigung ges. vorgeschrieben? (§§ 98 II 1, 100 b I 3, 110 b, 111 a IV, 111 e II 1) ▶ Anrufung des Richters ges. vorgesehen? (§§ 98 II 2, 111 e II 3, 163 a III 3) ▶ sonst gilt: § 98 II 2 analog
	Anordnung bereits vollzogen	nachträgliche Feststellung der Rechtswidrigkeit der Anordnung selbst/ der Art und Weise des Vollzugs	Anrufung des Richters analog § 98 II 2, wenn Festellungsinteresse be- steht wegen • konkreter Wiederho- lungsgefahr oder • fortwirkender tatsäch- licher Beeinträchti- gung oder • Schwere des Eingriffs
richterliche Anordnung	Anordnung noch nicht vollzogen	Aufhebung der Anordnung als solcher	• spezielle Rechtsbehel- fe, insbes. § 117 I, II • sonst: Beschwerde, § 304 I
	Anordnung bereits vollzogen	nachträgliche Fest- stellung der Rechts- widrigkeit der Maß- nahmen als solcher oder Modalitäten des Vollzugs, soweit diese evidenter Bestandteil der Anordnung sind	• spezielle Rechtsbehel- fe, z.B. § 100 d X • sonst: Beschwerde, § 304 I bei Feststel- lungsinteresse (s.o.)
		nachträgliche Fest- stellung der Rechts- widrigkeit des Vollzugs im Übrigen	analog § 98 II 2, sofern Feststellungsinteresse besteht (s.o.)

Aktenlage:	Abschlussentscheidung der StA:	weiteres Verfahren:

kein genügender Anlass zur Anklage i.S.v. § 170 II 1 = negative Verurteilungsprognose (auch bei Tod des Beschuldigten)	▸ **Einstellung mit Einstellungsbescheid** an Anzeigeerstatter, § 171 S. 1 ▸ Rechtsmittelbelehrung an Anzeigeerstatter, sofern Klageerzwingungsverfahren zulässig, § 171 S. 2 ▸ Mitteilung an Beschuldigten, u.a., wenn Beschuldigtenvernehmung stattgefunden hat, § 170 II 2	▸ ggf. Vorschaltbeschwerde gegen Einstellungsbescheid, wenn Anzeigeerstatter zugl. Verletzter, binnen 2 Wochen, § 172 I ▸ gegen abl. Bescheid der GenStA Antrag auf Klageerzwingung an das OLG binnen eines Monats, § 172 II–IV
Tatverdacht ausschl. für Privatklagedelikte und kein öffentl. Interesse an Strafverfolgung, §§ 170 II, 376	▸ **Einstellung mit Verweisung auf Privatklageweg** (keine weitere Rechtsmittelbelehrung)	▸ in den Fällen des § 380 vorh. Sühneversuch ▸ Anklageerhebung durch Privatkläger ▸ Hauptverfahren gem. §§ 384 ff.

Tatverdacht für Offizialdelikte, aber Möglichkeit der Verfahrenserledigung aus Opportunitätsgründen, §§ 153 ff.; § 45 JGG	**Einstellung nach § 153 I:**
	Voraussetzungen:
	▸ Tatverdacht nur in Bezug auf Vergehen i.S.v. § 12 II StGB
	▸ Wahrscheinlichkeit für geringe Schuld des Täters
	▸ kein öffentl. Verfolgungsinteresse
	▸ Zustimmung des Gerichts entbehrl.:
	   – bei im Mindeststrafmaß nicht erhöhter Tat und
	   – geringen Folgen der Tat
		▸ bei neuen Tatsachen oder Beweismitteln Wiederaufnahme der Ermittlungen jederzeit möglich
		
		▸ kein Klageerzwingungsverfahren vorgesehen, § 172 II 3

	Vorläufige Einstellung nach § 153 a I: Voraussetzungen: ▸ hinreichender Tatverdacht nur in Bezug auf Vergehen i.S.v. § 12 II StGB ▸ öffentl. Interesse an der Strafverfolgung erfüllbar durch Auflagen/Weisungen gem. § 153 a I 2 Nr. 1–6 ▸ keine entgegenstehende Schwere der Schuld ▸ Zustimmung des Beschuldigten ▸ Zustimmung des Gerichts entbehrlich unter den Voraussetzungen des § 153 a I 7 i.V.m. § 153 I 2	▸ nach Erfüllung der Auflagen/Weisungen endgültige Einstellung mit beschränkter Rechtskraftwirkung, § 153 a I 5 ▸ Klageerzwingungsverfahren unzulässig, § 172 II 3
Tatverdacht besteht, Strafverf. undurchführbar, weil Täter nicht greifbar	⇨ Täter nicht zu ermitteln: Einstellung mit Bescheid, aber ohne Rechtsmittelbelehrung ⇨ Beschuldigter verhandlungsunfähig/Aufenthalt nicht zu ermitteln: Einstellung analog § 205	Fortsetzung des Verfahrens jederzeit möglich

| Aktenlage: | Abschlussentscheidung der StA: | weiteres Verfahren: |

genügender Anlass zur Anklage besteht (§ 170 I) = hinreichender Tatverdacht = positive Verurteilungsprognose

▸ Sache aber für vereinf. Verfahren geeignet

– ohne mündliche Verhandlung

Antrag auf Erlass eines Strafbefehls, § 407; besondere Voraussetzungen:
▸ Verfahrensgegenstand Vergehen gem. § 12 II StGB
▸ Zuständigkeit des AG
▸ Beschuldigter darf kein Jugendlicher (§ 79 I JGG)/Heranwachsender sein, gegen den Jugendrecht angewendet wird (§ 109 II 1 JGG)
▸ Hauptverhandlung nicht erforderl.
▸ schriftl., anklageers. Antrag (§ 409):
– mit Anklagesatz, § 407 I 4 i.V.m. § 200
– und bestimmter Rechtsfolge, § 407 I 3 i.V.m. II

▸ Erlass des Strafbefehls, wenn zust. Richter keine Bedenken hat, § 408 III 1
▸ dagegen Einspruch des Angeklagten binnen 2 Wochen gem. § 410 statthaft
▸ bei rechtzeitigem Einspruch Entscheidung darüber in Hauptverhandlung ohne Verbot der reformatio in peius, § 411

Antrag auf Entscheidung im beschleunigten Verfahren, § 417; bes. Voraussetzg.:
▸ Zuständigkeit des AG
▸ Beschuldigter darf kein Jugendlicher sein (§ 79 II JGG)
▸ Eignung des Verfahrens:
– einf. Sachverhalt/klare Beweislage
– Möglichkeit sofort. Verhandlung, § 418 I 3
– mehr als 1 Jahr Freiheitsstrafe/Maßregel der Sicherung/Besserung (außer § 69 StGB) nicht zu erwarten (§ 419 I 2, 3)
▸ (bei Bejahung der vorgen. Voraussetzungen:) Pflicht der StA zur mündl./schriftl. Antragstellung

– mit mündlicher Verhandlung

▸ Entscheidung über den Antrag durch Gericht, § 419
▸ Durchführung der Hauptverhandlung innerhalb von 6 Wochen (§ 418):
– ohne Anklageschrift
– ohne Eröffnungsbeschluss
– nur ausn. mit Ladung
– mit erleichtertem Beweisverfahren, § 420

▸ sonst

Anklageerhebung gem. § 170 I durch Einreichung einer den Erfordernissen des § 200 genügenden Anklageschrift

▸ Zwischenverfahren mit Prüfung des hinreichenden Tatverdachts durch zust. Gericht, §§ 199 ff., u. Eröffnungsbeschluss
▸ Durchführung d. Hauptverfahrens, §§ 213 ff., Ablauf der Hauptverhandlung: § 243

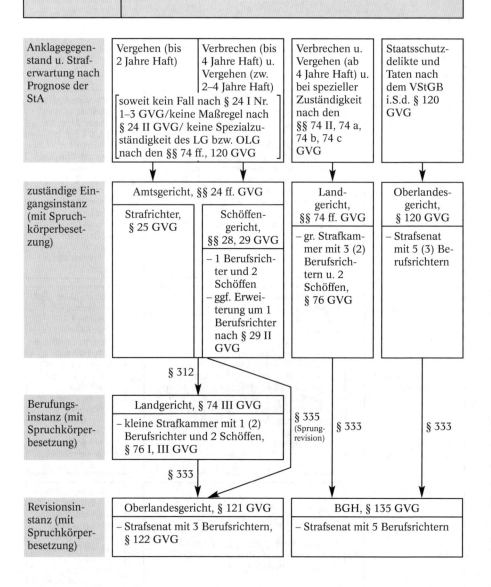

B. Das Haupt-verfahren	1. Gerichtliche Zuständigkeit/Spruchkörperbesetzung/Instanzenzug

Anklagegegen-stand u. Straf-erwartung nach Prognose der StA	Vergehen (bis 2 Jahre Haft)	Verbrechen (bis 4 Jahre Haft) u. Vergehen (zw. 2–4 Jahre Haft)	Verbrechen u. Vergehen (ab 4 Jahre Haft) u. bei spezieller Zuständigkeit nach den §§ 74 II, 74 a, 74 b, 74 c GVG	Staatsschutz-delikte und Taten nach dem VStGB i.S.d. § 120 GVG
	soweit kein Fall nach § 24 I Nr. 1–3 GVG/keine Maßregel nach § 24 II GVG/ keine Spezialzu-ständigkeit des LG bzw. OLG nach den §§ 74 ff., 120 GVG			

zuständige Eingangsinstanz (mit Spruchkörperbesetzung)

Amtsgericht, §§ 24 ff. GVG
- Strafrichter, § 25 GVG
- Schöffengericht, §§ 28, 29 GVG
  - 1 Berufsrichter und 2 Schöffen
  - ggf. Erweiterung um 1 Berufsrichter nach § 29 II GVG

Landgericht, §§ 74 ff. GVG
- gr. Strafkammer mit 3 (2) Berufsrichtern u. 2 Schöffen, § 76 GVG

Oberlandesgericht, § 120 GVG
- Strafsenat mit 5 (3) Berufsrichtern

§ 312

Berufungsinstanz (mit Spruchkörperbesetzung)

Landgericht, § 74 III GVG
- kleine Strafkammer mit 1 (2) Berufsrichter und 2 Schöffen, § 76 I, III GVG

§ 335 (Sprungrevision) § 333 § 333

§ 333

Revisionsinstanz (mit Spruchkörperbesetzung)

Oberlandesgericht, § 121 GVG
- Strafsenat mit 3 Berufsrichtern, § 122 GVG

BGH, § 135 GVG
- Strafsenat mit 5 Berufsrichtern

B. Das Haupt- verfahren	2. Beweiserhebung 2.1 Grundsätze

Ziel der Beweisaufnahme

Verfahrensrecht-
lich zulässige
Ermittlung der
Wahrheit über
alle Tatsachen,
die für die
Schuld-, Rechts-
folgen- und
Verfahrensfragen
von Bedeutung
sind

▶ Tatsache muss **beweisbedürftig** sein, d.h.
 – sie muss entscheidungserheblich sein
 • als Haupttatsache
 • als Hilfstatsache (= Indiztatsache, die den Schluss auf eine Haupttatsache zulässt)
 – und darf nicht offenkundig sein
▶ Beweiserhebung muss **rechtmäßig** sein, d.h.
 – es darf kein Beweisverbot vorliegen
 – für Schuld- und Rechtsfolgenfragen müssen die Regeln des Strengbeweises eingehalten sein:
 • §§ 244–256 ⎫
 • Grundsatz der ⎪ ▶ Einlassung des Angeklagten
  Mündlichkeit ⎬ ▶ Zeugenaussagen
 • Grundsatz der ⎪ ▶ Sachverständigengutachten
  Öffentlichkeit ⎭ ▶ Urkunden
    ▶ Augenschein
 – für Verfahrensfragen gilt das Freibeweisverfahren

Sicherung umfassender Beweiserhebung, §§ 244 f.

**Amtsaufklärungs-
pflicht, § 244 II**

- - - - - - - - - - - - - - -

**Beweiserhebung
auf Verlangen
der Prozess-
beteiligten**

Die Amtsaufklärungspflicht reicht so weit, wie die dem Gericht (oder wenigstens dem Vorsitzenden) bekannt gewordenen Tatsachen zum Gebrauch von Beweismitteln drängen oder ihn nahe legen.
▶ es muss ein wirksamer Beweisantrag vorliegen, d.h.
 – Angabe einer bestimmten Beweistatsache ⎫ sonst ledigl. Beweisermitt-
 – und Angabe eines bestimmten Beweismittels ⎬ lungsantrag; Ablehnung
    ⎭ nach § 245 II mögl.
 – mündlich in der Hauptverhandlung gestellt
 (bis zum Beginn der Urteilsverkündung, vgl. § 246)
 – Protokollierung, § 273 I
▶ Ablehnungsgründe:
 – Antrag bezieht sich auf präsente Beweismittel i.S.v. § 245 II: Unzulässigkeit
 d. Beweiserhebung/offenkundige o. schon erwiesene Tatsachen/fehlender
 Sachzusammenhang/völlige Ungeeignetheit/Prozessverschleppung
 – Antrag bezieht sich auf nicht präsente Beweismittel:
 • allg. § 244 III: Unzulässigkeit d. Beweiserhebung/Offenkundigkeit/Be-
 deutungslosigkeit/Erwiesenheit der Beweistatsache/völlige Ungeeignet-
 heit/Unerreichbarkeit/Wahruntersellbarkeit/Verschleppungsabsicht
 • zusätzl. für Sachverständigenbeweis § 244 IV: eigene Sachkenntnis des
 Gerichts/Erwiesenheit des Gegenteils der Beweistatsache durch Vorgut-
 achter
 • zusätzl. für Augenscheinsbeweis/Zeugenladung i. Ausland § 244 V: keine
 Erforderlichkeit
▶ Ablehnung durch Beschluss, § 244 VI

B. Das Haupt- **verfahren**	**2.** **Beweiserhebung** **2.2** **Spannungslage zwischen Amtsermittlung und** **Strengbeweis bei Personal- und Urkundsbeweis**

Grundsatz der
Unmittelbarkeit,
§ 250

▸ beruht Beweis einer Tatsache auf Wahrnehmung einer Person, so hat Vernehmung zu erfolgen, § 250 S. 1

▸ Vernehmungsersatz durch Verlesung von Urkunden/Abspielen von Bild-Ton-Aufzeichnungen ausgeschlossen, § 250 S. 2, es sei denn,

• die Verlesung dient nur zur Ergänzung oder als Vorhalt (dann schon kein Vernehmungsersatz),

• es greift eine der Ausnahmen der §§ 251 ff. ein

Frühere (mündliche) Erklärungen des Angeklagten, § 254

▸ verlesbar nur, wenn in einem richterlichen Protokoll enthalten, gleichviel in welchem Verfahren, ob als Zeuge oder Beschuldigter

▸ ordnungsgemäßes Zustandekommen des Protokolls nach den für das jeweilige Verfahren geltenden Vorschriften

▸ besonderer Verlesungsgrund: Beweisaufnahme über Vorliegen eines Geständnisses, § 254 I/Aufklärung von Widersprüchen, § 254 II

Früh. Erklärungen v. Zeugen/Mitbeschuldigten/Sachverständigen, § 251

§ 251 I:

▸ Äußerung in richterlicher oder nichtrichterlicher Vernehmungsniederschrift oder Urkunde, die eine schriftliche Erklärung der Aussageperson enthält

▸ kein zur Unverwertbarkeit führender Verstoß beim Zustandekommen, insbes. Belehrungsverstöße gem. §§ 52 III 1, 161 a I 2, 163 a V

Verlesbarkeit
von
Urkunden
als
Vernehmungs-
ersatz

▸ besonderer Verlesungsgrund:

• Nr. 1: Einverständnis aller Beteiligten genügt, sofern Angeklagter einen Verteidiger hat

• Nr. 2: Tod der Aussageperson/sonst. Unmöglichkeit der Vernehmung aus tatsächlichen Gründen (nicht rechtlichen), insbesondere nicht Ausübung d. ZVR gem. § 52/AVR gem. § 55

• Nr. 3: Aussagegegenstand ist das Vorliegen oder die Höhe eines Vermögensschadens

---

§ 251 II:

▸ Äußerung in einem richterlichen Protokoll enthalten, gleichviel in welchem Verfahren, ob als Zeuge/(Mit-)Beschuldigter/Sachverständiger

▸ ordnungsgemäßes Zustandekommen des Protokolls nach den für das jeweilige Verfahren geltenden Vorschriften, insbesondere kein zur Unverwertbarkeit führender Belehrungsverstoß gem. § 52 III 1 bei noch lebenden Zeugen

▸ besonderer Verlesungsgrund:

• Nr. 1: Krankheit/Gebrechlichkeit/andere nicht zu beseitigende Hindernisse für das Erscheinen der Aussageperson

• Nr. 2: Unzumutbarkeit des Erscheinens

• Nr. 3: allseitiges Einverständnis

B. Das Haupt-verfahren	**2. Beweiserhebung** **2.2 Spannungslage zwischen Amtsermittlung und** **Strengbeweis bei Personal- und Urkundsbeweis** (Fortsetzung)

Verlesbarkeit von Urkunden als Vernehmungs-ersatz

> Frühere Erklärungen von Zeugen/Sachverständigen zur Gedächtnisunter-stützung, § 253

- ▸ vorherige vollständige Vernehmung unter Einschluss etwaiger Vorhalte
- ▸ Äußerung muss in richterlicher/nichtrichterlicher Vernehmungsniederschrift enthalten sein, gleichviel in welchem Verfahren, ob als Zeuge/Beschuldigter
- ▸ ordnungsgemäßes Zustandekommen des Protokolls nach den für das jeweilige Verfahren geltenden Vorschriften
- ▸ besonderer Verlesungsgrund: Erklärung des Zeugen, sich nicht erinnern zu können, § 253 I/Aufklärung von Widersprüchen, § 253 II

> Behördliche Zeugnisse/Gutachten, § 256

- • I Nr. 1: Zeugnisse/Gutachten enthaltende Erklärungen öffentlicher Behörden, allgemein vereidigter Sachverständiger sowie Ärzte eines gerichtsärztlichen Dienstes
- • I Nr. 2: Ärztliche Atteste über Körperverletzungen, die nicht schwer sind, sofern nicht auch andere tateinheitl. Straftaten vorgeworfen werden
- • I Nr. 3: ärztliche Berichte zur Entnahme von Blutproben
- • I Nr. 4: Gutachten über Auswertung von Fahrtenschreibern, Blutgruppen- und Blutalkoholgehaltbestimmung
- • I Nr. 5: Protokolle/in einer Urkunde enthaltene Erklärung der Strafverfolgungsbehörden über Ermittlungshandlungen, soweit diese nicht eine Vernehmung zum Gegenstand haben

---

Vernehmung von Personen als Zeugen vom Hören-Sagen, insbes. Verhörs-personen

grundsätzlich zulässig im Rahmen der Aufklärungspflicht, § 244 II,

- • als Ersatzweg bei unzulässiger Protokollverlesung, vorausgesetzt, die frühere Aussage ist wegen eines schweren Verfahrensfehlers, insbesondere Belehrungsverstoßes gem. §§ 52 III, 136 I 2 nicht generell unverwertbar
- • als Ergänzung zur Absicherung des Beweisergebnisses

251

B. Das Haupt- verfahren	**2. Beweiserhebung** **2.3 Grenzen der Amtsermittlung bei nachträglicher** **Zeugnisverweigerung**

**Zeugen-
vernehmung**

▸ Zeuge macht in der Hauptverhandlung von dem ihm zustehenden Zeugnisverweigerungsrecht Gebrauch, und zwar
- nach § 52,
- nach §§ 53, 53 a, sofern schon bei der früheren Vernehmung das Schweigerecht bestanden hat,
- nach § 54 (str.)
⇨ Rechtsfolge: §252
[§ 252 ist dagegen nach h.M. nicht bei Auskunfsverweigerung gem. § 55 anwendbar]
▸ kein Vorhalt mehr zulässig

**Verlesbarkeit
früherer, in
Vernehmungs-
protokollen
enthaltenen
Äußerungen**

unzulässig

**Vorführung der
Bild-Ton-
Aufzeichnung
einer früheren
Vernehmung**

▸ grds. unzulässig nach § 255 a I wg. Gleichstellung mit Vernehmungsniederschrift
▸ aber ausnahmsweise nach § 255 a II zulässig, wenn
- schwerwiegende Katalogtat nach § 255 a II 1,
- Aufzeichnung einer richterlichen Vernehmung,
- Zeuge unter 16 Jahre alt ist und
- Mitwirkungsmöglichkeit des Angeklagten und seines Verteidigers bei der früheren Vernehmung

**Vernehmung
von
Verhörs-
personen**

▸ Polizei oder StA als Verhörspersonen unzulässig, sofern es um Äußerungen während einer Vernehmung oder in vernehmungsähnlicher Situation geht.
▸ Richter kann als Verhörsperson nach h.M. unter folgenden Voraussetzungen vernommen werden:
- frühere Vernehmung muss Zeugenvernehmung gewesen sein,
- Zeugnisverweigerungsrecht muss zur Zeit der früheren Vernehmung bestanden haben,
- Zeuge muss seinerzeit wirksam gem. § 52 III belehrt worden sein,
- Zeuge muss seinerzeit wirksam auf Zeugnisverweigerungsrecht verzichtet haben
- und es dürfen keine anderen, zur Unverwertbarkeit führenden Verfahrensverstöße vorliegen.

B. Das Haupt- **verfahren**	**2. Beweiserhebung** **2.4 Verbote der Beweiserhebung und -verwertung**

Gesetzliche
Beweis-
verwertungs-
verbote

Uneingeschränktes Verwertungsverbot

- Anwendung verbotener Vernehmungsmethoden, § 136 a III 2
  ⇨ S. 230/232
- unzulässige Erkenntnisse aus einem „großen Lauschangriff",
  § 100 c V 3 StPO
- getilgte/tilgungsreife Verurteilungen, § 51 I BZRG

Eingeschränkte Verwertungsverbote

- Verwertung von Untersuchungsergebnissen bei Minderjährigen nur
  mit Einwilligung des gesetzl. Vertreters, § 81 c III 5
- bei Rasterfahndung erlangte personenbezogene Daten nur für Katalogtat des § 98 a I verwertbar, § 98 b III 3
- bei Überwachung d. Fernmeldeverkehrs erlangte personenbezogene
  Informationen nur für Katalogtat d. § 100 a verwertbar, § 100 b V
- bei Einsatz verdeckter Ermittler erlangte personenbezogene Informationen nur f. Katalogtat des § 110 a verwertbar, § 110 e

Ungeschriebene
Beweis-
verwertungs-
verbote
nach Abwägung

▸ Rechtsverletzung bei der Beweisgewinnung?
▸ Entsteht daraus ein Verwertungsverbot?
  – in Bezug auf unmittelbar gewonnene Beweise, wenn
    • verletzte Norm den Rechtskreis des Angeklagten berührt,
    • der Beweis nicht rechtmäßig zu erlangen gewesen wäre,
    • nicht bloßer Verstoß gegen Ordnungsvorschrift vorliegt,
    • sondern Abwägung der widerstreitenden Interessen (Schwere
      des Delikts/Gewicht der Verfahrensverletzung) Unverwertbarkeit gebietet

  ┌ von der Rspr. bejahte Beweisverwertungsverbote:
  ⌐ -- Unterbleiben der Zeugenbelehrung, § 52 III
  │ -- Unterbleiben der Beschuldigtenbelehrung über AussageverweigerungsR, § 136 I/vorh. Verteidigerkonsultationsmöglichkeit, § 136 I, sofern in der HV rechtzeitig der Verwertung widersprochen wurde
  │ -- bei nachträgl. Zeugnisverweigerung früh. Aussage nur
  │   durch Vernehmung richterl. Verhörsperson verwertbar,
  │   § 252 ⇨ S. 252
  │ -- rw. aufgenommene, heimliche Tonbandaufzeichnungen
  └ -- Tagebuchaufzeichnungen aus dem unantastbaren Bereich
       privater Lebensführung

  – nach §§ 136, 136 a fehlerhafte Vernehmungen führen auch zur
    Unverwertbarkeit einer nachfolgenden (an sich) ordnungsgemäßen Vernehmung, wenn bei dieser eine qualifizierte Belehrung über die Unverwertbarkeit der ersten (fehlerhaften) Vernehmung unterbleibt (sog. Fortwirkung von Vernehmungsfehlern)
  – in Bezug auf mittelbar gewonnene Beweise kein Verwertungsverbot (= keine Fernwirkung v. Verwertungsverboten)

B. Das Haupt-verfahren	**3. Abschluss des Hauptverfahrens** **– Prüfungsschema zur Vorbereitung des Strafurteils** **1. Instanz**

Verurteilung
 	
Schuldspruch
	▶ Sachliche Begrenzung des Urteils:
	  – Gehört das jeweilige Delikt zu der in der Anklage bezeichneten Tat im prozessualen Sinn, § 264?
	  – Zu berücksichtigen sind rechtliche (§ 265)/tatsächliche (§ 266) Umgestaltungen der Strafklage

Einstellungs-urteil, **§ 260 III**	▶ Prozessvoraussetzungen/Verfahrenshindernisse: Strafantrag/Verfolgungsverjährung/anderweit. Rechtshängigkeit/entgegenstehende Rechtskraft/deutsche Gerichtsbarkeit/örtliche Zuständigkeit n. Maßgabe § 16/Anklage/Eröffnungsbeschluss

	▶ Überzeugung des Gerichts v. der Strafbarkeit des Angeklagten, § 261:
	  – Tatbestand/Rechtswidrigkeit/Schuld
	  – Beweiswürdigung unter Berücksichtigung d. zur Bewältigung von Tatsachenungewissheiten entwickelten Grundsätze ⇨ S. IV
	▶ Materiellrechtliches Konkurrenzverhältnis
	  – der zur Verurteilung gelangenden Delikte zur Bereinigung und Klarstellung des Schuldspruchs und zur Bildung der Hauptstrafe
	  – der nicht zur Verurteilung gelangenden Delikte
	    • bei hypothetischer Tateinheit kein Freispruch, keine Einstellung im Tenor, sondern Erwähnung nur in den Gründen

Teileinstel-lung/Teil-freispruch	• bei hypothetischer oder angeklagter Realkonkurrenz Teileinstellung/Teilfreispruch im Tenor

Rechtsfolgen-ausspruch	▶ Festlegung der Hauptstrafe:
	  – Geldstrafe, § 38 StGB: Zahl und Höhe der Tagessätze, § 260 IV 3
	  – Freiheitsstrafe, § 39 StGB, ggf. mit Strafaussetzung zur Bewährung, §§ 56 ff. StGB
	  – evtl. Gesamtstrafe, §§ 53 ff. StGB
	  – Anrechnung der U-Haft, § 51 StGB
	▶ Nebenstrafe, § 44 StGB/Nebenfolge, § 45 StGB/Bekanntmachungsbefugnis, §§ 165, 200 StGB
	▶ Einziehung, §§ 74 ff. StGB/Verfall, §§ 73 ff. StGB
	▶ Maßregeln der Sicherung u. Besserung, §§ 61 ff. StGB, insbes. § 69 StGB
	▶ Absehen von Strafe/Straffreierklärung, z.B. § 60 StGB
	▶ Verwarnung mit Strafvorbehalt, § 59 StGB

Neben-entscheidungen	▶ Kosten des Verfahrens und notwendige Auslagen, § 464 ▶ Entschädigung über erlittene Verfolgungsmaßnahmen, § 8 StrEG ▶ Beschluss über Fortdauer der U-Haft, § 268 b/Bewährungsmodalitäten, § 268 a

C. Das Rechts-mittel-verfahren	1.	Rechtsmittel der StPO

Zulässigkeits-voraussetzg.	Berufung	Revision	Beschwerde
Statthaftigkeit	▸ Urteile d. AG, § 312 ▸ Annahmeberufung, §§ 313, 322 a bei Kleinkriminalität	▸ Urteile des AG bei Sprungrevision, § 335 ▸ Urteile des LG, OLG, § 333	richterl. Verfügungen u. Beschlüsse, §§ 304, 305 (Beschwerdeausschlüsse S. Fallskript StPO)
Rechtsmittel-berechtigung	▸ **berechtigt sind:** Beschuldigter (§ 296), Verteidiger (§ 297), StA (§ 296), gesetzl. Vertreter (§ 298), Privat-, Nebenkläger (§§ 390, 401); bei Beschwerde: auch Drittbetroffene (§ 305 S. 2 a.E.) ▸ Hinzukommen muss **Beschwer** des Rechtsmittelführers ▸ **keine Rücknahme/Verzicht** des Rechtsmittels (§ 302)		
Ordnungsgemäße Einlegung	**Adressat und Form** ▸ beim judex a quo, § 314 I ▸ schriftl./zu Protokoll der Geschäftsstelle, § 314 I	**Adressat und Form** ▸ beim judex a quo, § 341 I ▸ dto., § 341 I	**Adressat und Form** ▸ beim judex a quo, § 306 I ▸ dto., § 306 I
	Frist binnen 1 Woche ab Urteilsverkündung, § 314 I (für Abwesende ab Zustellung, § 314 II)	**Frist** binnen 1 Woche ab Urteilsverkündung, § 341 I (für Abwesende ab Zustellung, § 341 II)	**Frist** keine (Ausn.: sofortige Beschwerde, § 311)

Ordnungsgemäße Begründung	**Adressat und Form**
	nicht notwendig, aber möglich, § 317
		Adressat und Form
		▸ beim judex a quo, § 345 I
		▸ Form:
		  – Angekl.: RA-Schriftsatz oder zu Protokoll, § 345 II
		  – StA: Schriftform (§ 345 II gilt nicht!)
			Adressat und Form
			nicht notwendig, aber möglich

		Frist ▸ grds. binnen 1 Monats nach Ablauf der Einlegungsfrist, § 345 I 1 ▸ falls Urteil später zugestellt, binnen 1 Monat nach Zustellung, § 345 I 2	
Begründetheit (Überprüfungs-maßstab)	Überprüfung in tatsächlicher und rechtlicher Hinsicht	Überprüfung in rechtlicher Hinsicht	Überprüfung in tatsächlicher und/oder rechtlicher Hinsicht

C. Das Rechts-mittel-verfahren	**2. Aufbauschema zur Vorbereitung des Revisionsurteils**

Auslegung des Rechtsbehelfs

▸ Anfechtungserklärung, die auf Überprüfung des vorinstanzl. Urteils wegen Verletzung des formellen/materiellen Rechts gerichtet ist; bei Unklarheiten Auslegung; ggf. Umdeutung, § 300

▸ **Übergang** von Revision zur Berufung und umgekehrt ist innerhalb der Revisionsbegründungsfrist (§ 345 I) möglich

Zulässigkeit

▸ **statthaft**
  – gegen Urteile des AG Sprungrevision, § 335 I, II
  – gegen Urteile des LG, OLG, § 333

▸ **Berechtigung zur Revisionseinlegung und kein Verlust der Rechtsmittelbefugnis durch wirks. Verzicht oder Rücknahme**

▸ **ordnungsgemäße Einlegung der Revision, § 341**
  – **Adressat** und **Form:** beim judex a quo schriftlich oder zu Protokoll der Geschäftsstelle
  – **Frist:** binnen einer Woche; Fristbeginn für Anwesende in der Hauptverhandlung mit Urteilsverkündung, für Abwesende mit Urteilszustellung

▸ **ordnungsgemäße Begründung der Revision, §§ 344, 345**
  – **Adressat:** judex a quo
  – **Form:**
    • **Angeklagter:** nur er – nicht auch der Verteidiger – zu Protokoll der Geschäftsstelle; der Verteidiger nur in einer von ihm unterzeichneten Schrift, nach h.M. auch durch eine mit Unterschrift reproduzierte Telekopie
    • **StA:** es genügt einfache Schriftform; § 345 II gilt nicht!
  – **Frist:** binnen eines Monats nach Ablauf der Einlegungsfrist oder, falls Urteil erst nach Ablauf der Einlegungsfrist zugestellt, einen Monat nach Zustellung
  – **Anträge:** Auslegung aus dem Gesamtinhalt möglich; bei ausdrückl. Beschränkung Angabe des Anfechtungsumfangs
  – **Begründung der Anträge:** Für die Zulässigkeit der Revision als solche genügt schon irgendeine (ausreichende) Begründung. Begründungsmängel bei nur einzelnen Rügen machen nicht das Rechtsmittel selbst unzulässig, sondern die einzelne Rüge unbeachtlich.
    • Sachrüge: in allgemeiner Form möglich
    • Verfahrensrügen: nur mit bestimmter Bezeichnung und Nennung der Begründungstatsachen
  – Beschwer des Revisionsführers durch die angefochtene Entscheidung
  – Beweisbarkeit des Verfahrensmangels durch Hauptverhandlungsprotokoll/schriftliches Urteil

C. Das Rechts-mittel-verfahren	**2. Aufbauschema zur Vorbereitung des Revisionsurteils** (Fortsetzung)

Rechtsmittel-beschränkung

§ 344

Begründetheit

▸ Prüfung der **Prozessvoraussetzungen und Verfahrenshindernisse von Amts wegen**

▸ Prüfung der **gerügten Verfahrensfehler, § 352**

– ordnungsgemäße **Begründung** der jeweil. Verfahrensrügen

– **Vorliegen der Gesetzesverletzung**; bei Verfahrensfehlern Möglichkeit der **Heilung oder Verwirkung** durch Rügepräklusion oder Verzicht beachten.

– **Beweisbarkeit** des gerügten Verfahrensmangels durch Hauptverhandlungsprotokoll/schriftliches Urteil

– **Beschwer** des Revisionsführers durch die jeweilige Verfahrensverletzung

– „Beruhen des Urteils" auf der Gesetzesverletzung

• Bei **a b s o l u t e n** Revisionsgründen wird das Beruhen unwiderlegbar vermutet, § 338.

• Bei **r e l a t i v e n** Revisionsgründen genügt nicht ausschließbare Möglichkeit der Kausalität, s. § 337.

▸ soweit angefochten, **Prüfung der sachlich-rechtl. Würdigung, § 352**

bei **begründeter Revision**: Aufhebung des angefochtenen Urteils, § 353 I, und

▸ **grundsätzlich Zurückverweisung, § 354 II, III**

▸ **ausnahmsweise eigene Entscheidung, § 354 I, I a, I b**

Revisions-erstreckung

auf Mitverurteilte, die keine Revision eingelegt haben, § 357

Neben-entscheidungen

▸ Kosten und Auslagen, §§ 464 ff., insbes. § 473

▸ Entschädigung, § 8 StrEG

KLAUSUREN

Alpmann Schmidt

Examenssicherheit mit den schriftlichen **AS-Klausuren**. Wer es nicht geübt hat, unter Zeitdruck einen anspruchsvollen Fall mit Problemen „quer durch den Garten" in den Griff zu bekommen, hat im Examen keine Chance.

Unsere **Klausuren** bieten Ihnen daher die Möglichkeit, sich die für das Examen unentbehrliche Klausurroutine anzueignen.

▶ Lösen Sie die Klausur zu Hause und senden Sie Ihre Ausarbeitung ein.

▶ Ihre Arbeit wird **ausführlich korrigiert** und **individuell benotet**.

▶ Auch wenn Sie die Klausuren ohne Korrektur bestellen, erhalten Sie zwei Wochen später ausführliche Musterlösungen mit dem aktuellen Stand von Rechtsprechung und Literatur, sodass keine Fragen mehr offen bleiben.

SIE KÖNNEN WÄHLEN:

▶ **Klausuren zur Vorbereitung auf das 1. Juristische Examen *mit* oder *ohne* Korrektur**

Sie erhalten wöchentlich zwei Sachverhalte mit Musterlösungen: je einen Sachverhalt aus dem BGB oder den Nebengebieten sowie abwechselnd einen Sachverhalt aus dem Strafrecht und Öffentlichen Recht (nach Bundesrecht, zusätzlich alle 8 Wochen eine Klausur mit dem von Ihnen gewählten Landesrecht, die als PDF-Datei zum Download auf unserer Homepage [www.alpmann-schmidt.de] zur Verfügung steht).

▶ **Klausuren zur Vorbereitung auf das 2. Juristische Examen *mit* oder *ohne* Korrektur**

Sie erhalten wöchentlich einen Aktenauszug (Standardklausur); abwechselnd aus dem Zivilrecht, dem Strafrecht, den Nebengebieten und dem Öffentlichen Recht. Zusätzlich erscheinen in unregelmäßigen Abständen Spezialklausuren, insbesondere aus den Gebieten Relationstechnik, Arbeitsrecht, gerichtliche Entscheidungen im Strafverfahren, FGG-Klausuren und Klausuren mit alternativen Entscheidungsformen gegenüber den Standardklausuren.

Vertragsformulare stehen zum Download auf unserer Homepage im Formular-Center bereit oder können per Telefon, Fax oder E-Mail angefordert werden.

Alpmann Schmidt · Annette-Allee 35 · 48149 Münster · Tel. 0251–98109-38 · www.alpmann-schmidt.de

Skripten zum
Strafrecht

ALPMANN SCHMIDT
Juristische Lehrgänge

▶ **Strafrecht AT 1**   **2006   20,50 €**
264 Seiten, 43 Fälle   ISBN-13: 978-3-89476-853-9

▶ **Strafrecht AT 2**   **2006   24,90 €**
265 Seiten, 51 Fälle   ISBN-13: 978-3-89476-862-1

▶ **Strafrecht BT Vermögensdelikte**   in Überarbeitung
                                            ISBN-13: 978-3-89476-996-3

▶ **Strafrecht BT**
Höchstpersönliche Rechtsgüter   **2006   19,90 €**
230 Seiten, 38 Fälle   ISBN-13: 978-3-89476-906-2

▶ **Strafrecht BT**
Kollektive Rechtsgüter   **2007   22,90 €**
260 Seiten, 46 Fälle   ISBN-13: 978-3-89476-912-3

▶ **Kriminologie, Jugend-**
strafrecht, Strafvollzug   **2005   20,50 €**
223 Seiten, 44 Fälle   ISBN-13: 978-3-89476-771-6

▶ **StPO**   **2007   20,90 €**
239 Seiten, 45 Fälle   ISBN-13: 978-3-89476-988-8

▶ **Die strafrechtliche Assessorklausur 1**
(Staatsanwaltliche Aufgabenstellungen)   **2007   21,90 €**
228 Seiten, 15 Fälle   ISBN-13: 978-3-89476-934-5

▶ **Die strafrechtliche Assessorklausur 2**
(Richterliche Aufgabenstellungen)   **2007   15,90 €**
158 Seiten, 9 Fälle   ISBN-13: 978-3-89476-994-9

▶ **Die strafrechtliche Assessorklausur 3**
(Anwaltliche Aufgabenstellungen)   **2006   22,50 €**
226 Seiten, 10 Fälle   ISBN-13: 978-3-89476-825-6

Alpmann Schmidt • Annette-Allee 35 • 48149 Münster
Tel. 0251–98109-33 • www.alpmann-schmidt.de